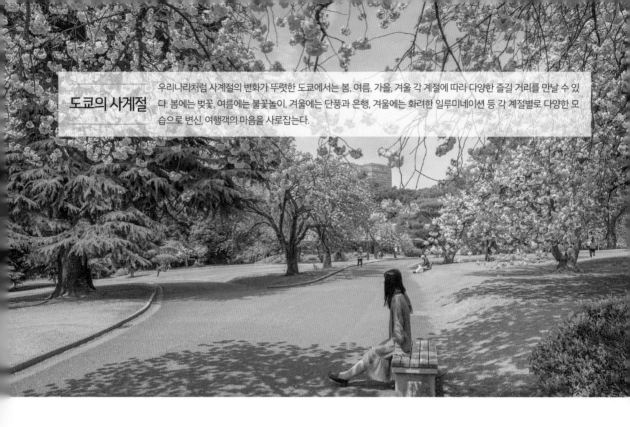

도쿄의 사계절

우리나라처럼 사계절의 변화가 뚜렷한 도쿄에서는 봄, 여름, 가을, 겨울 각 계절에 따라 다양한 즐길 거리를 만날 수 있다. 봄에는 벚꽃, 여름에는 불꽃놀이, 겨울에는 단풍과 은행, 겨울에는 화려한 일루미네이션 등 각 계절별로 다양한 모습으로 변신, 여행객의 마음을 사로잡는다.

• 봄 春 •

봄이 되면 도쿄는 온통 벚꽃으로 물든다. 3월 말~4월 초가 피크로 이 시기에 벚꽃 명소에는 평일, 주말할 것 없이 많은 인파로 붐빈다. 특히 인기 명소에서는 벚나무 아래에서 피크닉을 즐기려고 이른 새벽부터 자리를 맡기 위해 돗자리를 펴고 앉아있는 사람을 꽤 많이 볼 수 있다.

우에노 **우에노 공원** 上野恩賜公園

약 800그루의 벚꽃 나무가 있는 도쿄 인기 벚꽃놀이 명소로, 3월 중순~4월 초에는 '우에노 벚꽃 축제'가 개최된다. 축제 기간에는 야간 라이트 업이 진행되어, 낮과 밤 모두 벚꽃을 만끽할 수 있다.

📍 JR우에노上野역 공원 출구에서 도보 2분
🕐 3월 하순~4월 초순

기치조지 **이노카시라 공원** 井の頭恩賜公園

400그루의 벚꽃나무가 있는 벚꽃 명소다. 이중 200그루가 공원 가운데 위치한 호수 주변을 둘러싸고 있어, 보트를 타고 호수 위에 흩뿌려진 벚꽃잎과 수면에 비친 벚꽃나무의 아름다운 풍경을 즐길 수 있다.

📍 JR기치조지吉祥寺역 공원 출구(남쪽 출구)에서 도보 5분
🕐 3월 하순~4월 초순

나카메구로 메구로강 目黒川

강 양옆으로 4km에 걸쳐 약 800그루의 벚꽃나무가 있는 곳으로 주변으로 카페와 레스토랑이 여럿 있어 데이트 코스로도 유명하다.

📍 히비야선, 도큐토요코선 나카메구로中目黒역에서 도보 1분
🕐 3월 하순~4월 초순

도쿄역 & 마루노우치 치도리가후치 해자 千鳥ヶ淵

야스쿠니 도리에서 기타노마루 공원을 따라 형성된 700m에 달하는 산책로로 약 260그루의 벚꽃나무가 심어져 있는 벚꽃 명소이다. 성 주위의 해자에서 보트를 타고 벚꽃을 즐길 수 있으며, 3월 말부터 4월 초에는 라이트업이 실시되어 밤의 벚꽃을 즐길 수 있다.

📍 한조몬선 한조몬半蔵門역 5번 출구에서 도보 5분
　토자이선 구단시타九段下역 2번 출구에서 도보 5분
🕐 3월 하순~4월 초순

아사쿠사 스미다 공원 隅田公園

스미다 강 양쪽으로 조성된 공원으로 아사쿠사 센소지가 있는 다이토구 쪽에는 약 600그루, 강 건너 스미다 구 쪽에는 약 300그루의 벚꽃나무가 조성되어 있다. 바로 옆에 대표 관광지 아사쿠사 센소지와 스카이트리가 있어 관광 겸 들르기 좋다.

📍 긴자선 아사쿠사浅草역에서 도보 3분
🕐 3월 하순~4월 초순

신주쿠 신주쿠교엔 新宿御苑

약 70여 종의 다양한 벚꽃나무를 볼 수 있는 벚꽃 명소다. 3월 말~4월 말까지 서로 다른 종의 벚꽃이 시간차를 두고 꽃망울을 터뜨려, 도쿄 다른 지역보다 늦게까지 벚꽃놀이를 즐길 수 있다. 도심의 빌딩 숲과 어우러진 화려한 벚꽃이 장관이다.

📍 마루노우치선 신주쿠교엔마에新宿御苑前역 1번 출구에서 도보 5분
🕐 3월 하순~4월 하순
　09:00-17:00, 3월 말~4월 말 벚꽃시즌은 무휴, 월요일 휴무
¥ 성인 500엔, 고등학생 250엔, 중학생 이하 무료

• 여름 夏 •

도쿄의 여름에서 한 여름 밤하늘을 화려하게 수놓는 불꽃놀이를 빼놓을 수 없다. 7~8월 동안 집중적으로 도심과 주변 여기저기서 크고 작은 불꽃놀이가 개최된다. 이중 가장 크고 화려한 불꽃놀이를 즐길 수 있는 곳을 소개한다.

아사쿠사
스미다가와 불꽃놀이 隅田川花火大会

1978년부터 시작된 불꽃놀이로 오랜 역사와 큰 규모를 자랑한다. 스미다 강을 사이에 두고 양쪽에서 경쟁하듯 쏘아 올리는 불꽃이 장관이다.
- 📍 아사쿠사浅草역, 오시아게押上역, 도쿄 스카이트리東京スカイツリー역, 쿠라마에蔵前역 등에서 도보 10~15분
- 🕐 7월 마지막 주 토요일 19:00-20:30

요코하마 **미나토미라이 스마트 페스티벌**
みなとみらいスマートフェスティバル

유명 관광지 요코하마에서 개최되는 불꽃놀이로, 약 2만 발의 불꽃이 쏘아 올려진다. 요코하마 항의 바다에 반사되는 화려한 불꽃이 장관이다.
- 📍 요코하마 미나토미라이 일대
- 🕐 7월 말~8월초(개최일은 매년 변경) 19:00-20:00

아오야마 **진구가이엔 불꽃놀이** 神宮外苑花火大会

1980년부터 시작된 불꽃놀이로 메이지진구 야구장에서 개최된다. 티켓을 구입하고(예약제) 야구장 안에서 보면 화려한 불꽃이 가장 잘 보이지만, 진구가이엔 부근, 야구장 밖에도 불꽃놀이를 즐기려는 사람들로 가득하다. 불꽃은 약 1만 발 쏘아 올린다.
- 📍 JR요요기代々木역 / 긴자선 아오야마잇초메青山一丁目역에서 도보 5분, 메이지진구 야구장
- 🕐 8월 중순 토요일(개최일은 매년 변경) 19:30-20:30

기타센주 **아다치 불꽃놀이** 足立の花火

아라카와 강 인근(치요다선 철교~니시아라이 다리 사이)에서 열리는 불꽃놀이로 보통 스미다가와 불꽃놀이보다 일주일 전에 개최된다. 한 시간 동안 약 1만 5000발의 불꽃이 화려하게 하늘을 물들인다.
- 📍 JR, 치요다선, 히비야선 기타센주北千住역에서 도보 15분
- 🕐 7월 하순 토요일(개최일은 매년 변경) 19:20-20:20

· 가을 秋 ·

크고 작은 공원이 많은 도쿄에는 의외로 은행과 단풍을 즐길 수 있는 명소가 많다. 도심 속 화려한 색을 뽐내는 노란 은행과 붉은 단풍을 만끽할 수 있는 곳을 소개한다.

혼고
동경대 은행나무길 東京大学本郷キャンパス 銀杏並木

동경대 혼고 캠퍼스의 은행나무 가로수길은 TV에도 여러 번 소개될 정도로 꽤 유명한 곳이다. 정문에서 야스다 강당까지 이어지는 노란 은행나무 터널은 가히 압권이다.

📍 난보쿠선 토다이마에東大前역에서 도보 1분
🕐 11월 하순~12월 초순

아오야마
메이지진구 가이엔 은행나무길 明治神宮外苑 銀杏並木

아오야마 2초메 교차로에서 메이지진구 가이엔까지 이어지는 직선 길에 약 146그루의 은행나무가 있어 가을이면 황금빛 터널을 이룬다. 은행잎이 떨어지면 노란 카펫이 깔린 풍경이 아름답다.

📍 긴자선 가이엔마에外苑前역 4a 출구에서 도보 4분
🕐 11월 하순~12월 초순

신주쿠 신주쿠교엔 新宿御苑

10월 중순부터 조금씩 단풍이 물들기 시작하고, 11월 중순~12월 중순경에는 절정을 맞이하는 은행과 단풍을 함께 즐길 수 있다. 잘 조성된 일본정원도 함께 둘러보는 것도 추천한다.

📍 마루노우치선 신주쿠교엔마에新宿御苑前역 1번 출구에서 도보 5분
🕐 11월 중순~12월 중순
09:00~16:30, 11월 초~11월 중순 무휴, 월요일 휴무
¥ 성인 500엔, 고등학생 250엔, 중학생 이하 무료

우라쿠초 히비야 공원 日比谷公園

도심 속 오아시스 같은 공원으로 11월 말~12월 초에 걸쳐 공원 내를 물들이는 단풍과 은행을 즐길 수 있다. 연못에 반사되는 색색의 은행과 단풍, 그리고 S자형 은행나무 가로수길이 볼만하다.

📍 치요다선, 히비야선 히비야日比谷역에서 도보 2분
🕐 11월 하순~12월 초순

• 겨울 冬 •

12월에 가까워지면 도쿄 밤은 화려한 자태를 뽐낸다. 롯폰기, 마루노우치 등 전통 있는 일루미네이션부터 백화점 등 대형 쇼핑몰 앞에서도 크고 작은 다양한 일루미네이션을 즐길 수 있다. 이중 특히 더 화려한 일루미네이션 명소를 소개한다.

롯폰기 Roppongi Hills Christmas

롯폰기 힐즈와 400m에 걸친 케야키자카けやき坂通り의 가로수길은 스노 & 블루의 빛으로 장식된다. 다른 곳과 달리 화이트 일루미네이션을 볼 수 있는 곳으로 도쿄타워와의 콘트라스트가 압권. 이 시즌에는 데이트를 즐기는 젊은 커플에게 인기 스폿으로 손꼽힌다.

📍 히비야선 롯폰기六本木역 / 오에도선 롯폰기六本木역, 롯폰기 힐즈, 케야케자카 일대

🕐 11월 초~12월 25일, 17:00-24:00

유라쿠초 HIBIYA Magic Time Illumination

11월 중순부터 "마법 같은 순간"을 콘셉트로 히비야 미드타운과 히비야 나카 도리日比谷仲通り 일대는 밤이면 다양한 컬러로 물든 환상적인 공간으로 탈바꿈한다. 히비야 미드타운 6층의 파크 뷰 가든에서는 일루미네이션을 한눈에 즐길 수 있다.

📍 치요다선, 히비야선 히비야日比谷역, 히비야 미드타운, 히비야 나카 도리 일대

🕐 11월 중순~다음해 2월 중순, 17:00-23:00

도쿄역 마루노우치 일루미네이션
丸の内イルミネーションフェスティバル

도쿄의 현관 도쿄역 일대에서 열리는 일루미네이션이다. 약 1.2km에 달하는 메인 스트리트 '마루노우치나카 도리丸の内仲通り'를 중심으로, 360 그루가 넘는 가로수가 샴페인 골드색으로 라이트 업된다.

📍 도쿄역 주변, 마루노우치나카 도리 일대

🕐 11월 중순~다음해 2월 중순, 16:00-23:00

오모테산도 오모테산도 일루미네이션
イルミネーション

12월에 들어서면 진구바시神宮橋에서 오모테산도 교차로의 느티나무 가로수길에 약 1km에 걸쳐 일루미네이션이 장식된다. 약 90만 개의 LED가 빛나는 오모테산도의 거리 풍경은 도쿄의 겨울을 대표하는 일루미네이션 명소이다.

📍 치요다선, 긴자선 오모테산도表参道역, 오모테산도 일대

🕐 12월 1일~12월 말, 일몰~22:00

도쿄 야경 감상 최적의 장소

무료 전망대부터 다양한 어트랙션과 부대시설이 갖춰진 전망대까지, 도쿄의 화려한 야경과 스카이라인을 감상하기에 좋은 최적의 장소를 찾아가봤다.

시부야

시부야 스카이 Shibuya Sky

시부야의 핫플레이스로 도쿄의 전망대들 중 가장 최근에 생긴 곳이다. 옥상 전망 스페이스 SKY STAGE에서는 발아래 펼쳐진 스크램블 교차로, 멀리 보이는 도쿄 도심의 전망을 생생하게 즐길 수 있다. 요금은 성인 2500엔.

이런 사람에게 추천! ──
• 전망대 인생 사진을 남기고 싶다면
• 따끈따끈 핫플레이스에 가고 싶다면

신주쿠

도쿄 도청 東京都庁

지상 202미터 높이의 도쿄 도청 북쪽 전망대는 무료로 야경을 감상할 수 있는 스폿으로 유명하다. 색색의 불빛으로 물든 신주쿠의 고층 빌딩 숲의 전경이 아름답다.

이런 사람에게 추천! ──
• 무료 전망대를 찾는다면
• 신주쿠에서 술 한잔을 기울이고 싶다면

롯폰기&아자부주반

도쿄 시티뷰 東京シティビュー

롯폰기힐즈 모리타워 52층에 위치한 전망대로, 11미터가 넘는 천장과 360도 유리벽으로 조성되어 있어 도쿄 시내와 주요 랜드마크가 파노라믹하게 펼쳐진다. 성인 2000엔.

이런 사람에게 추천! ──
• 로맨틱한 데이트를 즐기고 싶다면
• 롯폰기 미술관 투어를 계획하고 있다면

오다이바

오다이바 해변 공원 お台場海浜公園

바다와 녹지에 둘러싸인 공원으로 밤에는 연인들이 야경을 즐기며 산책하는 곳으로 사랑받고 있다. 조명을 밝힌 레인보우 브리지와 도쿄 타워가 바다와 어우러져 환상적 야경이 펼쳐진다.

이런 사람에게 추천! ——
• 공원 산책을 하며 야경을 보고 싶다면

롯폰기&아자부주반

도쿄 타워 東京タワー

도쿄 타워에서는 높이 150미터의 메인 데크(성인 1200엔)와 높이 250미터의 탑 데크 투어(3000엔)에서 야경을 즐길 수 있다.

이런 사람에게 추천! ——
• 도쿄를 처음 방문하는 사람이라면

아사쿠사

도쿄 스카이트리 東京スカイツリー

매일 다른 빛깔로 점등되는 타워의 야간 조명이 아름다운 스카이트리는 지상 350미터의 전망데크와 450미터의 전망회랑, 두 곳의 전망대가 있다. 2개 전망대 세트권 2700엔. 쇼핑센터 소라마치와 수족관 등 부대시설도 다양하다.

이런 사람에게 추천! ——
• 쇼핑과 식사, 야경 감상을 한 곳에서 하고 싶다면

도쿄에서 할 수 있는 특별한 체험

관광지와 쇼핑몰에서만 하루를 보내기엔 조금은 심심하다고 느꼈다면 이곳에 주목하자. 일본 전통 뱃놀이를 즐기거나 모형 음식을 직접 만들고, 기모노를 입고 산책을 하는 소소한 체험을 통해 도쿄 여행에 좀 더 특별한 추억을 더할 수 있다. 도쿄에서만 할 수 있는 흥미로운 체험을 소개한다.

야카타부네 屋形船

'지붕이 있는 놀잇배'라는 의미의 유람선, 야카타부네는 식사를 하면서 아름다운 경관을 즐길 수 있다. 도쿄의 야카타부네는 시나가와에서 출발해 오다이바를 거쳐 스미다강의 에이타이바시까지 간 후 다시 돌아오는 2시간 30분짜리 코스다. 나이트 코스를 이용한다면 오다이바 레인보우 브리지, 도쿄 타워, 스카이트리 등 도쿄의 주요 야경을 만끽할 수 있다. 천천히 유람하는 동안 전채 요리, 튀김, 회, 밥과 샐러드, 면 그리고 디저트까지 푸짐한 식사가 제공된다. 음료는 맥주, 사케, 위스키, 와인, 매실주 등의 주류는 물론 오렌지 주스, 우롱차, 녹차, 콜라까지 무제한으로 제공된다.

📍 JR시나가와品川역 코난(동쪽) 출구에서 도보 13분

¥ 기본 코스 1만 2천엔, 승선권, 요리, 음료 포함

🕐 2시간 30분

☎ 예약 +81-3-5479-2731(10:00~19:00)

@ www.funasei.com (후나세이船清)

식품 샘플(모형음식) 제작
食品サンプル製作

일본 레스토랑의 쇼윈도에서 보던 실사와 같은 모형 음식을 밀랍을 사용해 직접 만들어보는 체험 프로그램이다. 아사쿠사 갓파도구거리에 위치한 식품 샘플 제작 전문 업체 이와사키가 운영하는 간소쇼쿠힌사푸르야元祖食品サンプル屋는 숙련된 장인이 고안한 프로그램을 바탕으로 직원이 섬세하게 기술 지도를 해준다. 튀김 2종과 양상추 1종을 제작하는 1시간 체험은 모두 일본어로 진행되며 사전에 전화로 예약한 후에 참여할 수 있다. 일본어로 의사소통이 어려운 사람이라면 체험 시 통역사를 동반해야 한다.

📍 츠쿠바 익스프레스 아사쿠사浅草역 A2번 출구에서 도보 5분

¥ 1인 2500엔

🕐 1시간 ~ 1시간 15분　☎ 예약 +81-3-3841-0783 (일본어 예약, 10:00~17:30)

@ www.ganso-sample.com/en/ (간소쇼쿠힌삼푸르야元祖食品サンプル屋)

유카타, 기모노 렌털 着物 · 浴衣レンタル

일본 전통 의상인 기모노 또는 유카타를 렌털하여 착용하고 도심을 걸어보는 체험 프로그램으로, 렌털 매장에는 착용을 도와주는 전문 직원이 상주해 있어 어려움 없이 기모노를 착용할 수 있다. 기모노 렌털 전문 업체인 Wargo 아사쿠사 지점에는 무려 9000벌의 기모노가 마련되어 있고 어린이 사이즈도 다양하게 준비되어 있어 가족끼리 방문하기에도 좋다. 또한 머리에 장식하는 비녀도 무료로 대여해준다. 사전 예약이 필요하며 웹사이트를 통해 가능한 날짜를 확인하고 예약, 결제까지 할 수 있어 편리하다. (인터넷 사전 예약 결제 시 할인)

📍 츠쿠바 익스프레스 아사쿠사浅草역 5번 출구에서 도보 3분

¥ 스탠더드 유카타 플랜 3000엔~(세금불포함, 헤어세트 옵션 추가 비용 발생, 900엔부터)　🕐 09:00-18:00 (반납은 17:30까지)

@ kyotokimono-rental.com/ko/ (기모노 렌털 와고きものレンタルwargo)

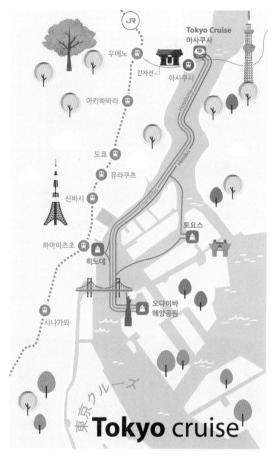

● 도쿄 크루즈 Tokyo Cruise ●

아사쿠사에서 오다이바까지 이동할 계획이라면 도쿄 크루즈(수상버스 水上バス)를 이용해 보자. 아사쿠사에서 오다이바 해양공원까지 직행 코스, 중간에 히노데바시(JR하마마츠초역 부근)에 들러 가는 코스가 있다. 스카이트리, 도쿄타워, 레인보우 브리지, 그리고 오다이바 자유의 여신상 등 대표적인 인기 스폿을 선상에서 눈으로 만끽할 수 있다. 아사쿠사~오다이바 구간은 '은하철도 999'의 작가 마츠모토 레이지松本零士가 디자인한 우주선이 떠오르는 외관의 히미코ヒミコ, 호타루나ホタルナ, 에메랄다스エメラルダス가 운항한다. 인터넷으로 티켓은 미리 구입할 수 있으며, 시간에 따라 운항하는 배의 종류가 다르다.

- 📍 긴자선, 아사쿠사선 아사쿠사浅草역 5번 출구에서 도보 1분
- ¥ 아사쿠사~오다이바 해양공원 코스 성인 1720엔, 어린이 860엔
- 🕐 아사쿠사~오다이바 해양공원 코스 50~65분(루트에 따라 다름), 화요일 운휴
- @ www.suijobus.co.jp/en/

도쿄의 특별한 박물관 & 미술관

도쿄에는 일본에서도 손꼽히는 역사 깊은 박물관과 미술관은 물론, 개성 넘치는 이색 박물관까지 구경할 거리가 무궁무진하다. 그중에서도 특별한 테마가 있어 관람이 더욱 즐거운 도쿄 시내와 근교에 있는 박물관과 미술관을 찾아가본다.

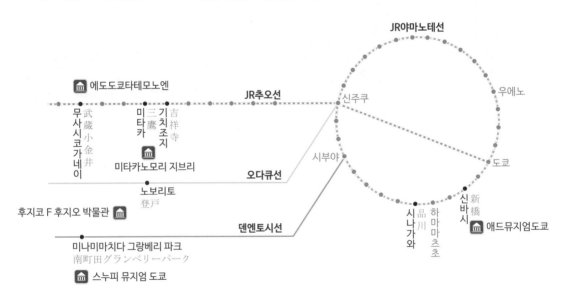

JR야마노테선

에도도쿄타테모노엔

JR추오선

무사시코가네이
武蔵小金井

미타카
三鷹

기치조지
吉祥寺

신주쿠

우에노

미타카노모리 지브리

오다큐선

노보리토
登戸

시부야

도쿄

후지코 F 후지오 박물관

덴엔토시선

신바시
新橋

애드뮤지엄도쿄

미나미마치다 그랑베리 파크
南町田グランベリーパーク

시나가와

품川

하마마츠초

스누피 뮤지엄 도쿄

가와사키 후지코 F 후지오 박물관 (도라에몽 박물관)
Fujiko·F·Fujio Museum

인기 애니메이션 도라에몽의 작가 후지코 F 후지오를 기리는 박물관이다. 관람객에게는 음성가이드기 오하나시뎅와おはなしデンワ (말하는 전화)를 지급하는데, 한국어 음성가이드도 있어 편리하다. 박물관 내에는 작가가 직접 그린 삽화 및 만화 원고 등이 전시되어 있으며, 야외 포토존에서는 공룡과 도라에몽 및 작품 속에 등장한 다양한 캐릭터들과 함께 사진을 찍을 수도 있다. 기념품숍, 시어터, 카페 등의 시설도 준비되어 있다.

- 📍 오다큐小田急선, JR난부南武선 노보리토登戸역에서 박물관 직행버스 이용 (약 10분소요, 성인 210엔 / 소아 110엔)
- 🕐 10:00~18:00 입장시간 10:00, 11:00, 12:00, 13:00, 14:00, 15:00, 16:00, 매주 화요일, 연말연시 휴관
- 💴 성인, 대학생 1000엔, 중고등학생 700엔, 4세 이상 어린이 500엔 / 티켓 예약 및 결제는 홈페이지에서 매월 5일 오전 10:00에 당월 16~말일분 오픈, 매월 20일 오전 10:00에 익월 1~15일분 오픈 (예: 9월 16일~30일 입장분은 9월 5일 10:00 접수 시작)
- @ fujiko-museum.com/ 🏠 神奈川県川崎市多摩区長尾2-8-1

©Museo d'Arte Ghibli

기치조지 미타카노모리 지브리 Ghibli Museum, Mitaka 三鷹の森ジブリ美術

우리나라에도 잘 알려진 미야자키 감독의 지브리 미술관. 커다란 유리창 안에는 토토로가 보이고 건물 위 옥상에는 <천공의 성 라퓨타>에 등장하는 로봇 병사가 우뚝 서 있다. 건물 안은 <센과 치히로의 행방불명>의 온천장으로 꾸며져 있어 치히로가 마녀 유바바를 만나기 위해 탔던 엘리베이터가 재현되어 있고, 2층 구름다리 위를 건너볼 수도 있다. 미야자키 하야오 감독이 이상적으로 생각하는 애니메이션 스튜디오를 재현해놓은 곳도 있으므로 미야자키 감독의 팬이라면 꼭 한 번 들러보자. 사전 예약을 통해 방문할 수 있으며 인터넷이나 일본 내 편의점 로손에서 예약할 수 있다.

- 📍 JR미타카三鷹역 남쪽 출구에서 커뮤니티 버스로 5분 (편도 210엔, 왕복 320엔, 어린이 편도 110엔, 왕복 160엔)
- 🕐 10:00~18:00, 입장은 하루 7번 (10:00, 11:00, 12:00, 13:00, 14:00, 15:00, 16:00), 화요일 휴관
- @ www.ghibli-museum.jp/ 🏠 東京都三鷹市下連雀1-1-83
- 💴 어른, 대학생 1000엔, 중·고등학생 700엔, 초등학생 400엔, 유아(4세 이상) 100엔 / 티켓 인터넷 예약 : l-tike.com/st1/ghibli-en/sitetop, 일본 티켓 판매처: 로손

©Yasufumi Nishi/ JNTO　　©Yasufumi Nishi/ JNTO

무사시코가네이 **에도도쿄타테모노엔**

Edo-Tokyo Open Air Architectural Museum 江戸東京たてもの園

미야자키 하야오 감독의 애니메이션 <센과 치히로의 행방불명>의 마을과 온천장의 모델이 된 건물들을 만나볼 수 있는 야외 건축 박물관이다. 코가네이 공원小金井公園 안에 자리한 이곳에는 에도 시대부터 쇼와 초기까지의 시대상을 보여주는 27채의 건물이 있어 고풍스러운 분위기와 애니메이션의 이미지가 공존한다. 미야자키 감독의 팬들이 많이 찾고 있다.

📍 JR추오선 무사시코가네이武蔵小金井역에서 하차. 북쪽 출구 버스 승강장 4번에서 칸토 버스関東バス 미타카三鷹역행을 타고 에도도쿄타테모노엔마에江戸東京たてもの園前에서 하차. 도보 3분

🕐 **4~9월** 09:30~17:30, **10~3월** 09:30~16:30, 월요일(공휴일인 경우는 다음 날), 연말연시 휴관

¥ 일반 400엔, 65세 이상 200엔, 대학생 320엔, 중 · 고등학생 200엔, 초등학생 이하 무료

@ www.tatemonoen.jp

🏠 東京都小金井市桜町3-7-1 (都立小金井公園内)

미나미마치다 **스누피 뮤지엄 도쿄** スヌーピーミュージアム

스누피에 관한 모든 것을 만나볼 수 있는 뮤지엄으로, 작자 찰스 M. 슐츠의 창작 역사를 담은 사진과 영상, 코믹 '피너츠'의 유명 에피소드의 원화, 그리고 거대한 스누피 모형 등이 전시되어 있다. 뮤지엄 내 숍 '브라운스 스토어'에서는 오리지널 피너츠 굿즈를 구입할 수 있으며, 별관에는 '피너츠 카페'도 있다. 입장은 10시부터 16시까지 12번에 나뉘어 시간에 맞춰 입장할 수 있으며 체류 시간에 제한은 없다. 단, 입장 인원에는 제한이 있으므로 미리 티켓을 구입해 두는 것이 좋다.

📍 도큐 덴엔토시선 미나미마치다 그란베리 파크町田グランベリーパーク역에서 도보 4분

🕐 10:00-18:00, 1월 1일, 연 2회 비정기 휴무

¥ 성인 2000엔, 중, 고등학생 1000엔, 4세~초등학생 600엔(인터넷 사전 구입 시 200엔 할인), 3세 이하 무료

@ snoopymuseum.tokyo/s/smt/?ima=0000

🏠 東京都町田市鶴間3-1-4

신바시 **애드뮤지엄도쿄** Advertising Museum Tokyo

일본 최대의 광고 회사 덴츠에서 운영하는 곳으로, 에도 시대부터 현재에 이르기까지 일본의 광고사를 한눈에 볼 수 있는 광고박물관이다. '사회와 광고'라는 테마로 시대별 자료를 전시해놓았는데, 20세기의 전시에는 히트 상품과 신문, 잡지 등을 전시해놓아 재미있다. 일본 유일의 광고물 전용 도서관에서는 1만 3000여 권의 전문 서적과 라디오, TV의 시청각 자료도 관람할 수 있다. 광고에 관심이 있다면 절대 그냥 지나쳐서는 안 될 곳.

📍 JR신바시新橋역 시오도메 방면汐留め方面 출구에서 도보 4분, 카레타 시오도메 지하 2층(박물관 입구는 지하 1층에 위치)

🕐 **박물관** 12:00~18:00, 일· 월요일 휴관, 비정기 휴관

¥ 무료　@ www.admt.jp/

🏠 東京都港区東新橋1-8-2 カレッタ汐留

도쿄에서 찾은 "일본 최초"

"일본 최초"라는 수식어를 유난히 많이 달고 있는 도시 도쿄. 일본에서는 가장 처음으로 지하철이 다니기 시작했고 일본 최초의 동물원이 문을 열고 최초의 백화점인 미츠코시가 세워지고, 이제는 일본의 대표음식으로 자리잡은 돈가스를 팔기 시작한 것도 모두 도쿄에서 이루어진 일이다. 유행의 최첨단을 달리는 도쿄에서 오래되어 더 의미 있는 "일본 최초"들을 찾아보는 것도 재미있는 여행이 될 것이다.

우에노 우에노 동물원 | 동물원 | 上野動物園

우에노 공원 한쪽에 위치한 우에노 동물원은 약 400종, 3000마리의 동물을 사육하고 있는 일본 최초의 동물원이다. 동물원의 상징이 된 자이언트 판다를 비롯해 수마트라 호랑이, 롤랜드 고릴라, 아시아 코끼리, 갈라파고스 땅거북 등 진귀한 동물이 많다. 동원東園과 서원西園으로 나뉘며 그 사이를 동물이 그려진 귀여운 모노레일이 오가고 있다.

📍 JR우에노上野역 공원 출구에서 도보 8분　⏰ 09:30-17:00, 월요일, 12월 29일-1월 1일 휴원

💴 성인 600엔, 중학생 200엔(중학생 미만 무료), 65세 이상 300엔　🏠 東京都台東区上野公園9-83

자이언트 판다가 있는 일본 최초의 동물원

긴자
렌가테이 | 경양식 | 煉瓦亭

1895년에 오픈한 일본 최초의 돈가스를 만들어낸 곳이다. 오랜 역사만큼이나 꾸준한 인기가 있는 곳으로, 우리나라 방송에도 여러 차례 소개되어 유명해진 곳이다. 현재 돈가스의 원조가 된 원조 포크 카츠 레츠元祖ポークカツレツ (2800엔)는 렌가테이 최고의 인기 메뉴로 담백한 맛을 자랑한다. 밥과 고기, 양파, 달걀을 모두 섞어서 만든 메이지 탄생 오므라이스明治誕生オムライス(2700엔)도 이곳만의 명물로 유명세를 떨치고 있지만 두 메뉴 모두 명성만큼 대단한 맛은 아니므로 너무 기대하면 실망할 수 있다.

📍 긴자선, 히비야선, 마루노우치선 긴자銀座역 A9 출구에서 도보 3분

🕐 11:15-15:00, 16:40-21:00, 일요일 휴무

🏠 東京都中央区銀座3-5-16

백종원이 칭찬했던
일본 최초의 돈가스

긴자
센비키야

| 디저트 | Ginza Sembikiya 銀座千疋屋

20년이 넘는 역사를 자랑하는 일본 최초의 과일 가게다. 신선한 과일을 판매할 뿐 아니라 과일로 만든 음료와 잼, 과자, 꿀, 푸딩 등도 있다. 신선한 과일을 듬뿍 넣은 후르츠 파르페 (1760엔부터), 예쁘게 과일이 들어간 후루츠 샌드위치フルーツサンド (1540엔) 등이 인기다.

📍 긴자선, 히비야선, 마루노우치선 긴자銀座역 5번 출구에서 바로

🕐 11:00-19:00(일요일, 공휴일 11:00-18:00), 연말연시 휴무

🏠 東京都中央区銀座5-5-1

지금은 디저트로
유명한 일본 최초의 과일가게

긴자

카페 파울리스타 | 카페 |

Cafe Paulista Ginza カフェーパウリスタ銀座店

일본에 현존하는 카페 중 가장 오랜 역사를 가지고 있는 곳이자 한 시대를 풍미했던 카페 파울리스타는 1911년에 오픈한 이래 아쿠타가와 류노스케, 존 레논과 오노 요코 부부 등 수많은 유명 인사들과 진보적인 문인, 예술인들이 즐겨 찾았던 곳으로 유명하다. 카페는 예전의 모습이 그대로 남아 있는 레트로한 분위기의 1층과 모던한 2층으로 공간이 나뉘어져 있다.

📍 JR신바시新橋역 긴자 출구에서 도보 3분 / 긴자선, 히비야선, 마루노우치선 긴자銀座역 A3 출구에서 도보 5분

🕐 08:30-21:30(일요일, 공휴일 11:30-20:00), 연말연시 휴무

🏠 東京都中央区銀座8-9 長崎センタービル1F

존 레논이 다녀간
일본 최초의 카페

©JNTO

니혼바시

미츠코시 니혼바시본점 | 백화점 | 三越日本橋本店

1914년에 오픈할 당시 에스컬레이터나 엘리베이터 등의 최신 시설과 채광이 들어오는 천장, 대리석으로 꾸며진 웅장한 중앙 홀, 현관을 지키는 커다란 사자상 등 고풍스럽고 화려한 건축물로도 이름을 알린 일본 최초의 백화점이다. 건축물로서의 가치도 인정받아 국가 중요문화재로 지정되었다.

📍 긴자선 미츠코시마에三越前 역 A3 또는 A5출구에서 도보 1분

🕐 10:00-19:00 (신관 9,10층 레스토랑 11:00-22:00)

🏠 東京都中央区日本橋室町1-4-1

고풍스러운 외관의
일본 최초의 백화점

아사쿠사

카미야바 | 바 | 神谷バー

130년 넘게 아사쿠사에서 사랑 받고 있는 역사 깊은 바. 세련되기보다는 부담 없이 들를 수 있는 정겨운 분위기다. 브랜디, 진, 와인, 양주 등을 섞어 만드는 덴키브랑電気ブラン(350, 450엔)이라고 하는 혼성주가 유명하며 목 넘김이 부드러워 무심코 마시다가 취할 수 있으니 주의가 필요하다. 안주 및 식사 종류도 다양하게 준비되어 있다.

📍 긴자선 아사쿠사浅草역 3번 출구에서 도보 2분

🕐 11:30-21:00, 화요일 휴무

🏠 東京都台東区浅草1-1-1

정겨운 분위기의
일본 최초의 바

도쿄의 요코초

요코초横丁란 좁은 골목길에 레트로한 선술집이 밀집해 있는 곳을 말한다. 이제까지의 요코초는 보통 샐러리맨들이 즐겨 찾는 곳이었으나, 최근 젊은 여성층 사이에서 "요코초에서 한잔"이 화두에 올라, 각종 미디어에 소개되고 SNS를 통해 확산되어 새로운 붐을 이루기 시작했다. 대부분의 요코초는 주요 관광지에 위치해 있으므로 가벼운 마음으로 방문해 한잔 즐기며 일본 선술집 문화를 경험해보는 것도 좋다.

신주쿠 오모이데요코초思い出横丁

신주쿠를 대표하는 선술집 거리로, 신주쿠역 서쪽 출구의 고가 철도 옆 골목에 곱창전골이나 내장꼬치구이, 닭꼬치구이 등을 선보이는 작은 선술집들이 오밀조밀 모여 있다. 제2차 세계대전 후, 이곳에 야외 포장마차와 선술집들이 하나둘씩 모여들기 시작해 지금까지 소박하면서도 정겨운 풍경을 간직하고 있다. 샐러리맨의 성지로 불리던 곳이었으나, 최근에는 옛 정취를 즐기려는 젊은이들과 관광객들도 많이 찾고 있다.

・ 추천 맛집 ・

모츠야키 왓찬もつ焼き ウッチャン

오모이데요코초 내에서 인기 있는 모츠야키もつ焼き(내장꼬치구이) 집. 27개의 카운터석만 있는 비좁은 공간이지만 분위기만큼은 왁자지껄 활기가 넘친다. 매운맛 된장으로 양념한 내장꼬치와 양념 없이 고기 본연의 맛을 즐길 수 있는 꼬치가 있다(꼬치 1개 180엔~). 특히 시로シロ(대창)꼬치가 인기. 현금결제만 가능하다.

📍 JR신주쿠新宿역 서쪽 출구에서 도보 2분
🕐 16:00-23:00, 비정기 휴무
🏠 東京都新宿区西新宿1-2-7 穂波ビル

신주쿠
신주쿠 골든가이 新宿ゴールデン街

신주쿠 가부키초에 위치한, 선술집이 밀집한 곳으로, 목조건물이 늘어선 거리에는 200개 이상의 선술집이 다닥다닥 붙어 있다. 작가, 편집자, 영화감독, 배우 등 예술인들이 즐겨 찾는 곳으로도 유명하다. 최근에는 신선한 감각의 새로운 가게들도 속속 문을 열어 젊은 고객의 방문도 늘고 있다.

· 추천 맛집 ·

Diner 5GALLONS ダイナーファイブガロン 新宿ゴールデン街2号店

미 서부의 분위기가 물씬 풍기는 서양식 선술집으로, 여자끼리 가볍게 한잔 즐기기거나 커플들이 방문하기에 좋다. 위스키, 와인 및 다양한 칵테일이 준비되어 있으며, 아메리칸 스타일의 메뉴인 햄버거, 핫도그, 나폴리탄 등의 메인 메뉴와 감자튀김, 비엔나 소시지, 스모크 치킨, 치즈 모둠 등 다양한 사이드 메뉴가 있다.

📍 JR신주쿠新宿역 동쪽 출구에서 도보 8분
🕐 18:00-05:00, 비정기 휴무
🏠 東京都新宿区歌舞伎町1-1-5 新宿ゴールデン街8番街

기치조지 **하모니카요코초** ハーモニカ横丁

기치조지역 북쪽 출구 앞에 자리한 좁은 골목으로, 제2차 세계대전이 끝난 1940년대 후반 황폐해진 기치조지의 암시장이 그 유래라고 한다. 인근에 거주하고 있던 작가 가메이 가쓰이치로亀井勝一郎가 점포들이 늘어선 모습을 하모니카에 비유한 것에서 지금의 이름으로 불리게 되었다. 현재는 상점, 음식점 등 100개 정도의 점포가 줄지어 있고 밤이 되면 퇴근 후 술 한잔 하려는 사람들로 북적댄다.

· 추천 맛집 ·

하모니카 키친 HARMONICA KITCHEN & BAR ハモニカキッチン

낮에는 간단한 식사를, 밤에는 한잔 즐길 수 있는 키친 바로 1층은 스탠딩 석, 2층은 카운터 석, 3층은 테이블 석으로 마련되어 있다. 메뉴는 꼬치부터 일식, 중식, 양식 등으로 다양하며 대부분의 메뉴는 600엔 전후다. 가지 바질 볶음ナスバジル炒め (570엔)과 우리나라 탕수육과 비슷한 쿠로주스부타黒酢酢豚(570엔)가 추천메뉴.

📍 JR추오선, 이노카시라선 기치조지吉祥寺역 북쪽 출구에서 도보 7분
🕐 15:00-24:00(토·일·공휴일 12:00-24:00), 비정기 휴무
🏠 東京都武蔵野市吉祥寺本町1-1-2

아사쿠사 홋피도리 ホッピー通り

아사쿠사 센소지에서 걸어서 4분 정도 떨어진 곳에 있는 선술집 거리. 가게 앞에 차려진 오픈 테이블은 레트로하면서도 서민적인 느낌을 준다. 저렴한 가격으로 서민들의 사랑을 받아온 맥주맛 음료 홋피ホッピー를 마시는 사람이 많아 홋피도리(홋피거리)라 불리며 싸고 맛있는 전골 전문점이 모여 있어 전골거리로도 불린다. 샐러리맨뿐만 아니라 일본 젊은층과 관광객, 어린이를 동반한 가족들도 눈에 많이 띈다.

· 추천 맛집 ·

스즈요시 Suzuyoshi 鈴芳

홋피도리 가운데 위치한 스즈요시의 대표메뉴는 미소로 맛을 내어 고기 잡내가 없는 마마 특제 소곱창 전골牛もつ煮込み로 누구나 부담 없이 먹을 수 있다. 그 밖에도 살짝 매콤한 맛의 한국풍 소힘줄 전골韓国風 牛すじ煮이 인기가 많다. 이곳에 가면 생맥주처럼 잔에 나오는 타루나마홋피樽生ホッピー를 꼭 마셔보자.

📍 츠쿠바 익스프레스 아사쿠사浅草역 A1번 출구에서 도보 2분
  긴자선 아사쿠사浅草역 1번 출구에서 도보 8분

🕐 11:00-21:30, 화요일 휴무

🏠 東京都台東区浅草2-5-1

긴자 유라쿠초 요코초 有楽町産直横丁

고가 전철 아래 50미터에 걸쳐 형성된 이자카야 거리이다. 원래 이름은 유라쿠초 산초쿠 요코초有楽町産直横丁로 산지 직송의 재료만을 사용하는 5개의 점포와 각 지방 음식과 술을 판매하는 6개의 점포로 모두 11개의 선술집이 모여 있다. 24시간 영업하기 때문에 이른 아침이나 늦은 저녁 방문할 수 있어 좋다.

· 추천 맛집 ·

사카나노 하마케이 魚の浜恵

전국 어장에서 직송한 신선한 해산물로 만든 다양한 안주를 만날 수 있는 이자카야로 생선구이, 회, 덮밥 등을 캐주얼한 가격으로 즐길 수 있다 (메뉴 1개 당 1000~2000엔).

📍 JR유라쿠초有楽町역에서 도보 5분

🕐 24시간, 비정기 휴무

🏠 東京都千代田区有楽町2-1-1 有楽町産直横丁

동화의 나라, 도쿄 디즈니 리조트

디즈니 리조트는 도쿄 최대의 테마파크로, 디즈니랜드Disney Land에 이어 디즈니씨Disney Sea가 오픈하면서 그 즐거움이 2배가 되었다. 아름다운 동화의 나라에 온 듯한 기분이 드는 디즈니랜드와 속도감과 스릴 있는 어트랙션에 충실한 디즈니씨의 서로 다른 매력을 가진 2개의 테마파크와 쇼핑과 식사를 할 수 있는 익스피어리와 일본 최대규모 디즈니숍 본 보야쥬, 오피셜 호텔까지 두루 갖추고 있어 며칠 동안 머물러도 시간이 모자랄 정도다.

📍 09:00-21:00 (변동이 있으므로 홈페이지에서 확인 요망)
@ www.tokyodisneyresort.jp/kr/
🏠 千葉県浦安市舞浜

· 찾아가기 ·

가까운 역 | JR마이하마역 남쪽 출구에서 디즈니 리조트 전용 모노레일인 디즈니 리조트라인을 이용해 도쿄 디즈니랜드 스테이션, 도쿄 디즈니씨 스테이션에서 하차하면 된다.

이용 노선 | JR도쿄역에서 전철을 타거나 신주쿠역 신남쪽 출구 버스터미널에서 디즈니 리조트행 버스를 이용한다. 단 버스는 정체가 심한 날에는 이동 시간이 오래 걸릴 수 있으니 주의할 것.

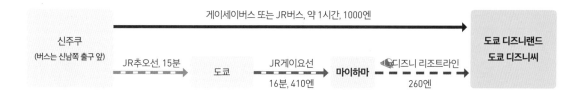

신주쿠
(버스는 신남쪽 출구 앞)

게이세이버스 또는 JR버스, 약 1시간, 1000엔

JR추오선, 15분 → 도쿄 → JR게이요선 16분, 410엔 → 마이하마 → 디즈니 리조트라인 260엔 → 도쿄 디즈니랜드 도쿄 디즈니씨

· 디즈니 리조트 입장권 ·

구매처 | 티켓은 공식 홈페이지 혹은 전용 앱에서 미리 구입하자. 인원수와 원하는 날짜, 티켓 종류를 선택하고 구입하면 된다. 코로나 이후 현장 티켓 판매는 잠정 중지된 상태로 인터넷이나 앱에서 미리 구입해야 한다.

티켓종류	성인 (18세 이상)	청소년 (12~17세)	어린이 (4~11세)
1데이 패스포트 입장일과 파크가 지정된 티켓 파크 개장 시간부터 하루동안 이용.	7900~ 1만 900엔	6600~ 9000엔	4700~ 5600엔
얼리 이브닝 패스포트 휴일 오후 3시부터 디즈니랜드와 디즈니씨 중 선택, 입장 가능한 티켓	6500~ 8700엔	5300~ 7200엔	3800~ 4400엔
위크나이트 패스포트 평일 오후 5시부터 디즈니랜드와 디즈니씨 중 선택, 입장 가능한 티켓	4500~ 6200엔	4500~ 6200엔	4500~ 6200엔

※ 티켓은 시즌 및 날짜에 따라 금액이 다름.

· 돌아보기 TIP ·

1 도쿄 디즈니 리조트 앱(영어)을 미리 다운로드하자. 티켓을 스캔하기만 하면 입장이 가능하며, 파크 내 나의 위치가 표시되어 주변 어트랙션을 찾기 쉽다. 또한 어트랙션의 대기 시간을 실시간으로 볼 수 있으며, 도쿄 디즈니 리조트 내의 레스토랑 예약도 가능하다.

2 앱이 없다면 인터넷으로 티켓 구매 완료 후 받은 메일의 바코드를 프린트해 챙겨야 한다. 혹은 핸드폰에 저장해 두자.

3 앱에서만 구입할 수 있는 디즈니 프리미어 액세스(DPA) 티켓을 잘 활용하자. 어트랙션의 빠른 입장과 퍼레이드의 좋은 좌석을 미리 지정할 수 있다.

4 40주년 우선권(40th Anniversary Priority Pass)를 활용하여 대기 시간을 절약하자.

5 도쿄 디즈니 리조트 입장 시, 삼각대와 셀카봉은 가지고 들어갈 수 없다.

놓치지 말자!
깨알 재미!

패션의류부터 인형, 리빙용품까지 다양한 디즈니 리조트 굿즈 쇼핑

귀여워서 먹기 아까운 디즈니 캐릭터 모양의 디저트와 음식 맛보기

· 디즈니랜드와 디즈니씨 어떻게 다를까? ·

도쿄 디즈니랜드

디즈니 첫 방문 또는
어린이 동반
가족 여행에 추천!

©Disney

— 신데렐라 성 등 동화 같은 분위기
— 어린이를 위한 어트랙션이 많다.
— 다양한 공연과 화려한 퍼레이드가 많다.
— 주류 구매 불가

도쿄 디즈니씨

빠르고 스릴 있는
어트랙션을 찾거나
연인, 친구 여행에 추천!

©Disney

— 유럽을 연상시키는 이국적인 분위기
— 성인이 즐길 만한 어트랙션, 시설이 많다.
— 메디테러니언 하버의 수중 공연이 볼거리
— 주류 구매 가능

• 내 손안의 디즈니, Tokyo Disney Resort App •

디즈니 리조트를 방문하기 전 도쿄 디즈니 리조트 앱 다운은 필수! App Store 혹은 Google Play에서 Tokyo Disney Resort의 공식 앱을 다운 받아야 한다. 파크 티켓 구입은 물론, 앱에서만 구입할 수 있는 디즈니 프리미어 액세스(DPA)를 구입할 수 있으며, 파크 내 레스토랑 예약도 가능하다. 도쿄 디즈니 리조트 앱의 다양한 활용법을 알아보자

1. Buy Tickets
티켓은 매일 14시에 2개월 후 날짜의 티켓이 오픈된다. 주말이나 일본 공휴일에는 티켓이 매진되는 경우도 있으므로, 날짜가 확정되었다면 미리 티켓을 구입해 놓는 것이 좋다. 구입한 티켓은 Scan Ticket를 터치하면 바코드가 표시된다. 당일 입장할 때 입구 기계에 바코드를 터치하면 바로 입장 가능하다.

2. 디즈니 프리미어 액세스(DPA)
공식 앱에서만 구입할 수 있으며, 일부 어트랙션의 빠른 입장과 퍼레이드의 좋은 좌석을 선점할 수 있다. 1회 1인 1500~2500엔이다. 인기 어트랙션의 경우 DPA도 매진되는 경우가 있으므로, 리조트 입장 직후 바로 구입하는 것이 좋다.

3. 40주년 우선권(40th Anniversary Priority Pass)
없어진 패스트패스(FP)가 도쿄 디즈니 리조트 오픈 40주년을 기념하여 40th Anniversary Priority Pass이라는 이름으로 한시적으로 다시 부활했다(2023년 7월 26일~종료기간 미정). 선택한 어트랙션을 지정된 시간 내에 짧은 대기 줄로 이용할 수 있으며, 무료이다.

4. Standby Pass
이용을 원하는 시설에 실제로 줄을 서는 것이 아닌, 앱으로 대기를 걸어두는 예약 시스템이다. 앱으로 발급된 스탠바이 패스에 적혀 있는 시간에 맞춰 해당 시설에 가면 최우선적으로 입장 안내를 받을 수 있어, 대기 시간을 절약할 수 있다. 현재는 이용가능한 어트랙션은 없지만, 레스토랑이나 숍에서 이용할 수 있다.

5. Entry Request
캐릭터 그리팅, 클럽 마우스 비트 외 일부 공연은 앱으로 엔트리 접수를 할 수 있다. 원하는 시설, 이용시간 대를 선택하고 리퀘스트를 하면 된다. 엔트리 접수가 결과가 확인되면 지정 시간에 대상 시설 이용이 가능하다. 단, 앱 상에 'We are sorry we could not arrange the experience you requested.'(예약을 하지 못했습니다.) 라고 표시된 경우에는 시설 이용이 불가능하다.

6. Disney Mobil Order
이용을 원하는 레스토랑, 시간대, 메뉴를 선택 미리 주문할 수 있다. 지정한 시간이 되면 푸시 알림이 뜨며, 이후 내점하여 'I'm Here'를 터치하면 결제가 되고, 주문한 메뉴가 준비되면 수령 번호와 카운터 번호가 앱에 표시된다. 지정 카운터에서 번호를 보여주고 음식을 픽업하면 된다. 또한 앱을 이용해 레스토랑 예약도 가능하다.

- 앱에서 파크 내 나의 위치가 표시되어 주변 어트랙션을 찾기 쉬우며, 어트랙션의 대기 시간을 실시간으로 볼 수 있어 편리하다. 디즈니 리조트 방문 계획이 있다면 반드시 앱을 다운 받고, 회원가입을 해 놓자.
- 위 서비스들은 앱이 없는 경우 파크 내에 있는 메인스트리트 종합안내소(도쿄 디즈니랜드), 파크 내 종합안내(도쿄 디즈니씨)에 문의하면 된다.

Tokyo Disneyland
• 도쿄 디즈니랜드 추천 어트랙션 & 퍼레이드 •

(DPA) 디즈니 프리미어 액세스 혹은 (PP) 40주년 우선권(40th Anniversary Priority Pass) 이용가능 |
어트랙션 놀이기구 | 퍼레이드 야외나 실내 쇼

어트랙션
스플래쉬 마운틴 (DPA)

디즈니 영화 <남부의 노래>를 모티브로 한 어트랙션. 통나무 보트를 타고 여행을 하다가 맨 마지막에 16m의 폭포 아래로 급강하하는 짜릿한 순간을 촬영해 사진으로 남긴다. 소요시간 10분, 크리터 컨트리 위치

어트랙션
빅 선더 마운틴 (PP)

골드 러시가 지나 사람이 드나들지 않는 폐광을 배경으로 광산 열차를 타고 즐기는 스피디한 어트랙션. 터널 안을 달리거나 바위틈 사이를 빠져나가는 등 스릴이 넘친다. 소요시간 4분, 웨스턴랜드 위치

어트랙션
푸의 허니헌트 (PP)

커다란 꿀 항아리를 타고 디즈니 애니메이션 푸와 친구들이 살고 있는 숲으로 놀러 가는 어트랙션. 출발과 동시에 여기저기로 랜덤하게 움직이기 때문에 예측할 수 없어 몇 번을 타도 재미있다. 소요시간 4분 30초, 판타지랜드 위치

어트랙션
버즈 라이트이어의 애스트로 블래스터 (PP)

디즈니 영화 <토이 스토리>의 '버즈 라이트이어'를 소재로 한 어트랙션. 우주선 스페이스 크루저를 직접 운전하면서 광선총을 쏘아 악의 제왕 저그를 물리친다. 소요시간 4분, 투모로우랜드 위치

어트랙션
스페이스 마운틴 (PP)

실내형 롤러코스터로 거대한 돔형 건물로 들어서면 유성이 떨어지는 신비로운 우주 공간이 펼쳐진다. 급 커브가 많고 속도가 빠르기 때문에 익사이팅한 어트랙션을 찾는 사람에게 추천. 소요시간 3분, 투모로우랜드 위치

어트랙션
정글 크루즈

배를 타고 코끼리와 악어, 사자 등의 다양한 야생 동물들을 관찰하면서 정글을 탐험하는 투어로, 낮에도 재미있지만 밤이 되면 곳곳에 조명을 밝혀 환상적인 분위기를 연출한다. 소요시간 10분, 어드벤처랜드 위치

불꽃놀이
스카이 풀 오브 컬러스

도쿄 디즈니리조트 40주년의 테마 송과 여러 디즈니 테마 뮤직에 맞춰 다양한 색상의 불꽃이 밤하늘을 화려하게 수놓는다. 약 5분간 진행된다.

퍼레이드
드림라이츠 (DPA)

약 700미터에 걸쳐 진행되는 빛과 음악의 퍼레이드. <신데렐라>, <알라딘>, <토이 스토리> 시리즈의 캐릭터와 디즈니 영화 <겨울왕국>의 안나와 엘사가 반짝이는 색색의 LED 조명과 함께 등장해 호화로운 쇼를 펼친다. 약 45분 간 진행된다.

Tokyo Disneyland

• 도쿄 디즈니씨 추천 어트랙션 & 퍼레이드 •

(DPA) 디즈니 프리미어 액세스 혹은 (PP) 40주년 우선권(40th Anniversary Priority Pass) 이용가능 |

어트랙션 놀이기구 | 퍼레이드 야외나 실내 쇼

어트랙션

인디아나 존스 어드벤처 :
크리스탈 해골의 마궁 (PP)

인디아나 존스 박사가 되어 고대 신전을 탐험하는 어트랙션. 오프로드 차를 타고 곳곳에 숨어 있는 함정에 빠지기도 하고 거대한 돌의 습격을 받기도 한다. 소요시간 3분, 로스트 리버 델타 위치

어트랙션

타워 오브 테러 (DPA)

호텔 오너의 의문스러운 실종 이후 폐쇄된 호텔에서 불가사의한 현상을 체험하는 어트랙션. 어둠 속에서 급상승과 급하강을 반복하는 등 도쿄 디즈니 리조트에서 가장 무서운 어트랙션이다. 소요시간 2분, 아메리칸 워터 프런트 위치

어트랙션

베네치안 곤돌라

2명의 곤돌리에(곤돌라의 사공)가 젓는 곤돌라를 타고 물의 도시 베네치아의 수로를 유람하며 메디테러니언 항구의 아름다운 경치를 느긋하게 즐길 수 있다. 소요시간 12분, 메디테러니언 하버 위치

어트랙션

센터 오브 디 어스 (DPA)

수수께끼의 천재 과학자 네모 선장이 개발한 6인승의 지하주행차를 타고 800m 아래 땅속 세계를 탐험하며 아름다운 크리스탈 동굴, 거대한 버섯의 숲을 돌아다닌다. 소요시간 3분, 미스터리 어스 아일랜드 위치

어트랙션

토이스토리 마니아! (DPA)

픽사 애니메이션 <토이스토리>의 주인공 우디의 크게 벌린 입을 통해 입장하면 신나는 장난감 세계가 펼쳐진다. 3D 안경을 쓰고 놀이기구에 탑승해 입체 영상의 타겟을 노리는 슈팅게임을 즐겨보자. 소요시간 5분, 아메리칸 워터 프런트 위치

어트랙션

레이징 스피리츠 (PP)

360도로 회전하는 롤러코스터를 타고 고대 유물 발굴 현장을 빠져나가는 도쿄 디즈니 리조트에서 가장 빠른 어트랙션. 스피드가 상당하므로 큰 가방이나 깨지기 쉬운 물건은 일정 시간 무료 개인 사물함에 맡기는 것이 좋다. 소요시간 2분, 로스트 리버 델타 위치

어트랙션

머메이드 라군

바닷속을 모티브로 한 공간으로 빙글빙글 도는 회전 해초 컵 월풀, 복어에 매달린 조개껍데기를 타고 공중에서 원을 그리며 회전하는 블로피시 벌룬 레이스 등 다양한 어트랙션이 있다.

퍼레이드

스페셜 그리팅

도쿄 디즈니 리조트의 테마 송이 흐르는 가운데, 다양한 색상의 코스튬을 입은 미키마우스와 디즈니 친구들이 배를 타고 등장하여 손님에게 인사한다.

움직이는 계단

9와 3/4 승강장

호그와트 대강당

워너 브라더스 스튜디오 도쿄 – 메이킹 오브 해리포터
ワーナー ブラザース スタジオツアー東京 - メイキング・オブ・ハリー・ポッター

영화 시리즈 '해리 포터'와 '신비한 동물사전'의 영화 제작 세트와 비하인드 스토리를 체험할 수 있는 엔터테인먼트 시설로, 아시아 최초의 워너 브라더스 스튜디오 투어이며, 해리포터 실내형 시설로는 세계 최대 규모를 자랑한다. 세계 탑 클래스의 크리에이터들이 만든 해리포터의 상징과도 같은 세트 호그와트 대강당, 움직이는 계단, 9와 3/4 승강장, 금지된 숲, 다이애건 앨리 등을 볼 수 있으며, 영화 촬영에 사용된 화려한 의상 및 생생하게 재현된 각종 캐릭터도 만날 수 있다. 투어 중간 영화 속 주인공들처럼 버터 맥주를 마시며 쉴 수 있는 카페테리아와 세계 최대 규모의 기념품 숍도 있다. 해리포터의 영화 속 환상과 마법의 세계가 바로 눈앞에 펼쳐진 이곳은 해리포터의 팬뿐 아니라 방문한 모든 이에게 즐거움을 선사한다. 티켓은 일반 입장권과 입장권에 디지털 가이드과 공식 가이드북이 포함된 패키지 2가지가 있다. 어떤 티켓이든 날짜와 시간을 지정해서 홈페이지에서 미리 예약해야 한다.

📍 세이부 이케부쿠로선·토시마선西武池袋線・豊島線, 오에도선大江戸線 토시마엔豊島園역에서 도보 2분

💴 **일반 티켓** 성인(18세 이상) 6500엔, 12~17세 5400엔, 4~11세 3900엔 **패키지** 성인(18세 이상) 9800엔, 12~17세 8800엔, 4~11세 7400엔

🕐 09:00-19:00(날짜에 따라 변경, 홈페이지 확인 요망) @ www.wbstudiotour.jp/en/ 🏠 東京都練馬区春日町1-1-7

EAT

TOKYO

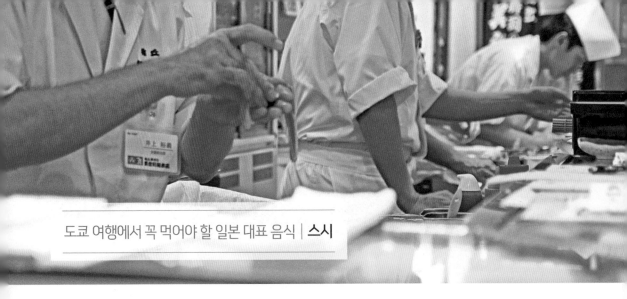

도쿄 여행에서 꼭 먹어야 할 일본 대표 음식 | **스시**

한눈에 보는 스시 종류

니기리즈시握りずし

네타ネタ(재료) → ← 샤리シャリ(밥)

니기리즈시 네타ネタ(재료)의 종류

사몬サーモン (연어)	이까イカ (오징어)	엔가와えんがわ (광어 지느러미)	아지あじ (전갱이)	부리ぶり (방어)	타마고たまご (달걀)	우나기うなぎ (장어)	사바さば (고등어)

마구로まぐろ (참치붉은살)	추토로中とろ (참치뱃살)	호타테ほたて (가리비)	에비えび (새우)	히라메ヒラメ (광어)	타이鯛 (도미)	아와비アワビ (전복)	고하다コハダ (전어)

마키즈시巻きずし

네타ネタ(재료) → ← 노리海苔(김)

마키즈시 네타ネタ(재료)의 종류

네기토로ねぎとろ (다진 참치와 파)	이쿠라いくら (연어 알)	우니うに (성게 알)	토비코とびこ (날치 알)	카니미소かにみそ (게 내장)	데마키手巻き (김말이)

········· · 회전스시 · ·········

긴자
네무로 하나마루
Nemuro Hanamaru 根室花まる

시부야
회전초밥 카츠
回転寿司 活

시부야
우오베이
Uobei 魚べい 渋谷道玄坂店

홋카이도 삿포로의 대표 스시 레스토랑으로 도쿄 내 여러 곳에 지점이 있다. 이중 KITTE 마루노우치점과 더불어 긴자 도큐플라자 10층 지점은 회전스시집으로, 지하 2층의 매장은 서서 먹는 초밥집으로 운영되고 있다. 스시를 비롯해 단품까지 메뉴가 다양하고 가격도 저렴한 편이기 때문에 항상 긴 줄이 늘어서 있으니 식사 시간을 피해 들르는 것을 추천한다.

📍 긴자선, 마루노우치선, 히비야선 긴자銀座역 C2, C3 출구에서 도보 1분, 도큐 플라자 긴자 지하2층, 10층

🕐 11:00-23:00, 1월 1일 휴무

🏠 東京都中央区銀座5-2-1 東急プラザ銀座 B2F, 10F

시부야 최고 인기 스시집인 미도리스시에서 운영하는 회전초밥집. 한 접시 132엔부터 있으며 먹고 싶은 스시가 있을 경우, 메뉴를 보고 스시를 선택, 주문표에 적어주면 바로 만들어 준다. 메구로, 나카메구로, 아케부쿠로에도 지점이 있다.

📍 JR시부야渋谷역 하치코 출구에서 도보 4분, 세이부 시부야 A관 8층

🕐 11:00-22:00, 비정기 휴무

🏠 東京都渋谷区宇田川町21-1 西武渋谷店 A館8F

가장 저렴한 메뉴는 110엔부터 시작하며, 한국어 메뉴가 지원되는 모니터를 통해 주문하면 테이블까지 자동레일로 접시가 배달되는 재미난 회전 스시집. 맛이 뛰어나지는 않지만 가격도 부담 없고 초심자도 어렵지 않게 주문할 수 있어 많은 여행자들이 찾는다.

📍 JR시부야渋谷역 하치코 출구에서 도보 5분

🕐 11:00-23:00, 비정기 휴무

🏠 東京都渋谷区道玄坂2-29-11 第6セントラルビル 1F

시부야 | 산겐자야 **다이도코야** Sushidaidokoya すし台所家

150엔에서 700엔 사이의 비교적 저렴한 가격에 맛있는 스시를 즐길 수 있는 회전스시집이다. 시부야 본점에는 한글 메뉴판과 외국어를 구사하는 점원이 있어 편리하게 스시를 즐길 수 있다. 산겐자야점은 일본 드라마 <고독한 미식가>에도 등장해 유명해졌다. 회전스시 외에 카이센동(해산물 덮밥)도 인기 메뉴. 현금 결제만 가능하다.

시부야 본점 ──
📍 JR시부야渋谷역 서쪽 출구에서 도보 4분
🕐 11:00-04:00(금·토요일 11:00-05:30, 일요일 휴무
🏠 東京都渋谷区道玄坂2-15-1 ノア道玄坂1F

산겐자야점 ──
📍 도쿄덴엔토시선 산겐자야三軒茶屋역 북쪽 출구에서 도보 2분
🕐 11:00-23:30, 연중무휴 🏠 東京都世田谷区太子堂4-22-12

⟨ **런치 5천 엔 내외 가성비 스시집** ⟩

시부야

스시노 미도리 Sushino Midori 寿司の美登利

합리적인 가격에 최상의 맛을 경험할 수 있는 스시집. 맛있는 스시를 먹고 싶을 때 츠키지 시장까지 갈 여유가 없다면 이곳을 찾자. 대기 시간이 긴 편이니 평일 식사시간을 살짝 피해서 가는 것이 좋다. 초특선 니기리 세트超特選にぎり(3630엔)가 인기.

📍 JR시부야渋谷역 하치코 출구에서 도보 5분, 마크시티 이스트 4층

🕐 11:00-15:00, 17:00-21:00, 1월 1일 휴무

🏠 東京都渋谷区道玄坂1-12-3 渋谷マークシティ　イーストモール4F

롯폰기

아베스시 Abe Sushi 阿部寿司 六本木店

롯폰기에서 드물게 저렴한 1150엔부터 즐길 수 있는 스시 세트가 인기며, 점심 오마카세 코스는 5500엔으로 예약 필수. 저녁 코스는 5800엔, 7500엔, 1만엔 세 가지가 있으며 이외에도 3~4000엔대의 세트 메뉴나 일품요리들을 즐길 수 있다.

📍 히비야선, 오에도선 롯폰기六本木역 5번 출구에서 도보 6분

🕐 11:30-14:30, 17:30-05:00, 연중무휴

🏠 東京都港区六本木3-16-26 Halifaxビル 1F

도쿄역 & 마루노우치 | 니혼바시

만텐스시

Manten Sushi まんてん鮨

점심 오마카세(요리사가 선별한 재료로 알아서 내어주는 메뉴) 3580엔, 저녁 오마카세 코스 7700엔에 질 좋은 스시를 즐길 수 있는 곳. 좌석이 많지 않으므로 미리 예약하고 가는 것이 좋다.

마루노우치점 ─

📍 JR도쿄東京역 남쪽 출구에서 도보 5분 / JR유라쿠초有楽町역 국제포럼 출구에서 도보 5분

🕐 **런치** 11:00-15:00, **디너** 17:00-23:00(일요일, 공휴일 17:00-22:00), 비정기 휴무

🏠 東京都千代田区丸の内2-6-1　丸の内ブリックスクエアB1F

☎ +81-3-6269-9100

니혼바시점 ─

📍 긴자선, 한조몬선 미츠코시마에三越前역 A6, A4출구

🕐 **런치** 11:00-15:00, **디너** 17:00-23:00, 비정기 휴무

🏠 東京都中央区日本橋室町2-3-1 コレド室町2 1F

☎ +81-3-3277-6045

· 고급 스시집 ·

긴자 **큐우베에** Kyubey 久兵衛

1936년에 창업한 곳으로 도쿄에서 다섯 손가락 안에 들 정도로 고급스러운 스시집이다. 가격이 만만치 않은 만큼 맛도 최고를 자부한다. 비교적 저렴한 가격에 스시를 맛볼 수 있는 런치 타임(8250~3만 3000엔)은 쇼핑을 즐기러 긴자를 찾은 사람들로 항상 붐빈다. 많은 유명인이 찾는, 도쿄 최고의 자리를 지키는 스시집이다.

📍 긴자선 신바시新橋역 3번 출구에서 도보 3분
　　JR신바시新橋역 긴자 출구에서 도보 5분
🕐 11:30-14:00, 17:00-22:00,
　　일·월요일, 오봉 기간, 연말연시 휴무
🏠 東京都中央区銀座8-7-6　☎ +81-3-3571-6523

시모키타자와 **코자사스시** Kozasa Sushi 小笹寿し

1950년에 오픈한 스시집으로, 미슐랭 등재를 거부하면서부터 이 작은 스시집이 더 유명해졌다. 예약을 받지 않으므로 오픈 시간 전에 가서 대기하거나 미리 전화해서 좌석을 확인한 후에 가는 편이 좋다. 좋은 재료를 푸짐하게 사용해서 만들기 때문에 가격 대비 훌륭한 스시를 먹을 수 있다. 다른 스시집과는 달리 오마카세나 코스 메뉴가 없고 벽에 걸려 있는 나무판에 쓰인 스시 이름을 보고 주문해야 하므로 일어를 할 수 있는 사람과 함께 가거나 미리 스시의 일어 이름을 알아서 가는 것이 편리하다. 메뉴에 따로 가격이 표시되어 있지 않으며, 충분히 먹는다고 생각했을 때 1인당 1만 5000-2만엔 정도. 아나고야키(붕장어 구이)는 모든 사람들이 주문하는 인기 메뉴니 한번 맛보도록 하자.

📍 이노카시라선 시모키타자와下北沢역 남쪽 출구에서 도보 9분
🕐 17:00-21:00(일요일, 공휴일 12:00-14:30), 수요일 휴무
🏠 東京都世田谷区代沢 3-7-10　☎ +81-3-3413-0488

요츠야 **스시쇼** Sushisho すし匠

미슐랭 스타를 거절했다는 일화로 유명해진 나카자와 케이지 초밥장인이 1989년부터 시작한 요츠야의 스시집. 현재는 하와이에서 초밥집을 하고 있으며, 요츠야의 스시쇼는 제자인 카츠마타 케이타가 이어서 운영 중이다. 저녁 코스는 2만5000엔 이상부터 시작하는 고급 스시집이지만, 월·수·금요일에는 런치를 2500엔에 제공한다. 예약 필수.

📍 JR요츠야四ツ谷역 2번 출구에서 도보 2분
🕐 월·수·금요일 11:30-13:30, 18:00-22:30, 화·목·토요일 18:00-22:30,
　　일요일, 공휴일인 월요일, 골든위크, 연말연시 휴무
🏠 東京都新宿区四谷1-11 陽臨堂ビル1F
☎ +81-3-3351-6387(문의전용) / +81-50-5263-7407(예약전용)

가장 무난하지만 탁월한 선택 | **돈가스**

· **돈가스 추천 맛집** ·

신주쿠 **오우로지** Ouroji とんかつ 王ろじ

1921년에 오픈한 돈가스 전문점으로, 돼지고기에 튀김옷을 입힌 음식에 '돈가스'라는 이름을 최초로 사용한 곳이다. 대표 메뉴인 오우로지 오리지널의 톤돔とん丼(1200엔)은 카레라이스에 돈가스를 곁들인 것으로, 바삭하게 튀긴 돈가스와 진한 카레가 어우러져 깔끔하면서도 깊은 맛을 느낄 수 있다. 돈가스 또는 새우튀김에 밥, 된장국이 함께 제공되는 돈가스 세트とんかつセット(2000엔), 에비후라이 세트エビフライセット(2100엔) 등의 세트 메뉴도 있다. 현금결제만 가능하다.

📍 마루노우치선, 후쿠토신선 신주쿠산초메新宿三丁目역 B5 출구에서 도보 2분
　　JR신주쿠新宿역 동쪽 출구에서 도보 5분
🕐 11:15-14:30, 17:30-20:00(화요일은 디너 휴무), 수요일 휴무
🏠 東京都新宿区新宿3-17-21

아사쿠사 **돈가스 주로쿠** とんかつじゅうろく

카운터 좌석 6개와 4인 테이블 1개가 있는 동네 골목 맛집 분위기의 자그마한 돈가스 전문점이다. 전국 각지에서 엄선한 돼지고기를 가장 적절한 온도에서 튀겨낸 겉은 바삭 안은 촉촉한 돈가스를 만날 수 있다. 밥과 국이 함께 나오는 정식은 히레가스, 로스가스 모두 2300엔.

📍 긴자선 타와라마치田原町역 3번 출구에서 도보 4분, 긴자선 아사쿠사浅草역 A4번 출구에서
　　도보 6분
🕐 11:00-14:30, 18:00-22:00, 월요일 휴무, 비정기 휴무
🏠 東京都台東区雷門1-5-11

긴자 **긴자 카츠카미** 銀座かつかみ

다양한 돼지고기 부위를 맛볼 수 있는 돈가스 코스 전문 고급 레스토랑이다. 런치, 디너 모두 예약제이며, 예약은 홈페이지에서 할 수 있다 (katsukami.com/). 런치 코스는 3800~6500엔, 디너 코스는 9000~2만 엔 정도. 식사 전 돈가스 먹는 방법을 알려 주는데, 우선 고기의 육즙을 먼저 맛보고, 그다음에 돈가스를 먹는다. 고기 본연의 맛을 느낀 후, 소금을 뿌려서 다시 맛보고, 마지막으로 소스에 찍어 먹으면 된다. 다양하게 변하는 돈가스의 맛을 느낄 수 있다.

📍 긴자선, 마루노우치선 긴자銀座역 A1, B3 출구에서 도보 3분
🕐 11:30-14:00, 18:00-20:00, 연말연시 휴무
🏠 東京都中央区銀座5-6-10 銀座ミヤコビル5F

· 돈가스 체인 음식점 ·

돈가스 와코
Tonkatsu Wako とんかつ和幸

50년 넘는 역사를 자랑하는 돈가스 전문점이다. 엄선한 재료와 조리법으로 고유의 맛을 자랑하는 이곳의 모든 메뉴에는 밥과 된장국, 양배추 샐러드가 함께 제공되며 얼마든지 리필이 가능하다. 도쿄 곳곳에 지점이 많아 어디에서든 찾아가기 편리하다. 대부분의 메뉴는 1300-1900엔 선이다.

📍 신주쿠, 시부야, 긴자, 히비야 등
🕐 11:00-21:30, 연중무휴 (지점마다 다름)

돈가스 마이센
Tonkatsu Maisen とんかつ まい泉

도쿄와 맛집에 조금이라도 관심이 있는 사람이라면 한 번쯤 들어보았을 도쿄 최고의 돈가스집이다. 먹어보면 입안에서 살살 녹는 맛이 무엇인지 실감할 수 있다. 인기 메뉴는 최상급 흑돼지로 만드는 쿠로부타 히레카츠젠黒豚ヒレかつ膳(3800엔)으로, 다른 돈가스의 2배 정도 가격이지만 비싸다고 느껴지지 않을 정도로 만족스러운 맛이다.

📍 오모테산도, 도쿄역, 시부야, 이케부쿠로 등
🕐 11:00-21:00, 연중무휴 (지점마다 다름)

기무카츠
Kimukatsu キムカツ

얇게 썬 25장 이상의 로스를 겹겹이 쌓아 튀김옷을 입혀 튀겨 낸 독특한 스타일의 돈가스 전문점. 고기 한 장 한 장 사이로 육즙과 양념이 배어 나와 통으로 된 고기를 사용한 돈가스보다 한층 부드러운 맛을 자랑한다. 대표 메뉴는 기무카츠에 밥과 양배추, 미소시루가 포함된 기무카츠젠キムカツ膳(1980엔). 아무것도 넣지 않은 기무카츠 이외에도 마늘, 파, 치즈, 매실 등을 넣어서 튀겨낸 총 6종류의 돈가스가 있다.

📍 에비스, 오다이바 등
🕐 11:00-15:00, 17:00-23:00(토 · 일요일, 공휴일 11:00-22:00), 연중무휴 (지점마다 다름)

진한 국물과 쫄깃한 면발 | 라멘

한눈에 보는 라멘 종류

돈코츠 라멘 豚骨ラーメン
돼지 뼈를 육수로 한
큐슈 하카타 발 라멘

미소 라멘 味噌ラーメン
일본식 된장인 미소로 간을 한 라멘,
홋카이도 삿포로가 원조

쇼유 라멘 醬油ラーメン
간장으로 간을 한 라멘

시오 라멘 塩ラーメン
소금으로 간을 한 라멘,
홋카이도 하코다테가 원조

대부분 라멘집은 입구의 자판기에서 선결제를 하는 방식이다.
다음 순서대로 자판기에서 원하는 메뉴를 선택해 보자.

— 라멘 자판기 사용법
1. 먼저 원하는 라멘을 고른다. 라멘 메뉴는 상단에 있다.
2. 다음으로 차슈, 달걀 같은 토핑을 선택한다.
3. 맥주 혹은 음료도 함께 선택한다.
4. 모든 선택이 끝나면 결제. 오래된 라멘집인 경우 자판기에서 현금결제만 가능하다.
5. 자판기에서 주문 내역(라멘 티켓)이 발권되면 자리에 앉아 점원에게 건넨다.

· 도쿄 발 라멘 추천 체인점 ·

야후리 AFURI

검은색 티셔츠에 모자를 쓴 훈남들이 라멘을 만드는 이곳의 최고 인기 메뉴는 유즈시오 라멘柚子塩らーめん(1173엔)이다. 라멘과 유자는 어울리지 않는 조합이라고 생각되지만 막상 먹어보면 은은히 풍기는 상큼한 유자 향과 라멘이 환상적으로 어우러진다. 주문하면 그 자리에서 바로 구워 주는 차슈チャーシュー(319엔)를 꼭 추가하도록 하자.

📍 에비스, 하라주쿠, 나카메구로, 롯폰기, 신주쿠 등
🕐 11:00-23:00(지점마다 다름), 연중무휴

산토카 Santouka 山頭火

홋카이도에서 시작해 전국에 체인점이 있는 라멘집으로, 가장 유명한 메뉴는 쇼유 라멘(간장 라면)이지만 느끼한 것을 싫어하거나 곰국 같은 국물을 싫어하는 사람에게는 매운 된장 맛의 카라미소 라멘辛味噌らーめん(1000엔)을 추천한다. 우리 입맛에는 약간 짜다고 느껴질 수 있다.

📍 하라주쿠, 시부야 등
🕐 11:00-22:00(지점마다 다름), 비정기 휴무

모코탄멘 나카모토
Mouko tanmen Nakamoto Shinjuku 蒙古タンメン中本 新宿店

일본에서 가장 매운 라멘을 먹을 수 있는 곳으로 유명하다. 혀끝에 착 감기는 국물 맛으로, 매운 걸 잘 못먹는 일본인들 사이에서도 인기가 많다. 매운 음식을 잘 먹는다면 제일 매운 맛인 홋쿄쿠야사이 라멘北極やさいラーメン(1020엔)에 도전해보자. 자판기에서 식권을 구입할 때 매운 맛의 정도를 선택할 수 있다.

📍 신주쿠, 시부야, 나카메구로, 기치조지 등
🕐 10:00-23:00(지점마다 다름), 비정기 휴무

츠케멘야 야스베에
つけ麺屋やすべえ

최고급 밀가루만을 사용해서 만든 탱탱한 식감의 면발을 자랑하는 츠케멘 전문점이다. 자판기에서 식권을 뽑을 때 사이즈를 선택하는데, 어떤 사이즈든 가격은 같다. 츠케멘과 매운맛 츠케멘(780엔), 미소 츠케멘(880엔). 파, 달걀, 차슈 등의 토핑도 추가할 수 있다.

📍 시부야, 신주쿠 등
🕐 11:00-03:00(일요일 11:00-23:00, 지점마다 다름), 비정기 휴무

· 돈코츠 라멘 추천 체인점 ·

이치란 Ichiran 一蘭

큐슈에서부터 시작된 독서실 형태로 되어 있는 라멘집. 본인의 기호에 맞게 마늘, 파, 고춧가루, 기름, 차슈, 면을 삶는 정도까지 모두 선택할 수 있고 한국어 주문 용지도 있다. 기계에서 식권을 뽑아 들어가면 테이블 대신 독서실처럼 칸막이가 책상이 놓여 있고, 책상마다 종업원을 부르는 벨이 갖춰져 있다. 기본 라멘은 980엔부터.

📍 시부야, 하라주쿠, 신주쿠, 우에노 등
🕐 10:00-06:00(지점마다 다름), 연중무휴

잇푸도 一風堂

하카타 발 돈코츠 라멘 집으로 큐슈뿐 아니라 일본 전역에 이어 해외까지 진출한 인기 라멘집이다. 기본 돈코츠 라멘인 하카타 돈코츠 라멘(博多とんこつらぁめん, 820~1120엔)과 간장 라멘인 하카타 쇼유 라멘(博多しょうゆらぁめん, 860~1160엔) 등이 있다.

📍 시부야, 신주쿠, 에비스, 롯폰기, 긴자 등
🕐 11:00-22:00(지점마다 다름),
　　비정기 휴무

큐슈 잔가라 九州じゃんがら

하카타 스타일의 돈코츠 라멘을 전문으로 하는 곳으로, 깊고 진한 돼지고기 육수에 쫄깃한 면발, 토핑으로는 계란, 명란, 차슈 등을 취향에 따라 선택할 수 있다. 담백한 맛의 큐슈 장가라(九州じゃんがら, 790~1340엔)와 깊은 맛의 본샹(ぼんしゃん, 880~1430엔)이 대표 메뉴다.

📍 하라주쿠, 긴자, 아키하바라 등
🕐 11:00-21:00(지점마다 다름),
　　비정기 휴무

· 미소, 시오 라멘 추천 체인점 ·

에비소바 이치겐
えびそば 一幻

삿포로 발 라멘 전문점으로 대량의 단새우 머리 부분을 장시간 끓여 만든 수프에 면을 넣고 생강 튀김 가루와 구운 단새우 머리 가루가 토핑된 새우 미소 라멘えびみそ이 유명하다(900엔). 쇼유(간장) 라멘, 시오(소금) 라멘도 있으며 국물농도는 3단계, 면의 굵기는 2가지 중 선택할 수 있다.

📍 신주쿠, 도쿄 소라마치 등
🕐 11:00-23:00(지점마다 다름), 비정기 휴무

야키아고 시오라멘 타카하시
焼きあご塩らー麺　たかはし

돼지고기 뼈와 구운 날치를 머리부터 꼬리까지 통째로 넣고 우려낸 깊고 진한 맛의 국물로 현지인에게도 사랑 받는 라멘집이다. 탱탱한 면발, 부드러운 차슈가 깊은 국물과 어우러져 환상의 조화를 이룬다. 인기 메뉴는 야키아고 시오라멘焼きあご塩らー麺 (900엔).

📍 신주쿠, 우에노, 긴자, 에비스 등
🕐 11:00-23:00(지점마다 다름), 연말연시 휴무

멘야 노로시
麺屋 のろし

'도쿄에서 유일하게 하코다테 미소라멘을 먹을 수 있는 곳'이라는 캐치프레이즈를 앞세운 라멘 전문점이다. 하코다테 미소(된장) 라멘 맛을 고스란히 담은 특제 하코다테 미소라멘 特製函館味噌ラーメン은 1170엔.

📍 JR아키하바라秋葉原역 쇼와도리 출구에서 도보 8분
🕐 11:00-15:00, 17:00-21:00(토·일요일, 공휴일 11:00-21:00), 비정기 휴무

차갑게 먹어도 뜨겁게 먹어도 맛있는 | 소바

알고 먹으면 더 맛있다! 따뜻한 소바 HOT VS 차가운 소바 COLD

카케소바 かけそば HOT
기본, 따뜻한 국물에 메밀면

덴푸라소바 天ぷらそば HOT
덴푸라(튀김)을 올린 소바

카모난반소바 鴨南蛮そば HOT
대파와 오리고기를 올린 소바

자루소바 ざるそば COLD
면이 따로 나와 소스에 찍어 먹는 소바

오로시소바 おろしそば COLD
무를 갈아 올린 차가운 소바

토로로소바 とろろそば COLD
참마를 갈아 넣거나 찍어먹는 소바

· 소바 추천 맛집 ·

긴자 **소바도코로요시다** Sobadokoro Yoshida そば所 よし田

1885년에 창업한 오랜 역사와 전통의 소바 집으로 가다랑어와 다시마에서 우려낸 후 유자를 띄워 상큼한 맛을 더한 깊고 시원한 맛의 국물이 일품이다. 이곳의 명물은 닭고기와 달걀, 마를 섞어 튀긴 고로케를 소바 위에 얹어주는 고로케소바コロッケそば(1300엔)이다.

📍 긴자선, 마루노우치선 긴자銀座역 C2 출구에서 도보 3분
🕐 11:30-15:00, 17:00-22:00, 일요일 휴무
🏠 東京都中央区銀座6-4-12 KNビル 2F

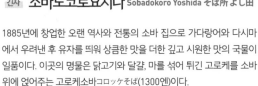

시모키타자와 **다신소안** Dashin So-an 打心蕎庵

오래된 민가를 개조한 소바집으로, 자리에 앉으면 창가로 보이는 조그만 정원이 운치 있다. 이곳의 소바 맛을 보기 위해 일부러 시모키타자와를 찾는 사람들이 있을 정도로 맛뿐 아니라 분위기, 서비스까지 모두 만족스럽다. 특히 파를 듬뿍 올려 맛이 개운한 쿠조네기 소바(1500엔)와 여름 한정 메뉴인 영귤을 가득 썰어 넣은 스다치 소바(1850엔)를 추천한다. 우엉 튀김, 호타테 튀김 등을 주문해서 함께 먹어도 좋다.

📍 이노카시라선 시모키타자와下北沢역 남쪽 출구에서 도보 9분
🕐 11:30-15:00, 17:30-21:30, 화요일 휴무
🏠 東京都世田谷区代沢3-7-14

칸다 **칸다 야부소바** Kanda Yabusoba 神田 やぶそば

1880년 오픈이래 칸다 마츠야와 함께 소바의 양대 산맥을 이루고 있으며, 옛 모습을 그대로 유지하고 있는 고풍스러운 외관은 도쿄도 지정 문화재기도 하다. 매일 손으로 만들어내는 메밀국수의 쫄깃한 맛과 독특한 향의 소스가 잘 어울린다. 인기 메뉴는 세이로 소바せいろうそば(990엔).

📍 JR칸다神田역 북쪽 출구에서 도보 5분
🕐 11:30-20:00, 수요일(휴일인 경우 다음 날) 휴무
🏠 東京都千代田区神田淡路町2-10

칸다 **칸다 마츠야** Kanda Matsuya 神田まつや

1884년부터 5대째 에도 시대의 맛을 지켜 내려오는 곳으로 쫄깃한 수타 소바 면에 살짝 매운맛이 도는 간장 소스를 곁들이는 자루소바가 인기이다. 흰 깨를 사용한 고소한 맛의 소스가 일품인 고마소바ごまそば(990엔)와 닭고기, 파 그리고 유자의 향긋한 향이 살아 있는 카시와남방 かしわ南蛮 (1265엔) 도 추천한다.

📍 JR칸다神田역 동쪽 출구에서 도보 5분
🕐 11:00-20:00(토요일, 공휴일 11:00~19:00), 일요일 휴무
🏠 東京都千代田区神田須田町1-13

언제든 간편하고 부담 없는 | 우동

알고 먹으면 더 맛있다! 우동의 종류

카케우동 かけうどん
따끈한 국물에 면이 담겨 나오는 가장 기본적인 우동

자루우동 ざるうどん
물에 헹궈 차게 식힌 면을 시원한 육수에 찍어 먹는 우동

붓카케우동 ぶっかけうどん
면에 간장과 국물을 조금씩 뿌려서 먹는 우동으로
따뜻하거나 차게 먹을 수 있다.

가마타마우동 釜玉うどん
면에 날계란을 넣어 비벼 먹는 우동

· 우동 추천 맛집 ·

긴자 고다이메 하나야마우동 五代目 花山うどん 銀座店

오픈이래 120년 동안 이어온 비법 육수와 탱탱한 면발을 고수하고 있는 우동 전문점이다. 우동 면은 넓적한 면발의 오니히모가와鬼ひも川와 일반 면 중 선택할 수 있는데, 넓적한 우동면으로 만든 우동인 오니카마鬼 釜는 일본 우동 1위를 결정하는 대회에서 3연승을 했을 정도로 유명하니, 이왕이면 오니카마를 주문해보도록 하자.

- 히비야선, 아사쿠사선 히가시긴자東銀座역 A7 출구에서 도보 2분
- 11:00-16:00, 18:00-22:00, 토·일요일, 공휴일 11:00-16:00, 비정기 휴무, 연말연시 휴무
- 東京都中央区銀座3-14-13

하라주쿠 멘 치라시 麺散

우동 전문 레스토랑으로 가케, 자루, 붓카케와 같은 일반적인 다양한 우동 메뉴도 있지만, 이곳의 인기 메뉴는 카르보나라 우동(카르보나라, 900엔). 크림, 치즈, 버터가 토핑 된 막강 비주얼을 자랑한다. 안에 숨어 있는 계란을 터트려 함께 비벼 먹으면 된다. 맥주, 와인, 니혼슈 등 다양한 주류 메뉴도 있어, 저녁이면 우동과 가볍게 한잔 즐기기 좋다.

- 치요다선, 후쿠토신선 메이지진구마에明治神宮前역에서 도보 4분
- 11:30-23:00, 화요일 휴무
- 東京都渋谷区神宮前6-13-7

에비스 우동 야마초 うどん山長 恵比寿店

1855년부터 오사카 쿠로몬 시장에서 가쓰오부시 도매상을 해온 야마나가 상점山長商店에서 운영하는 우동 전문점이다. 야마나가 상점에서 공수해온 신선한 재료로 낸 육수와 직접 만든 탱탱한 면발로 에비스의 인기 우동집으로 자리매김했다. 우동은 850~1860엔.

- JR에비스恵比寿역에서 동쪽 출구에서 도보 3분
- 11:30-15:30, 18:00-22:30, 비정기 휴무
- 東京都渋谷区恵比寿1-1-5 エビスオークビル1 1F

신주쿠 우동 신 Udon Shin うどん慎

아담한 사누키 우동 전문점으로, 주문과 동시에 면을 반죽해 삶아내기 때문에 탱탱하고 쫄깃한 면발의 우동을 맛볼 수 있다. 따끈한 우동 면을 국물 없이 날달걀과 쇠고기, 간장 소스에 비벼 먹는 니쿠가마타마肉釜た ま(1540엔)가 인기. 한국어 메뉴가 있다.

- JR신주쿠新宿역 남쪽 출구 또는 신남쪽 출구에서 도보 7분
- 11:00-23:00(금·토요일 11:00-24:00), 연말연시 휴무
- 東京都渋谷区代々木2-20-16相馬ビル1

· 추천 우동 체인 ·

츠루통탄 Tsurutontan つるとんたん

우동이 세숫대야만큼 커다란 그릇에 담겨 나오는 것으로 유명한 우동 체인점. 각 점포마다 저마다 다른 콘셉트를 가지고 있으며 카레우동, 돈가스, 크림우동, 냉우동 등 메뉴가 많아서 골라 먹는 재미가 있다. 가격은 980~1980엔까지 다양하다.

📍 롯폰기, 신주쿠, 긴자, 시부야 등
🕐 11:00-23:00(지점마다 다름), 비정기 휴무

하나마루우동 Hanamaru Udon はなまるうどん

면발이 두툼하고 오동통하며 씹을 때 쫄깃쫄깃한 맛이 일품이다. 대부분의 우동은 따뜻한 것과 차가운 것 중 선택할 수 있으며 사이즈는 대·중·소 중 선택할 수 있다. 중간 사이즈의 우동이 400엔 정도로 가격도 저렴하다. 다양한 튀김, 오니기리, 어묵 등을 골라 먹을 수 있는 것 또한 이곳의 매력이다.

📍 롯폰기, 신주쿠, 긴자, 시부야 등
🕐 10:00-22:00(지점마다 다름), 비정기 휴무

산고쿠이치 Sangokuichi 三国一

남녀노소 모두에게 사랑받는 60년 전통의 우동 전문점으로, 개운한 맛의 우메네기(매실과 파) 우동과 진한 카레 우동 등 수십 가지가 넘는 다양한 우동 종류에 먼저 놀라고, 쫄깃한 수타 면발에 또 한 번 놀라게 된다. 여름엔 쫄깃한 우동 국수에 채소를 듬뿍 넣어 차갑게 즐기는 사라다 우동サラダうどん(1430엔)을, 겨울엔 뜨끈한 나베야키 우동鍋焼きうどん(1430엔)을 추천한다.

📍 신주쿠 동쪽 출구, 서쪽 출구
🕐 11:00-21:30(지점마다 다름), 일요일 휴무,
　　비정기 휴무

마루가메 세이멘 Marugame Seimen 丸亀製麺

엄선된 재료를 사용, 심플하면서도 고급스러운 맛의 우동을 추구하는 우동 전문점이다. 일본 전국 모든 체인점에서는 100% 국산 밀가루를 사용하여 매일매일 신선한 생면을 만든다. 기성 제품이 아닌 각 지점에서 생면을 만들기 때문에 탱탱하면서도 풍미 가득한 면발을 즐길 수 있다. 우동 가격은 340~990엔.

📍 우에노, 롯폰기, 시모키타자와, 아사쿠사, 시부야 등
🕐 11:00-22:00(지점마다 다름), 비정기 휴무

일본 사람들의 보양식 | 장어덮밥

알고 먹으면 더 맛있다! 장어덮밥의 종류

우나동 うな丼
동그란 밥그릇에 나오는 양념구이 장어 덮밥.
머리, 꼬리에 가까운 쪽이 쓰이며 우나주보다는
가격이 저렴한 경우가 많다.

우나주 うな重
네모난 찬합에 나오는 양념구이 장어 덮밥.
주로 몸통 부위가 쓰이며 들어가는 양이 많아
우나동보다 가격이 비싼편 이다.

히츠마부시 ひつまぶし
세 단계로 나눠서 먹는 양념구이 장어 덮밥.
밥과 장어를 먼저 먹고 파, 김, 와사비를 넣어
비벼 먹다 가다랑어 육수를 부어 마무리한다.

·장어덮밥 추천 맛집·

우에노

이즈에이 우메가와테이 Izuei Umekawa-tei 伊豆栄 梅川亭

에도 시대부터 이어져온 장어 요리 전문점이다. 270년의 역사를 가진 곳으로, 일본 황실에서도 이곳의 우나주을 주문해서 먹을 정도로 유명하다. 일본산 장어만 사용하며 굽기 전에 먼저 한 번 쪄내 맛이 더욱 부드럽다. 우에노 공원에 자리 잡고 있어 봄이면 벚꽃, 여름이면 연꽃과 버드나무, 가을엔 단풍, 겨울엔 모란과 매화를 즐기며 식사를 즐길 수 있다. 우나주 うな重 (3630엔부터)가 인기.

📍 JR우에노上野역 공원 출구에서 도보 5분

🕐 11:00-15:00, 17:00-21:00(토·일요일, 공휴일 11:00-21:00), 연중무휴

🏠 東京都台東区上野公園4-34

긴자

치쿠요테이 竹葉亭 銀座店

1866년 오픈한 장어요리 전문점 치쿠요테이의 긴자점이다. 본점도 같은 긴자로 도보 10분이면 갈 수 있다. 엄선한 장어를 한 번 찐 후, 특제 양념을 바르고 굽는 과정을 3번 반복하여 구워 낸 장어는 부드러운 식감에 한 입 먹으면 양념이 입안 가득 퍼진다. 장어덮밥うなぎ丼은 3520엔.

📍 긴자선, 마루노우치선 긴자銀座역 A5 출구에서 도보 1분

🕐 11:30-15:30, 16:30-21:30, 연말연시 휴무

🏠 東京都中央区銀座5-8-3

아사쿠사

아사쿠사 우나테츠 Asakusa Unatetsu 浅草うな鐵

나고야의 명물 히츠마부시를 도쿄에 최초로 선보인 곳. 히츠마부시는 3가지 방법으로 장어의 다양한 맛을 즐기는데 처음엔 장어덮밥 그대로 먹고, 그 다음엔 파, 와사비 등을 넣어 잘 섞어 먹고, 마지막으로는 남은 장어덮밥에 파, 와사비를 넣은 후 녹차를 부어 먹는다. 소스로 양념한 아사쿠사 히츠마부시는 4080엔부터, 소금으로 간을 한 시오히츠마부시는 4220엔부터. 평일 한정 런치는 같은 가격에 미니 샐러드가 추가되며, 오픈 시간부터 오후 4시까지 제공된다.

📍 긴자선 아사쿠사浅草역 5번 출구에서 도보 1분

🕐 11:15-21:30, 월요일 휴무

🏠 東京都台東区花川戸1-2-11 (浅草駅前 本店 아사쿠사역앞 본점)

긴자

긴자 히라이 Anagoya Ginza Hirai あなご屋 銀座ひらい

2015년부터 3년 연속 도쿄 미슐랭 가이드 빕구르망 부문에 오른 긴자의 아나고(붕장어) 요리집. 런치 타임에만 선보이는 런치 박스 메뉴가 인기다. 식사 시간에는 대기 줄이 길어 미리 예약하는 것을 추천한다. 붕장어 덮밥 외에도 다양한 요리를 선보이고 있어 술을 곁들인 저녁 식사를 하기에도 괜찮다.

📍 긴자선, 히비야선, 마루노우치선 긴자銀座역 A1 출구에서 도보 1분

🕐 11:30-14:30, 17:30-22:00, 비정기 휴무

🏠 東京都中央区銀座5-9-5 長屋104

빵집 순례자를 위한 필수코스 | **도쿄 빵집**

· 도쿄 빵집 추천 맛집 ·

기치조지 **베이커리 단디종** Dans Dix ans

매일 먹는 빵이야말로 맛있고 몸에 좋아야 한다는 철학으로 운영하는 베이커리. 엄선한 재료 고유의 맛을 그대로 살려 구워내는 빵은 한 번 맛보면 헤어나기 힘든 중독성이 있다. 식빵을 비롯해 40종류 이상의 빵이 쇼케이스에 가지런히 진열되어 있고 구경을 하다가 빵을 고르면 점원이 빵을 꺼내준다. 사람들로 늘 붐비므로 원하는 빵을 사기 위해서는 조금 서두르자. 가게가 지하에 있어 지나치기 쉬우니 주의할 것.

📍 JR추오선, 이노카시라선 기치조지吉祥寺역 남쪽 출구에서 도보 8분

🕐 11:00-18:00, 화 · 수요일 휴무　🏠 東京都武蔵野市吉祥寺本町2-28-2 B1F

긴자

센터 더 베이커리 CENTRE THE BAKERY

프랑스 정통 빵과 요리를 만들어내는 비론VIRON이 만든 고급 식빵 전문점. 매장 앞은 항상 이곳의 빵을 맛보기 위해 줄을 선 사람들로 붐빈다. 카페에서는 토스트 세트, 크로크무슈, 샌드위치 등 식빵으로 만드는 요리들이 준비된다. 이 중에서 가장 인기 있는 메뉴는 2~3종류의 식빵과 잼 혹은 버터가 함께 나오는 토스트 세트(1540엔부터)다. 갓 구운 식빵에 에시레 버터와 수제 잼을 곁들이면 식빵의 신세계를 맛볼 수 있다.

📍 JR유라쿠초有楽町역에서 도보 3분

🕐 10:00-19:00, 화요일 휴무

🏠 東京都中央区銀座1-2-1 東京高速道路紺屋ビル1F

오모테산도&아오야마

빵토 에스프렛소

BREAD, ESPRESSO & パンとエスプレッソと

맛있는 빵과 커피를 즐기며 한가로운 한때를 보낼 수 있는 베이커리 카페. 정통 이탈리언 에스프레소를 마실 수 있는 바Bar를 빵과 연결시킨 점이 재미있다. 약 30종류의 빵을 매일 구워내는데, 가장 인기 있는 빵은 버터가 듬뿍 들어간 식빵(400엔)과 그 식빵으로 만든 철판 프렌치 토스트(오후 3시부터 한정 판매)다. 쫄깃하고 따뜻한 빵을 버터와 잼을 곁들여 먹으며 행복한 하루를 보낼 수 있다.

📍 긴자선, 치요다선 오모테산도表参道역 A2 출구에서 도보 5분

🕐 08:00-21:00, 비정기 휴무

🏠 東京都渋谷区神宮前3-4-9

오쿠시부야

365일 365日

TV 방송과 잡지 등에 꾸준히 소개될 만큼 유명한 요요기 공원 근처의 빵집 겸 셀렉트숍. 빵 이외에도 다양한 식료품들이 구비되어 있다. 빵 사이에 칼집을 내어 동글동글한 초코 가나슈 볼을 채운 귀여운 크로캉 쇼콜라クロッカンショコラ(454엔)와 식빵(1/2개 216엔, 1개 411엔)이 가장 인기 있다.

📍 치요다선 요요기코엔代々木公園 역 1번 출구에서 도보 3분

🕐 07:00-19:00, 2월 29일 휴무

🏠 東京都渋谷区富ヶ谷1-2-8

히로오

트러플 베이커리 Truffle Bakery 広尾店

키요스미시라카와, 산겐자야에 매장이 있는 인기 베이커리로 백트러플 소금빵白トリュフの塩パン이 유명하다. 역을 나서면 바로 풍겨오는 향긋한 트러플 향에 끌려 눈길을 돌리면 소금 빵을 사려는 사람들로 긴 웨이팅 줄이 있는 베이커리를 금방 찾을 수 있다. 가게 안이 협소하여 한 번에 3~4명으로 입장을 제한하며, 소금 빵 외에도 다양한 종류의 빵이 있다. 소금 빵은 너무 인기가 많아서 한 사람당 5개로 구매를 제한한다.

📍 히비야선 히로오広尾역 1번 출구에서 도보 1분

🕐 09:00-20:00, 비정기 휴무 🏠 東京都港区南麻布5-15-16 1F

지유가오카

바게트 래빗 Baguette Rabbit 自由が丘店

달콤한 디저트의 천국 지유가오카에서 바게트로 인기를 얻고 있는 베이커리다. 바게트 캄파뉴, 크루아상, 콰트로 프로마쥬 등 너무 달지 않은 담백한 맛의 빵을 판매한다. 대표 빵은 브루Boule와 2018년 올해의 빵 베이커리 부분 금상을 차지한 바게트 래빗Baguette Rabbit. 특히 바게트 래빗은 나고야 본점과 지유가오카점 2곳에서만 판매한다.

📍 도큐토요코선 지유가오카自由が丘역 정면 출구에서 도보 7분

🕐 09:00-20:00, 비정기 휴무

🏠 東京都目黒区自由が丘1-16-14

도쿄 브런치의 여왕 | **팬케이크**

· 팬케이크 추천 맛집 ·

하라주쿠 **레인보우 팬케이크** RAINBOW PANCAKE

주인 부부가 하와이에 머무는 동안 맛있게 먹었던 팬케이크를 일본에도
전하고 싶어서 문을 연 가게로, 각종 SNS뿐만 아니라 드라마 촬영지로
소개되어 항상 많은 손님으로 붐빈다. 주문과 동시에 굽는 팬케이크는
겉은 바삭하고 속은 폭신하다. 마카다미아 너트 소스 팬케이크マカダミ
アナッツソース(1350엔)가 대표 메뉴.

- 📍 JR하라주쿠原宿역 다케시타 출구에서 도보 5분
  후쿠토신선 메이지진구마에明治神宮前역 5번 출구에서 도보 3분
- 🕐 11:00-18:00, 화·수요일 휴무
- 🏠 東京都渋谷区神宮前4-28-4 ARES GARDEN OMOTESANDO 2F

오다이바 **빌즈** bills お台場

호주의 시드니에서 시작되어 전 세계에서 사랑 받고 있는 레스토랑 빌
즈는 팬케이크뿐만 아니라 샐러드나 샌드위치 등의 메뉴를 판매하고 있
어 브런치를 즐기기에 좋다. 영화배우 레오나르도 디카프리오도 그 맛
에 반해 촬영 틈틈이 방문해서 먹었다고 알려진 리코타팬케이크リコッ
タパンケーキ(2000엔)는 꼭 먹어봐야 할 이곳의 대표 메뉴.

- 📍 유리카모메 오다이바카이힌코엔お台場海浜公園역 도보 2분, 덱스도
  쿄비치 시사이드몰 3층
- 🕐 09:00-22:00(토·일요일, 공휴일 08:00-22:00), 비정기 휴무
- 🏠 東京都港区台場1-6-1 デックス東京ビーチ シーサイドモール3F
- ☎ +81-50-3188-6386(예약전용)

오모테산도 & 아오야마

시아와세 팬케이크 Shiawaseno Pancake 幸せのパンケーキ

오사카에 팬케이크 열풍을 일으켰던 시아와세 팬케이크의 도쿄점. 마치 푸딩처럼 입 안에서 사르르 녹는 부드러운 팬케이크는 앉은 자리에서 순식간에 게눈 감추듯이 사라진다. 뉴질랜드산 마누카 벌꿀과 발효 버터를 혼합해 올린 시아와세 팬케이크幸せのパンケーキ(1380엔)가 단연 인기.

📍 긴자선 오모테산도表参道역 A2 출구에서 도보 2분

🕐 10:00-19:00(토 · 일요일, 공휴일 09:00-19:30), 비정기 휴무

🏠 東京都渋谷区神宮前4-9-3 清原ビル B1F

지유가오카

플리퍼즈 FLIPPER'S 自由が丘店

수플레 팬케이크 전문점으로 전국 각지에서 엄선한 재료를 듬뿍 사용하여 만든 입안에서 살살 녹는 팬케이크를 맛볼 수 있다. 빨간 생딸기가 통으로 듬뿍 토핑 된 기적의 팬케이크 스트로베리奇跡のパンケーキストロベリー(1738엔)가 대표메뉴. 폭신하고 부드러운 식감의 기적의 팬케이크 플레인奇跡のパンケーキプレーン은 1430엔. 시모키타자와, 기치조지, 시부야에도 지점이 있다.

📍 도쿄토요코선 지유가오카自由が丘역 남쪽 출구에서 도보 1분

🕐 11:00-20:00, 비정기 휴무

🏠 東京都目黒区自由が丘1-8-7 3F

하라주쿠 **에그스앤띵스** Eggs'n Things

하와이의 유명한 올데이 브런치 식당 Eggs'n Things의 도쿄점. 최고의 인기 메뉴는 5장의 얇은 팬케이크 한가운데 부드러운 휘핑크림을 산처럼 쌓아 올린 스트로베리 휘핑크림과 마카다미아넛츠ストロベリー、ホイップクリームとマカダミアナッツのパンケーキ (1507엔).

📍 JR하라주쿠原宿역 오모테산도 출구에서 도보 8분 /
후쿠토신선 메이지진구마에明治神宮前역 5번 출구에서 도보 2분

🕐 08:00-22:30, 비정기 휴무   🏠 東京都渋谷区神宮前4-30-2

· 서양식 디저트 추천 맛집 ·

오모테산도 & 아오야마

피에르 에르메 파리 아오야마 ピエール・エルメ・パリ 青山

프랑스 유명 마카롱 피에르 에르메의 도쿄 지점이다. 1층에서는 마카롱, 초콜릿, 케이크, 피에르 에르메가 셀렉트한 프랑스 와인 등을 판매하며, 2층 SALON DE THÉ Heaven에서는 예쁜 디저트와 커피, 티를 먹을 수 있다. 도쿄 유명 백화점에도 다수 매장이 있으나 아오야마 지점 한정 제품도 있으니 예쁘고 맛있는 디저트에 관심이 있다면 들러보자.

📍 긴자선 오모테산도表参道역 B2 출구에서 도보 3분
🕐 12:00-19:00, 비정기 휴무
🏠 東京都渋谷区神宮前5-51-8 ラ·ポルト青山 1F/2F

오모테산도 & 아오야마

앙그랑 UN GRAIN アングラン

프랑스어로 "씨앗 한 알"이라는 뜻을 가진 UN GRAIN은 프랑스의 한입 크기 디저트, 미냐르디즈mignardise를 전문적으로 선보이고 있다. 일본의 스타 페이스트리 셰프인 카나이 후미유키가 만드는 환상적인 케이크와 과자는 보기만 해도 황홀해진다. 매장에는 3~4명이 앉을 수 있는 카운터석이 하나 준비되어 있고 세트 메뉴만 주문할 수 있다. 음료와 2가지의 미냐르디즈 세트는 1900엔, 3가지 미냐르디즈 세트는 2200엔이다.

📍 긴자선 오모테산도表参道역 B1 출구에서 도보 8분
🕐 11:00-18:00, 수요일 휴무
🏠 東京都港区南青山6-8-17 プルミエビル1F

롯폰기 & 아자부주반

장 폴 에벵 JEAN-PAUL HEVIN ジャンポール エヴァン

세계 톱 클래스의 쇼콜라티에인 장 폴 에벵의 쇼콜라 부티크. 철저한 온도 관리 시스템으로 만든 깊은 맛의 초콜릿과 케이크, 마카롱 등 다양한 종류의 디저트를 판매하며 테이크아웃하거나 함께있는 카페에서 맛볼 수 있다. 커피, 티, 초콜릿 음료는 847~1485엔이며, 케이크 1조각은 809~913엔이다. 음료와 디저트 세트는 1430~1650엔이다.

📍 히비야선 롯폰기六本木역 4a 출구에서 지하 통로를 경유해 8번 출구에서 연결, 미드타운 갤러리아 지하 1층

🕐 11:00- 21:00, 비정기 휴무

🏠 東京都港区赤坂9-7-4 東京ミッドタウン ガレリアB1F

롯폰기 & 아자부주반

사다하루 아오키 Patisserie Sadaharu AOKI Paris

프랑스에서 인정받고 일본으로 진출하면서 더욱 유명세를 떨치고 있는 파티시에 사다하루 아오키의 작품을 만날 수 있는 곳이다. 마카롱 하나가 500엔 가까이 하는 만만치 않은 가격이지만 줄을 서서 기다릴 만큼 그 맛을 인정받고 있다. 6종류의 조각 케이크가 함께 나오는 데귀스따시옹Degustation (1947엔)과 마카롱, 맛차 에클레어 등이 인기.

📍 히비야선 롯폰기六本木역 4a 출구에서 지하 통로를 경유해 8번 출구에서 연결 , 미드타운 갤러리아 지하 1층

🕐 11:00-21:00(살롱 11:00-18:00), 비정기 휴무

🏠 東京都港区赤坂9-7-4 東京ミッドタウン ガレリアB1F

롯폰기 & 아자부주반

토시 요로이즈카 Toshi Yoroizuka

벨기에에서 일본인 최초로 미슐랭 3스타 레스토랑의 파티시에로 근무했던 요로이즈카 토시히코가 에비스에 이어 미드타운에 오픈한 디저트 숍 & 살롱. 다양한 디저트는 물론 샴페인, 와인도 준비되어 있다. 주문에 맞춰 즉석에서 디저트(1430엔)를 만들어내는 모습을 눈앞에서 감상하며 맛볼 수 있는 살롱의 카운터석은 인기가 높은 만큼 사전 예약이 필요하다(평일만 가능).

📍 히비야선 롯폰기六本木역 4a 출구에서 지하 통로를 경유해 8번 출구에서 연결, 미드타운 이스트 1층

🕐 11:00-21:00, 비정기 휴무

🏠 東京都港区赤坂9-7-2 東京ミッドタウン·イースト1F B-0104

☎ +81-3-5413-3650 (주말 및 공휴일은 예약 불가)

달콤한 맛, 아기자기한 모양의 **일본식 디저트**

---------- 알고 먹으면 더 맛있다! 대표 일본식 디저트 종류 ----------

만주まんじゅう
밀가루, 쌀 등의
반죽에 팥소를 넣
고 찌거나 구워서
만드는 화과자

모나카もなか
찹쌀 반죽을 얇게
구운 과자 사이에
팥소를 넣어 만든
화과자

다이후쿠大福
팥이 들어간 둥근
찹쌀떡. 팥 대신
딸기나 크림이 들
어가기도 한다.

당고団子
구슬모양의 찹쌀
경단. 주로 꼬치
에 끼워 소스를
발라 구워먹는다.

앙미츠あんみつ
한천 젤리에 과일,
팥, 떡, 아이스크림
을 얹어 먹는 디저
트

도라야키どら焼き
계란, 밀가루 반
죽을 구워 그사이
에 팥앙금을 넣는
화과자

카키코오리かき氷
얼음가루에 녹차,
딸기 등 다양한
맛의 시럽을 뿌린
일본식 빙수.

---------- · 일본식 디저트 추천 맛집 · ----------

신주쿠 **토라야 앙 스탠드** TORAYA·AN STAND

양갱으로 유명한 토라야에서 오픈한 디저트 카페로, 세련된 매장 분위
기와 맛있는 디저트만을 즐기기 위해서라도 한번 꼭 들러볼 만하다. 앙
머핀, 앙파르페, 앙토스트 등 팥을 베이스로 한 다양한 메뉴가 있다. 아
오야마에도 매장이 있으며, 각 매장마다 취급하는 품목이 다르다.

📍 JR신주쿠新宿역 남쪽 출구와 연결, 신주쿠 뉴우먼 2층

🕙 10:00-21:00

🏠 東京都渋谷区駄ヶ谷5-24-55 NEWoMan新宿2F

지유가오카 **코소우안** Koso-an 古桑庵

한적한 주택가에 자리 잡은 전통 찻집으로, 다다미가 깔린 방 안에 앉아 일본식 정원을 내다보면서 맛보는 말차와 일본 전통 디저트는 제대로 운치가 있다. 시간이 멈춘 듯한 조용함에 잠시 모든 것을 잊고 편히 쉬어 갈 수 있는 곳이다. 추천 메뉴는 단팥과 하얀 떡, 아이스크림 들어간 달콤한 일본 여름 디저트 앙미츠あんみつ (1000엔).

- 도큐토요코선 지유가오카自由が丘역 정면 출구에서 도보 5분
- 12:00-18:30(토, 일요일 11:00-18:30), 수요일 휴무
- 東京都目黒区自由が丘1-24-23

오모테산도 & 아오야마 **히가시야만** HIGASHIYA man

긴자의 고급 일본식 디저트 전문점인 히가시야에서 운영하는 만주 전문점. 4평 남짓한 작은 규모의 가게는 테이크아웃 전문으로, 제철 재료를 사용한 양갱과 화과자, 만주 등을 판매한다. 각종 팥과 견과류, 크림치즈를 조합해 만든 한입 크기의 화과자, 히토구치카시ひと口果子는 선물용으로 인기며 꼬치에 꽂은 당고인 미타라시 당고 또한 많은 사람들이 찾는 디저트다.

- 긴자선 오모테산도表参道역 A4, A5 출구에서 도보 1분
- 11:00-19:00, 비정기 휴무
- 東京都港区南青山3-17-14

긴자 **나카무라 토키치** 中村藤吉本店 銀座店

1854년 창업한 교토의 유명한 말차 전문점 나카무라의 도쿄 긴자점이다. 모든 재료는 교토 우지 본점과 동일하게 교토에서 공수, 고급스럽고 섬세한 맛을 교토와 동일하게 느낄 수 있다. 말차, 말차 젤리, 피낭시에 등을 구입할 수 있으며, 카페 공간도 함께 있다. 카페 인기 메뉴는 긴자점 한정의 말차 젤리(生茶ゼリイ深翠, 1650엔)와 최고급 말차를 사용한 파르페(別製まるとパフェ, 2500엔).

- 긴자선 긴자銀座역 A2 출구에서 도보 2분, 긴자 식스 4층
- 10:30-20:30, 비정기 휴무
- 東京都中央区銀座6-10-1 GINZA SIX 4F

우에노 **우사기야 카페** Usagiya cafe うさぎやCAFE

1940년에 문을 연 오랜 전통의 도쿄 대표 도라야키 가게, 우사기야에서는 도라야키와 양갱, 화과자를 판매하는 매장 외에 디저트 카페도 운영한다. 카페에서는 앙미츠餡みつ(900엔), 도라야키를 프렌치토스트로 만든 우사도라프렌치야키うさどらフレンチ焼き(900엔) 등의 퓨전 디저트와 녹차, 커피 등의 음료를 즐길 수 있다.

- 긴자선 우에노히로코지上野広小路역 A1출구에서 도보 3분
  JR야마노테선 오카치마치御徒町역 남쪽 출구에서 도보 5분
- 09:00-18:00, 수요일 휴무
- 東京都台東区上野1-17-5 1F

· 인기 커피 전문점 ·

오모테산도 & 아오야마 **커피 마메야** KOFFEE MAMEYA

2015년 말에 아쉬움과 함께 문을 닫은 오모테산도 커피에서 일했던 바리스타가 같은 자리에 2017년 1월에 문을 연 조금 독특한 커피 원두 전문점. 마치 의사처럼 흰 가운을 입은 직원과 함께 커피콩 샘플과 메뉴판을 보며 일대일 상담을 통해 내가 좋아하는 원두를 고른 후 세심하게 핸드드립 해주는 커피를 즉석에서 테이크아웃해 마실 수 있다. 커피 한잔과 원두를 사기 위한 커피 마니아들로 항상 붐빈다.

📍 긴자선 오모테산도表参道역 A2 출구에서 도보 4분 　🕐 10:00-18:00, 비정기 휴무 　🏠 東京都渋谷区神宮前4-15-3

하라주쿠 **더 로스터리** THE ROASTERY

캣스트리트의 DENIM & SUPPLY 건물 1층에 자리한 더 로스터리는 원산지 고유의 커피 맛을 그대로 즐길 수 있는 싱글 오리진 커피만 고집할 만큼 커피 맛에 자신 있는 곳이다. 커피의 경우 먼저 원두를 고른 후 에스프레소, 아메리카노, 카페라테 중 선택하면 된다. 작은 사이즈 아메리카노가 580엔, 카페라테는 630엔. 커피만큼 인기 있는 소프트아이스크림(580엔)은 밀크, 에스프레소, 카페라테 중 고를 수 있다.

📍 JR하라주쿠原宿역 오모테산도 출구에서 도보 15분, 치요다선, 후쿠토신선 메이지진구마에明治神宮前역 4번 출구에서 도보 10분

🕐 10:00-20:00, 연중무휴　🏠 東京都渋谷区神宮前5-17-13

시부야 **스트리머 커피 컴퍼니** STREAMER COFFEE COMPANY

아시아인 최초로 라테 아트 세계 챔피언을 거머쥔 사와다 히로시가 직접 운영하는 카페. 일반적인 라테 가격이 400~450엔 선인 데 비해 스트리머 라테는 무려 640엔. 조금 비싼 가격이지만 탄성을 자아내게 하는 라테 아트와 깊고 진한 커피 맛에 바로 납득이 간다.

📍 JR시부야渋谷역 미야마스자카 출구에서 도보 10분

🕐 08:00-20:00(토 · 일요일 09:00-20:00), 비정기 휴무

🏠 東京都渋谷区渋谷1-20-28

오모테산도&아오야마 **라테스트** LATTEST ラテスト

스트리머 커피 컴퍼니의 오너인 사와다 히로시가 여성 바리스타 육성을 위한 콘셉트로 프로듀스한 카페. 라테스트의 시그니처 메뉴는 차가운 우유에 에스프레소를 첨가한 라테스트ラテスト(530엔). 숯가루가 들어간 차콜 라테チャコールラテ(830엔)가 SNS에서 '검은 라테'로 불리며 인기를 끌고 있다.

📍 긴자선 오모테산도表参道역 A2 출구에서 도보 5분

🕐 10:00-19:00, 비정기 휴무

🏠 東京都渋谷区神宮前3-5-2 1F

Chalet **chalettnl** ···

♡ ◯ ⊿

5686 likes

히로오 멜팅 인 더 마우스 | 아이스크림 | Melting in the mouth

구름을 닮은 동글동글하고 귀여운 소프트 아이스크림으로 SNS에서 화제가 된 곳. 엄선된 유기농 우유만 사용하기 때문에 뒷맛이 깔끔하고 안심하고 먹을 수 있다. 또한 소프트 아이스크림 본연의 맛을 살리기 위해 2가지 이상의 토핑은 사용하지 않는다는 철칙을 고수하고 있다.

📍 히비야선 히로오広尾역 2번 출구에서 도보 4분

🕐 12:00-20:00(토 · 일요일 11:00-20:30), 비정기 휴무

🏠 東京都渋谷区広尾5-17-10

Chalet **chalettnl** ···

♡ ◯ ⊿

5686 likes

하라주쿠 쿠키타임 | 쿠키 | COOKIE TIME HARAJUKU

1983년부터 시작된 뉴질랜드의 쿠키 브랜드가 2013년에 도쿄 하라주쿠에 상륙했다. 키치적이면서도 사랑스러운 분위기의 숍에 들어서면 달콤한 쿠키와 사탕, 아이스크림이 기다리고 있다. 가장 유명한 제품은 눈이 번쩍 뜨이는 단맛의 오리지널 초콜릿 청크 쿠키지만 인스타그램에서는 귀여운 빨간 털복숭이 캐릭터가 그려진 유리 우유병 위에 쿠키 하나를 얹어주는 밀크 보틀 콤보(900엔)가 유명하다.

📍 JR하라주쿠原宿역 다케시타 출구에서 도보 1분

🕐 12:00-19:00, 1월 1일 휴무

🏠 東京都渋谷区神宮前-21-15 ナポレ原宿1F

chalettnl

5686 likes

더랩도쿄

| 케이크 | **THE LAB TOKYO**

입에 넣는 순간 스르르 녹아 사라지는 놀라운 식감의 가토 쇼콜라 THE chocola로 유명한 THE LAB NAGOYA의 도쿄 지점이다. 오픈 당시부터 긴 줄이 늘어설 정도로 많은 이들의 관심이 쏠렸던 곳으로, 대표 메뉴는 THE chocola와 THE chocola 말차. 밀크티 THE chai와 곁들이면 더욱 좋다.

- 📍 도큐토요코선 지유가오카自由が丘역 정면 출구에서 도보 2분
- 🕐 11:00-17:00, 수·목요일 휴무
- 🏠 東京都目黒区自由が丘2-9-8

롯폰기 & 아자부주반

덤보

| 도넛 | **DUMBO Doughnuts and Coffee**

핑크색의 커피컵 위에 도넛을 얹은 사진으로 인스타그램에서 유명세를 떨치고 있는 뉴욕 스타일의 도넛 가게. 겉은 크리스피하고 속은 촉촉한 큼지막한 크기의 도넛은 많이 달지 않아 부담 없이 먹기 좋다. 도넛과 커피 종류는 모두 400엔다. 살짝 산미가 있는 커피와 달콤한 도넛의 조화를 맛보고 인증샷도 남겨보자.

- 📍 오에도선 아자부주반麻布十番역 1번 출구에서 도보 1분
- 🕐 07:00-21:00, 비정기 휴무
- 🏠 東京都港区麻布十番2-17-6

chalettnl

5686 likes

만만하고 믿음직한 | 도쿄 체인 음식점

오오토야 | 일본가정식 | Ootoya 大戸屋

여러 지역에 지점을 두고 있는 인기 체인점으로, 일본 가정식을 맛볼 수 있다. 가장 인기 있는 메뉴는 단호박 크로켓과 치킨가스, 밥, 된장국이 함께 나오는 오오토야 런치大戸屋ランチ(890엔). 보통 주문을 하고 계산까지 마친 후 안내 받는다. (지점에 따라 좌석에 앉아서 주문하는 경우도 있음)

텐동 텐야 | 튀김덮밥 | Tendontenya 天丼てんや

바삭하고 고소한 튀김을 듬뿍 얹어 소스와 함께 맛볼 수 있는 튀김덮밥 체인점이다. 저렴한 가격에 양도 많아 든든하게 즐길 수 있어 좋다. 덮밥 이외에도 우동 세트, 튀김 정식 등의 메뉴도 다양해서 취향대로 골라 먹을 수 있다. 텐동天丼(560엔), 인기 튀김을 모은 원조올스타텐동元祖 オールスター天丼(720엔).

·밥집·

아코메야 식당 | 일식 | AKOMEYA 食堂

일본인의 주식인 밥과 쌀에 관한 모든 상품을 취급하는 숍 아코메야에서 운영하는 레스토랑이다. 일본 각지에서 엄선한 쌀과 제철 식재료를 이용한 덮밥, 한 상차림의 정식 메뉴를 먹을 수 있다(980~2000엔). 어느 메뉴든 갓 지은 맛있는 흰쌀밥이 제공된다.

마츠야 | 규동 | Matsuya 松屋

요시노야를 벤치마킹하여 시작한 규동 체인점으로, 된장국을 함께 주거나, 다양한 메뉴 개발로 요시노야의 아성을 따라 잡았다. 규동뿐 아니라 카레, 비빔밥, 우동까지 다양한 메뉴가 있으며 주문 자판기도 한국어를 포함한 4가지 언어가 제공된다.
규동 가격은 400엔부터.

요시노야 | 규동 | Yoshinoya 吉野家

1899년부터 문을 연 일본 대표 규동(쇠고기 덮밥) 체인점이다. 여느 규동 체인점과 달리 규동 자체에 집중해 운영되고 있다. 요시노야 규동牛丼 448엔부터.

스키야 | 규동 | Sukiya すき家

1982년 요코하마에서 처음 시작했고, 규동과 카레가 주력 메뉴인 규동 체인점. 세 규동 체인점 중 가장 후발주자이지만 공격적인 마케팅과 점포수 늘리기로 가장 많은 매장수를 자랑한다. 타 체인점들에 비해 토핑이 다양한 편이며, 규동 이외의 메뉴도 많다. 스키야 규동牛丼 400엔부터.

· 패스트 푸드 ·

모스버거

| 햄버거 | **Mos Burger**

손님이 주문하는 즉시 바로 만들어 가장 맛있을 때 제공한다는 원칙을 지키는 슬로푸드 햄버거 체인점이다. 무공해 목초를 먹고 자란 소와 농약을 전혀 쓰지 않고 재배한 미네랄 채소를 사용하는 등 재료 선택부터 남달라 다른 햄버거 체인보다 다소 비싼 가격임에도 일본에서 초유의 히트를 기록한 곳이다.

프레시니스 버거

| 햄버거 | **Freshness Burger**

신선한 재료를 사용해 손님이 주문하는 즉시 만들어내는 패스트푸드점이다. 모스버거와 함께 일본 패스트푸드 업계를 이끌고 있는 곳으로, 자체 개발 메뉴가 훌륭하다. 부드러운 파스텔 컬러의 인테리어로 기분까지 좋아지는 곳이다. 햄버거 단품은 590엔부터.

수프 스톡 도쿄

| 수프 | **Soup Stock Tokyo**

언제든 맛있고 따뜻한 수프를 먹을 수 있는 곳으로, 화학조미료 등의 첨가물을 넣지 않은 수프는 담백하고 부드러우며 강한 자극이 없어 좋다. 2가지 종류의 수프에 빵이나 밥을 선택할 수 있는 수프 스톡 세트スープ ストックセット(1090엔)가 인기.

웬디스 퍼스트 키친

| 햄버거 & 파스타 | **Wendy's Frist Kitchen**

미국의 햄버거 전문점 웬디스와 일본 자체 햄버거 & 파스타 체인 퍼스트 키친이 콜라보 한 브랜드다. 웬디스의 정통 햄버거와 퍼스트 키친의 오리지널 메뉴를 융합하여 각자의 장점을 살린 메뉴을 선보이고 있다. 버거 단품 430부터, 파스타는 800엔부터.

· Etc. ·

규가츠 모토무라
| 쇠고기가스 | **Gyukatsu Motomura 牛かつ本村**

레어 상태의 마블링 가득한 쇠고기에 아주 얇은 튀김옷을 입혀 바삭하게 튀겨낸 규가츠牛かつ로 유명한 쇠고기가스 전문점이다. 레어 상태의 규가츠는 기호에 따라 와사비, 간장 등과 곁들여 먹으면 된다. 덜 익은 고기가 부담스럽다면 앞에 있는 작은 화로에 취향대로 더 구워 먹을 수 있다. 규가츠 정식은 1630엔부터.

긴다코
| 타코야끼 | **築地銀だこ**

전국적 체인이 있는 타코야키 전문점이다. 큼지막한 문어가 들어가 있는 타코야키는 주문하면 그 자리에서 바로바로 만들어 주며, 진한 소스와 어우러진 바삭하고 촉촉한 타코야키의 맛이 일품이다. 타코야키 8개 들이 626엔부터. 파, 치즈 명란젓 등의 토핑도 추가할 수 있다.

도쿄 타라코 스파게티 | 스파게티 | **東京たらこスパゲティ 原宿表参道店**

색다른 명란 파스타를 만날 수 있는 스파게티 전문점이다. 대표 메뉴는 구운 명란젓이 올려진 스파게티에 오차즈케처럼 육수를 부어 먹는 국물 스파게티, 구운 명란 오다시 스파게티(炙りたらこのお出汁スパゲティ, 1089엔). 하얀 된장과 두유 베이스의 국물에 넓은 생면과 누룽지가 들어 있는 국물 카르보나라인 흰 된장과 두유의 명란 크림(白味噌と豆乳の明太クリーム, 1199엔)도 인기다.

가까운 곳에서 손쉽게 한잔 | 도쿄 체인 이자카야

· 이자카야 이용 TIP ·

1 | 이자카야에서는 먼저 술이나 음료와 같이 마실 것을(노미모노飲み物)부터 주문한다. 이때 기본 안주인 오토오시おとおし가 함께 나온다. 술을 먼저 마시면서 안주나 식사 메뉴를 찬찬히 살펴보면 된다.

2 | 오토오시おとおし란 따로 주문하지 않아도 나오는 일품요리로, 우리나라로 치면 기본 안주와 비슷하다. 에다마메(풋콩)나 히야얏코(냉두부), 생선 요리가 나오기도 한다. 오토오시는 무료인 곳이 많지만 요금을 내야 하는 곳도 있다.

술 종류

츄하이 (사와)酎ハイ(サワー)
소주에 차나 탄산, 과일즙을 넣어 희석시킨 도수가 낮은 술로 레몬レモン, 오렌지オレンジ 등 다양한 맛이 있다.

하이볼ハイボール
위스키에 소다수를 혼합해 청량감을 더한 알코올 도수가 낮은 칵테일. 산토리サントリー의 카쿠 하이볼角ハイボール이 가장 유명하다.

우메슈梅酒
달콤한 매실주로, 얼음만 넣는 록록ロック, 탄산수를 섞는 소다와리ソーダ割り, 물을 섞는 미즈와리水割り의 방식으로 마신다.

소주焼酎
고구마, 보리, 메밀 등을 증류하여 만드는 술로, 알코올 도수가 25도 이상인 독한 술이 많아 물이나 차를 섞어 마시기도 한다.

맥주ビール
생맥주(나마비루生ビール)와 병맥주(빙비루瓶ビール)로 부르며 기린, 삿포로, 에비스 등 다양한 브랜드가 있다.

칵테일カクテル
카시스 오렌지, 카시스 우롱, 카시스 밀크 등 카시스カシス 계열의 칵테일이 많다. 달달한 맛으로 여성들에게 인기다.

니혼슈日本酒
쌀을 발효시켜 만든 일본 전통 술로, 재료로 쓰이는 쌀의 도정에 따라 긴조吟醸, 준마이純米, 다이긴조大吟醸로 나뉜다.

이소마루수산 Isomaru Suisan 磯丸水産

이소마루 수산은 24시간 영업이어서 부담 없이 늦은 시각에 방문할 수 있고 비교적 저렴한 가격에 해산물 요리를 즐길 수 있어 도쿄인들에게는 물론 외국인 관광객들에게도 인기 만점인 이자카야 체인점이다. 테이블마다 미니 화로가 있어 주문한 해산물을 직접 구워먹을 수 있다는 것도 재미있다. 도쿄 시내에만 50개 점포 가 넘으며 한국어 메뉴도 제공한다.

쿠시카츠 타나카 串カツ田中 渋谷宮益坂店

오사카의 명물 쿠시카츠 전문점이다. 소고기, 돼지고기, 닭고기, 새우, 오징어, 아스파라거스, 우엉 등 고기, 해산물, 야채 등 골고루 메뉴가 있다. 1개 130~350엔. 선택이 어렵다면 인기 메뉴를 모아 놓은 세트를 선택

하면 된다. 쿠시카츠 5개 세트는 910엔, 8개 세트는 1550엔. 신주쿠, 에비스, 롯폰기 등 도쿄 각지에 매장이 있다.

츠카다 농장 塚田農場

일본 내 이자카야 랭킹에 매년 이름을 올릴 정도로 좋은 평을 받고 있는 이자카야 체인으로, 미야자키 현의 향토요리를 맛볼 수 있다. 미야자키 현의 계약된 농장에서 공급받는 토종닭과 신선한 식재료를 이용한 다양한 메뉴가 있는데, 특히 닭고기를 이용한 메뉴가 많다. 단품 450~1700엔 선이며, 알코올은 450~700엔 선이다.

세계적 미식 레스토랑의 기준이 되는 미슐랭 스타 레스토랑이 무려 600여 개에 달하는 도쿄에서 구르메를 테마로 미식 여행을 떠나보자.

우아한 도쿄 미식여행 | **미슐랭 레스토랑**

아카바네바시 **프로릴레쥬** | 프렌치 | Florilège フロリレージュ

미슐랭 스타 ✿ ✿

카와테 히로야스川手寬康 셰프가 오모테산도에서 도쿄타워 근처인 토라노몬으로 이전하여 새롭게 오픈한 프렌치 비스트로. 기존에도 예약하기 힘들기로 유명했지만 2016년 미슐랭 가이드 1스타 등재 이후 도쿄에서 가장 예약하기 어려운 레스토랑으로 손꼽힌다. 혁신적이고 화려한 프렌치 퓨전 퀴진들과 주스 페어링 등 끊임없이 새로운 시도를 하는 셰프의 수준 높은 음식과 서비스를 경험해보자.

📍 토에이 오에도선 아카바네바시赤羽橋역에서 도보 12분 　🕐 12:00-15:00, 18:30-22:00, 비정기 휴무

☎ +81-3-6440-0878 (두 달 전 예약 필수)　🏠 東京都港区虎ノ門5-10-7 麻布台ヒルズ ガーデンプラザD 2F

¥ 런치 1만 엔부터, 디너 2만 엔부터. 카드 결제 가능

@ www.tablecheck.com/shops/florilege/reserve (일본 시간 한 달전 자정부터 예약 오픈)

에비스 **조엘 로부숑** | 프렌치 | **Joël Robuchon** 미슐랭 스타 ✿ ✿ ✿

현존하는 세계 최고의 스타 셰프로 꼽히는 프렌치 셰프 조엘 로부숑의 레스토랑. 1층은 캐주얼 레스토랑 La Table de Joël Robuchon, 2층은 바와 레스토랑 Rouge Bar Joël Robuchon, 3층은 고급 레스토랑 Joël Robuchon Salon으로 구성. 에비스 가든 플레이스의 랜드마크가 된 조엘 로부숑의 성에서 세계 최고 수준의 프렌치 퀴진을 즐겨보자. 홈페이지(www.robuchon.jp)에서 예약 가능.

📍 JR에비스恵比寿역 동쪽 출구에서 스카이워크로 도보 5분 🕐 **런치** 토 · 일요일, 공휴일 12:00~15:00, **디너** 17:30~22:00, 비정기 휴무

🏠 東京都目黒区三田1-13-1 恵比寿ガーデンプレイス内

☎ +81-3-5424-1338

¥ 런치 2만 5000엔부터, 디너 3만 5000엔부터. 카드 결제 가능

하라주쿠
타마와라이 | 소바 | **Tamawarai** 玉笑
미슐랭 스타 ✿

십 년 가까이 미슐랭 1스타를 지키고 있는 소바집으로, 메밀을 재배하고 수확해 제분까지 직접 하는 자부심과 긍지가 대단한 가게다. 다양한 소바 메뉴는 물론, 술과 함께 곁들여 먹으면 좋을 부담 없는 요리 메뉴도 있다. 14석으로 운영되는 오너 셰프의 매장이므로 어느 정도 대기는 각오해야 한다.

📍 JR하라주쿠原宿역, 시부야渋谷역에서 도보 10분

🕐 11:30-15:00, 18:30-21:30(토요일 11:30-15:00, 18:00-20:00), 일~화요일 휴무(휴일인 경우 다음 날 휴무)

🏠 東京都渋谷区神宮前5-23-3

☎ +81-3-5485-0025 (토 · 일요일, 공휴일 예약은 제한적)

¥ 소바 1100엔부터, 코스 7700엔부터. 현금 결제만 가능

롯폰기 & 아자부주반

키쿠노이 아카사카 | 일식 | Akasaka Kikunoi 菊乃井 赤坂

미슐랭 스타 ✿ ✿

일본 요리로는 미슐랭 스타를 가장 많이 받아 미슐랭 2스타 식당으로 꼽히는 교토 가이세키 정식 레스토랑인 키쿠노이의 도쿄점이다. 계절에 맞는 제철 재료로 요리한 최고의 음식을 즐길 수 있다.

📍 치요다선 아카사카赤坂역에서 도보 5분

🕐 **점심** 12:00-13:00, **디너** 17:00-20:30, 일요일, 첫 번째 · 세 번째 월요일, 연말연시 휴무

🏠 東京都港区赤坂6-13-8 ☎ +81-3-3568-6055

¥ 런치 1만 4300엔부터, 디너 2만 2000엔부터. 카드 결제 가능

히로오 **텐덴푸라 우치츠**

| 덴푸라 | **Tempura Uchitsu 天てんぷら うち津** 미슐랭 스타 ✿ ✿

2014년부터 미슐랭 2스타를 유지하고 있는 덴푸라 레스토랑으로, 통유리를 통해 푸른 숲을 바라보며 오너 셰프가 바로바로 튀겨주는 덴푸라를 즐길 수 있는 곳. 신선한 성게알을 시소라는 채소로 싸서 튀긴 성게알 덴푸라를 비롯해 일본 덴푸라 요리의 정수를 느낄 수 있다.

📍 히비야선 히로오広尾역에서 도보 5분

🕐 18:00-23:00, 일요일 휴무

🏠 東京都渋谷区広尾5-25-4 宝ビル1F

☎ +81-3-6408-9591 ¥ 2만 8500엔부터. 카드 결제 가능

오츠카 **나키류**

| 라멘 | **Nakiryu 鳴龍** 미슐랭 스타 ✿

2017년 미슐랭 가이드에서 탄탄멘으로 1스타를 받은 도쿄 최고의 라멘 맛집으로 손꼽히는 곳 중 하나. 오픈 전부터 줄을 서는 라멘 맛집이므로 식사 시간대를 피해 방문할 것을 권한다. 탄탄멘 외에 쇼유라멘과 시오라멘 또한 훌륭한 맛을 자랑한다.

📍 JR오츠카大塚역 남쪽 출구에서 도보 5분

🕐 11:00-15:00, 화요일 휴무

🏠 東京都豊島区南大塚2-34-4 SKY南大塚1F

☎ +81-3-6304-1811

¥ 탄탄멘 1200엔, 특제 쇼유라멘 1200엔, 특제 시오라멘 1200엔, 현금 결제만 가능

SHOPPING

TOKYO

도쿄 최신 유행은 이곳에! 도쿄 편집숍

한 매장 안에서 다양한 브랜드의 제품을 판매하는 편집숍 매장은 도쿄 패션의 최신 유행을 가장 먼저 체감할 수 있는 곳 중 하나다. 뉴욕, 파리 등과 함께 전 세계를 대표하는 패션 도시로 손꼽히는 도쿄에서 만날 수 있는 편집숍을 만나보자.

하라주쿠 빔스 BEAMS

우리나라에 가장 많이 알려져 있는 일본의 편집숍 브랜드로, 20~30대의 젊은 층을 겨냥한 개성 강한 캐주얼 의류가 많다. 패션뿐만 아니라 인테리어 소품, 음반과 책에 이르기까지 생활 전반에 쓰이는 아이템을 폭넓게 다루고 있으며 BEAMS+, BEAMS LIGHTS, BEAMS F, BEAMS RECORD 등 30여 개의 하위 레이블이 있다.

📍 후쿠토신선 메이지진구마에明治神宮前역 5번 출구에서 도보 6분
🕐 11:00-20:00, 비정기 휴무
🏠 東京都渋谷区神宮前3-24-7 1F·2F (하라주쿠)

하라주쿠 유나이티드 애로우즈 UNITED ARROWS

일본 내에만 250개가 넘는 매장을 보유한 일본의 대표 편집숍으로, 오래 입을 수 있는 베이직 아이템, 세련된 아이템이 많다. UNITED AR-ROWS & SONS, BEAUTY & YOUTH, green label relaxing과 같이 개성이 강한 15가지 라인을 통해 20대 초반부터 50대 이르기까지 다양한 연령대를 대상으로 하며 자체 제작상품의 비중도 큰 편이다.

📍 후쿠토신선 메이지진구마에明治神宮前역 5번 출구에서 도보 7분
🕐 12:00-23:00 (일요일, 공휴일 12:00-20:00)
🏠 東京都渋谷区神宮前3-28-1 B1F-3F (하라주쿠본점 & 멘즈관)

시부야
투모로우랜드 TOMORROWLAND

일본의 유명 편집숍 중에서도 비교적 하이엔드 제품을 주로 취급하고 있는 곳으로, 이자벨 마랑, 아크네 스튜디오, 메종 마르지엘라 등의 해외 브랜드부터 자체제작 상품까지 모던하면서도 고급스러운 제품이 많다. 니트 제조업체에서 시작했기 때문에 니트 제품의 품질이 뛰어나며, 셔츠 제품도 인기가 많다.

📍 JR시부야渋谷역 하치코 출구에서 도보 8분
🕐 11:30-20:00, 비정기 휴무
🏠 東京都渋谷区渋谷1-23-16 1F、B1F

오모테산도 & 아오야마
저널 스탠더드 JOURNAL STANDARD

다른 편집숍에 비해 지점이 많은 편은 아니지만 팬층이 상당히 두터운 편집숍으로, 아메리칸 빈티지 아이템부터 심플한 비즈니스 캐주얼까지 넓은 스펙트럼의 제품을 만날 수 있다.

📍 후쿠토신선 메이지진구마에明治神宮前역 4번 출구에서 도보 4분, 긴자선 오모테산도 表参道역 A1 출구에서 도보 6분
🕐 11:00-20:00, 12월31일~1월1일 휴무, 비정기 휴무
🏠 東京都渋谷区神宮前5-25-4 BARCAビル1F・2F (오모테산도점)

신주쿠
쉽스 SHIPS

쉽스는 다른 편집숍보다는 좀 더 높은 연령층을 타깃으로 하고 있으며 여성 의류에 강세를 보인다. 자체제작보다는 전 세계에서 엄선한 리즈너블한 가격대의 캐주얼 상품을 소개하고 있다. 특히 매장에서 사용하고 있는 아로마 오일은 인기가 높아 디퓨저 제품으로도 판매되고 있다.

📍 JR신주쿠新宿역 동쪽 출구에서 바로
🕐 11:00-21:00, 비정기 휴무
🏠 東京都新宿区新宿3-37-1 フラッグス (Flags) 3F

하라주쿠 ## 킥스 랩 Kicks Lab.

패션의 성지 하라주쿠에 '지금까지 일본에는 없던 스니커즈 숍'이라는 모토로 오픈한 신발 편집숍이다. 독자적인 시선으로 셀렉트 한 개성 있는 라인업으로 오픈이래 지금까지 화제의 중심에 있다. 킨, 버켄스탁, 아식스, 나이키, 아디다스 등 유명 브랜드 제품이 골고루 셀렉트 되어 있으며, 일본에서 발매되지 않은 리미티드 모델도 찾아볼 수 있다.

📍 JR하라주쿠原宿역에서 도보 6분
🕐 13:00-19:30(토·일요일, 공휴일 12:00-19:30), 비정기 휴무
🏠 東京都渋谷区神宮前 4-28-18 ピノ原宿

다이칸야마 ## 봉주르 레코드 bonjour records

1996년 다이칸야마에 처음 매장을 오픈한 봉주르 레코드는 이름처럼 음악부터 패션, 라이프스타일 제품에 이르기까지 다양한 아이템을 갖추고 있는 편집숍이다. 도쿄에는 다이칸야마와 신주쿠 루미네에 지점이 있다. 메종키츠네의 제품을 비롯해 봉주르 봉수와bonjour bonsoir라는 자체 캐주얼 패션 브랜드 제품을 판매하며 국내외 아티스트와의 협업을 통해 독특하고 재미있는 제품을 내놓고 있다.

📍 도큐토요코선 다이칸야마代官山역 정면 출구에서 도보 4분
🕐 11:00-19:00, 비정기 휴무
🏠 東京都渋谷区猿楽町24-1 (다이칸야마점)

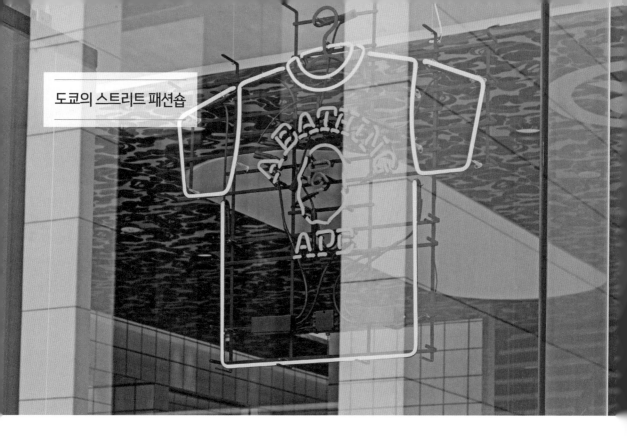

하라주쿠

휴먼 메이드 HUMAN MADE

일본의 패션 디자이너인 나카타니 나리와 뮤지션인 나리아스 케네스의 협업으로 유명한 패션 브랜드로, 빈티지하면서도 현대적인 감각이 잘 접목된 개성있는 의류와 액세서리, 신발 등을 선보이고 있다. 하라주쿠의 Human Made Offline Store에는 매장 내에 블루보틀 카페가 있으며, 블루보틀과 콜라보한 제품도 구입할 수 있다.

📍 JR하라주쿠原宿역에서 도보 15분

🕐 **숍** 11:00-19:00 **카페** 08:00-19:00, 비정기 휴무

🏠 東京都渋谷区神宮前 2-6-6 秀和外苑レジデンス1F

하라주쿠 슈프림 SUPREME

미국의 글로벌 패션 브랜드로, 스트리트 웨어와 스케이트보드 문화를 바탕으로 스트리트 패션을 선도하고 있다. 개성 넘치는 티셔츠와 후드티, 모자 등의 아이템과 유명 브랜드 혹은 디자이너와의 컬래버레이션 제품을 구입할 수 있다.

📍 JR하라주쿠原宿역에서 도보 7분
🕐 12:00-20:00, 비정기 휴무
🏠 東京都渋谷区神宮前4-28-2 ハウストンビル 1F/B1F

하라주쿠 네이버후드 ネイバーフッド原宿

일본을 대표하는 패션 브랜드로 스트리트 웨어와 모터사이클, 밀리터리, 아웃도어를 접목시킨 의류와 액세서리가 있으며 우리나라에는 구할 수 없는 품목도 꽤 찾아볼 수 있다.

📍 JR하라주쿠原宿역에서 도보 4분
🕐 12:00-20:00, 비정기 휴무
🏠 東京都渋谷区神宮前4-32-7 神崎ビル1F

하라주쿠 스투시 Stüssy Harajuku Chapter

1980년 Shawn Stussy에 의해 미국 캘리포니아에서 시작된 스트리트 패션 브랜드다. 스케이트 보딩, 서핑, 힙합 등의 서브컬처를 모티브로 독창성을 강조한 티셔츠, 가방 등 다양한 의류와 액세서리를 판매한다. 한국에서는 품절된 상품도 구입할 수도 있으니 잘 확인해 보자.

📍 JR하라주쿠原宿역에서 도보 7분
🕐 12:00-20:00, 비정기 휴무
🏠 東京都渋谷区神宮前4-28-2 ハウストンビル 1F/B1F

하라주쿠 베이프 BAPE STORE® 原宿

1993년 도쿄 하라주쿠에서 시작된 하이엔드 스트리트 패션 브랜드이다. 정식 명칭은 A Bathing Ape로 원숭이 로고로도 유명하다. 다른 스트리트 브랜드에 비해 가격은 높은 편이지만, 한정판과 컬래버레이션 아이템이 많아 스트리트 패션 애호가라면 들러볼 만하다.

📍 JR하라주쿠原宿역에서 도보 9분
🕐 11:00-20:00, 비정기 휴무
🏠 東京都渋谷区神宮前4-21-5

패션 의류, 주방 용품, 생활 잡화, 화장품 등을 한데 모아 한자리에서 편리하게 원스톱 쇼핑을 할 수 있는 라이프스타일숍은 국내뿐 아니라 일본에서도 인기가 뜨겁다. 도쿄 여행에서 꼭 한 번 가봐야 할 라이프스타일숍을 소개한다.

무인양품
MUJI, 無印良品

컬러풀한 원색이 주류를 이루는 일본에서 베이식한 디자인과 무채색의 소품을 만날 수 있는 곳으로, 스타일리시한 매장 안에는 식료품, 의류, 인테리어 용품은 물론 가구, 전자 제품까지 고루 갖추어져 있다. 여러 가지 빵과 디저트, 음료 메뉴를 제공하는 MUJI 카페가 갖추어져 있는 지점도 있어 쇼핑하다 지친 다리를 쉬어가기에도 좋다.

📍 신주쿠, 시부야, 롯폰기 등
@ www.muji.com
🕐 11:00-21:00 (지점마다 다름)

프랑프랑 Franc Franc

일본 20~30대에게서 전폭적 지지를 받고 있는 인테리어 가구 & 소품 전
문 매장이다. 알록달록 컬러풀한 색감과 새로운 스타일의 가구, 패브릭,
인테리어 소품, 목욕 용품, 화장품, 문구류 등 다양한 종류의 제품을 만나
볼 수 있다. 특히 톡톡 튀는 신선한 감각의 아이디어 제품이 가득한 소품
코너는 꼼꼼히 챙겨보자.

📍 신주쿠, 아오야마, 우에노 등 @ francfranc.com
🕙 11:00-21:00 (지점마다 다름)

애프터눈 티 리빙 Afternoon Tea Living

도쿄 전 지역에 매장이 있는 작은 소품 위주의 인테리어숍 'Afternoon
Tea Living'. 식기 위주의 단품부터 문구류, 목욕 용품, 향기로운 티 등
다양한 아이템이 아기자기한 디자인과 실용성을 두루 갖추고 있다. 이
름에 걸맞게 찻잔 세트가 다양한데, 특히 부드러운 파스텔 컬러 위주의
찻잔은 보는 것만으로도 행복해진다.

📍 신주쿠, 오모테산도, 기치조지, 스카이트리 등
@ www.afternoon-tea.net 🕙 10:00-21:00 (지점마다 다름)

스탠더드 프로덕트 Standard Products

다이소에서 새롭게 선보이는 잡화점이다. 심플하면서 고급스러운 디자
인, 친환경 소재 사용, 무엇보다도 사용하는 사람이 편리한 제품을 엄선
하여 판매한다. 다이소보다는 가격대가 높지만 그래도 합리적인 가격에
좋은 품질의 아이템을 구입할 수 있다.

📍 신주쿠, 지유가오카, 긴자 등
@ standardproducts.jp/
🕙 09:30-21:00, 비정기 휴무 (지점마다 다름)

니토리 Nitori ニトリ

일본의 IKEA라 불리는 라이프스타일숍으로 가구, 주방용품, 수납용품,
인테리어 소품 등 다양한 제품을 갖추고 있다. 좋은 품질에 합리적인 가
격으로 일본 내 소비자들에게 좋은 호응을 얻고 있으며 도쿄 곳곳에서
쉽게 매장을 찾을 수 있다.

📍 신주쿠, 시부야, 나카메구로, 아사쿠사, 우에노 등
@ www.nitori-net.jp/ec
🕙 11:00-20:00 (지점마다 다름)

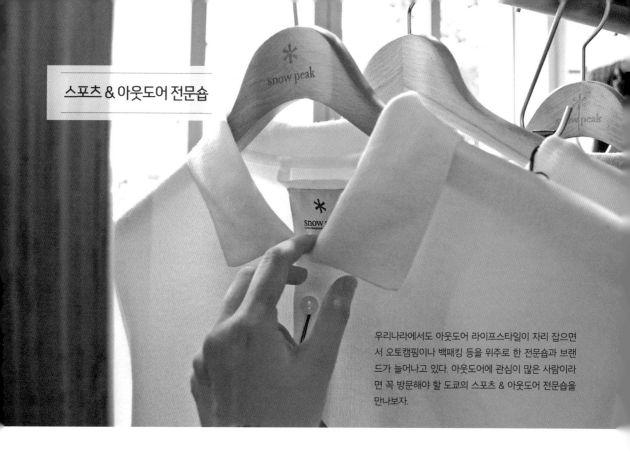

스포츠 & 아웃도어 전문숍

우리나라에서도 아웃도어 라이프스타일이 자리 잡으면서 오토캠핑이나 백패킹 등을 위주로 한 전문숍과 브랜드가 늘어나고 있다. 아웃도어에 관심이 많은 사람이라면 꼭 방문해야 할 도쿄의 스포츠 & 아웃도어 전문숍을 만나보자.

오모테산도 & 아오야마

스노피크

| 아웃도어 | **Snow Peak** スノーピーク

일본 대표 아웃도어 브랜드 중 하나인 스노피크의 의류 라인 직영 매장이다. 악천후에 견딜 수 있으면서 불에 강한 특수 섬유를 이용한 고기능성의 옷들을 캠핑이나 등산 등의 아웃도어 활동뿐만 아니라 일상 생활에서도 편안하게 입을 수 있도록 차분하고 세련되게 디자인해 인기를 끌고 있다. 종류는 많지 않지만 아웃도어 용품도 함께 판매한다.

📍 JR하라주쿠原宿역 오모테산도 출구에서 도보 6분/ 후쿠토신선 메이지진구마에明治神宮前역 4번 출구에서 도보 3분

🕐 11:00-20:00, 연중무휴

🏠 東京都渋谷区神宮前6-2-6

노스페이스
| 아웃도어 | **ザ・ノース・フェイス**

가성비 뛰어난 기능성 아웃도어 제품으로 유명한 브랜드로, 등산, 스노 스포츠를 위한 아웃도어, 캠핑 용품, 운동복, 그리고 일상생활에서 입을 수 있는 라이프스타일 등 다양한 분야의 제품을 선보인다. 특히 일본에서만 생산되는 노스페이스의 퍼플 라벨은, 아웃도어 의류의 고급 소재와 기능성은 유지하면서 사이즈와 핏을 보다 캐주얼하게 디자인한 라인으로, 일상생활에서 더 활용하기 쉬운 제품 라인이다. 하라주쿠, 신주쿠, 시부야, 에비스, 우에노 등 도쿄 곳곳에 매장이 있지만, 매장마다 취급하는 제품이 다르다.

📍 하라주쿠, 신주쿠, 시부야, 에비스, 우에노, 히비야 등
🕐 10:30-19:30(지점마다 다름)

신주쿠
알펜 도쿄 | 스포츠용품 | Alpen Tokyo

'스포츠 데포', '알펜 아웃도어', '골프 5'가 한 건물에 입점한 일본 최대 규모의 스포츠용품 전문점이다. 지하 2층부터 8층까지 골프, 테니스, 야구, 축구, 캠핑 등 다양한 스포츠 관련 상품이 초보자용부터 전문가용까지 가득하다.

📍 JR신주쿠新宿역 동쪽 출구에서 도보 1분
🕐 11:00-22:00, 비정기 휴무
🏠 東京都新宿区新宿3-23-7 ユニカビル

신주쿠
빅토리아 골프 | 골프 용품 | Victoria Golf

9층 건물의 대형 골프 전문숍으로, 다양한 브랜드의 골프 액세서리부터 골프 의류, 골프 클럽 코너, 캘러웨이숍, 타이틀리스트숍, 시타코너 등을 갖추고 있다. 일부 제품은 아웃렛 세일도 하고 있어 저렴하게 구매할 수 있고 면세도 가능하다.

📍 JR신주쿠新宿역 신남쪽 출구에서 도보 2분
🕐 11:00-20:00(일~월요일 10:30-19:30), 비정기 휴무
🏠 東京都新宿区新宿4-1-10

신주쿠
엘브레스 | 아웃도어 | L-Breath

일본 최대 아웃도어용품 쇼핑몰로, 9층 건물 전체를 매장으로 이용하고 있으며 각 층마다 테마가 정해져 있다. 스노피크, 유니프레임, 콜맨 등의 다양한 브랜드 제품과 캠핑·등산·백 패킹 용품, 스키와 스노보드 장비 및 카누·다이빙 장비 등의 수상 스포츠 용품까지 아웃도어의 모든 제품을 판매하고 있다. 면세 가능하며 기치조지에도 매장이 있다.

📍 JR신주쿠新宿역 신남쪽 출구에서 도보 3분
🕐 11:00-20:00(일~월요일 10:30-19:30)
🏠 東京都新宿区新宿4-1-11

도쿄의 잡화점

인테리어 소품과 문구, 각종 생활 용품까지 모두 갖추어
놓은 잡화점은 쇼핑을 좋아하는 여행객이라면 꼭 들르는
곳이다. 자신만의 개성과 컨셉트를 가지고 있어 더 편리
하고 재미있게 쇼핑할 수 있는 도쿄의 잡화점을 엄선해
보았다.

· 매장이 여러 곳에 있는 체인 잡화점 ·

도큐핸즈 Tokyu Hands 東急ハンズ

일본은 물론 해외에도 체인을 두고 있는 만물
잡화 쇼핑몰. 전 연령층을 대상으로 하며 각종
잡화부터 여행 용품, 화장품, 주방 용품과 소형
가전제품, 문구 등을 갖추고 있다. 대부분 지점
에서 여권을 제시하면 5% 할인 쿠폰을 받을
수 있으며 면세도 적용된다.

📍 신주쿠, 시부야, 긴자, 도쿄역 등
@ www.tokyu-hands.co.jp/ko/
🕐 10:00-21:00, 비정기 휴무(지점마다 다름)

그야 말로 없는 게 없는 만물 잡화점

로프트 Loft ロフト

세련되고 아기자기한 디자인의 제품이 많아 여성들에게 인기가 많은 생활 잡화점으로, 인테리어 용품부터 문구, 화장품과 건강용품, 가정용품, 취미
용품을 두루 갖추고 있다. 톡톡 튀는 감각의 실용적인 문구류가 인기.

📍 시부야, 기치조지, 긴자, 우에노 등
@ www.loft.co.jp
🕐 10:00-21:00, 비정기 휴무 (지점마다 다름)

예쁘고 아기자기한 제품을
찾는 다면 이곳!

플라잉타이거 코펜하겐

Flying Tiger Copenhagen

덴마크 코펜하겐에서 온 글로벌 브랜드인 플
라잉타이거 코펜하겐에서는 풍부한 색채와
유머가 살아 있는 감각적인 스칸디나비아 디
자인의 인테리어 소품과 생활 잡화 등 다양한
아이템을 만날 수 있다.

📍 오다이바, 오모테산도, 기치조지 등
@ blog.jp.flyingtiger.com
🕐 11:00-20:00, 비정기 휴무 (지점마다 다름)

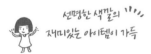

선명한 색깔의
재미있는 아이템이 가득

시모키타자와 **빌리지 뱅가드** VILLAGE VANGUARD

'놀 수 있는 서점, 익사이팅 북스토어'를 지향하고 있지만 서점이라기보다는 잡화점에 가깝다. 사진집, 만화책과 같이 신간이나 최신 잡지에 구애받지 않고 각 부서의 담당자가 선별한 책 위주로 판매하며 음반과 장난감, 문구, 생활잡화 등 거의 모든 종류의 상품을 갖추고 있다. 일상 생활에서 하나쯤 있었으면 하고 생각하던 독특한 물건들이 많고, 정리되어 있지 않은 좁은 통로를 뱅글뱅글 돌아가며 뒤져보는 재미가 쏠쏠하다.

📍 이노카시라선 시모키타자와下北沢역 남쪽 출구에서 도보 1분
🕐 10:00~23:00, 연중무휴 🏠 東京都世田谷区北沢2-10-15マルシェ下北沢1F

지유가오카
투데이즈 스페셜 Today's Special

깔끔한 디자인의 에코백과 마이보틀로 유명한 생활 잡화점으로, 심플하면서 세련된 아이템들을 둘러보느라 좀처럼 발길을 떼지 못하는 곳이다. 1층은 가든 용품과 문구류, 2층은 인테리어, 의류, 식품, 천연 화장품 등을 판매한다. 3층에는 카페 겸 레스토랑 공간인 투데이즈 테이블이 있다. 도쿄에는 지유가오카와 시부야 히카리에, 신주쿠, 히비야에 매장이 있으며 지유가오카 매장이 아이템 종류가 가장 다양하다.

📍 도큐토요코선 지유가오카自由が丘역 정면 출구에서 도보 4분
🕐 11:00~20:00, 비정기 휴무
🏠 東京都目黒区自由が丘2-17-8 1F/2F

도쿄 문구점

소소하지만 확실한 행복, 소확행을 누리기기에 문구점 쇼핑만 한 것이 있을까. 많은 돈을 투자하지 않아도, 여러 군데 다니며 발품을 팔지 않아도 충분히 괜찮은 아이템을 찾을 수 있는 도쿄의 개성 넘치는 문구점으로 떠나보자.

긴자 이토야 ITO-YA

110년이 넘는 역사를 가진 일본의 대표적인 문구점으로, 문구 이외에도 다양한 아이템을 갖추고 있다. 12층의 이토야 건물은 각 층마다 DESK, LETTER, TRAVEL, HOME 등 정해진 테마에 맞는 상품을 갖추어 놓고 있고, 세계 각국에서 수입한 고급 문구류뿐만 아니라 이토야에서만 구입할 수 있는 오리지널 상품과 톡톡 튀는 아이디어 제품과 생활 잡화까지 갖추고 있다. 쇼핑을 하다 지치면 12층의 카페 겸 레스토랑에도 들러보자. 11층에서 수경 재배되는 신선한 야채를 이용한 맛있는 요리를 맛볼 수 있다.

📍 히비야선, 긴자선 긴자銀座역 A13 출구에서 도보 2분

🕐 10:00-20:00 (일요일, 공휴일 10:00-19:00), 12층 카페 10:00-22:00, 연중무휴

🏠 東京都中央区銀座2-7-15

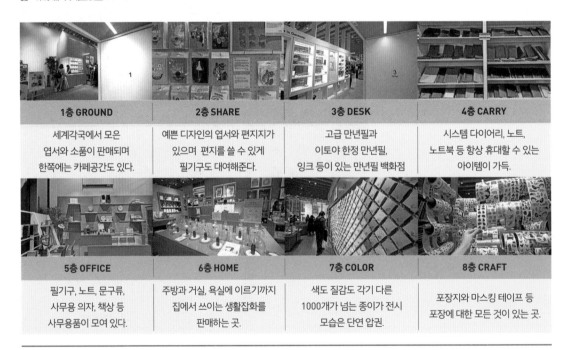

1층 GROUND	2층 SHARE	3층 DESK	4층 CARRY
세계각국에서 모은 엽서와 소품이 판매되며 한쪽에는 카페공간도 있다.	예쁜 디자인의 엽서와 편지지가 있으며 편지를 쓸 수 있게 필기구도 대여해준다.	고급 만년필과 이토야 한정 만년필, 잉크 등이 있는 만년필 백화점.	시스템 다이어리, 노트, 노트북 등 항상 휴대할 수 있는 아이템이 가득.
5층 OFFICE	**6층 HOME**	**7층 COLOR**	**8층 CRAFT**
필기구, 노트, 문구류, 사무용 의자, 책상 등 사무용품이 모여 있다.	주방과 거실, 욕실에 이르기까지 집에서 쓰이는 생활잡화를 판매하는 곳.	색도 질감도 각기 다른 1000개가 넘는 종이가 전시 모습은 단연 압권.	포장지와 마스킹 테이프 등 포장에 대한 모든 것이 있는 곳.

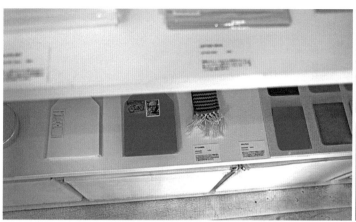
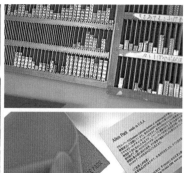

하라주쿠 **파피에라보** Papier Labo

활자를 조합한 판을 이용, 수작업으로 인쇄하는 옛 방식을 사랑하는 젊은 크리에이터 3명이 모여서 오픈한 곳. 종이와 관련된 제품을 판매하고 명함이나 카드 등 활판인쇄물의 주문도 받고 있다. 작은 가게 안을 살펴보면 활판인쇄를 이용한 원고지, 편지지, 엽서 등은 물론 연필깎이, 공책 등 심플한 디자인의 물건이 많은데, 종이의 질감까지 고려해 엄선한 제품이라고 한다. 아날로그적 감각을 잊지 못하는 사람들의 발길이 끊이지 않는 곳.

📍 JR하라주쿠原宿역 타케시타 출구에서 도보 15분　🕐 12:00-18:00, 일~월요일 휴무
🏠 東京都渋谷区神宮前1-1-1

나카메구로
트래블러스 팩토리
TRAVELLER'S FACTORY

디자인 문구 브랜드 '디자인 힐'의 브랜드 중 하나인 '미도리みどり'의 트래블러스 노트를 판매하는 숍이다. 트래블러스 노트는 나만의 노트를 커스터마이즈할 수 있는 것으로 유명한데, 다양한 리필 속지, 꾸밀 수 있는 장식과 실seal 등의 액세서리 등을 판매한다. 이 밖에도 파우치, 필기도구 등 일상생활에서 필요한 물건들로 가득하다. 2층에는 트래블러스 노트를 만들 수 있는 공간이 마련되어 있는데, 시간이 된다면 세상에서 단 하나뿐인 나만의 노트를 만들어보아도 좋다. 1층에서는 커피도 판매한다.

📍 히비야선, 도큐토요코선 나카메구로中目
黒역 남쪽 출구에서 도보 3분
🕐 12:00-20:00, 화요일 휴무
🏠 東京都目黒区上目黒3-13-10

기치조지

36 사브로 36 sablo

기치조지 뒷골목, 1층에 부동산이 있는 건물 2층에 위치하고 있는 아담한 문구점 36 사브로는 펜이나 마스킹테이프, 귀여운 일러스트의 도장 같은 기본적인 문구 아이템부터 해외에서 들여온 문구 제품, 직접 제작한 노트나 포장지 같은 36 사브로 오리지널 제품, 개성 있는 디자인의 잡화가 모여 있어 잠시도 지루할 틈이 없다. 가게 안을 찬찬히 둘러보며 보물 찾기 하듯 숨어 있는 문구 아이템을 발견하는 재미가 쏠쏠하다.

📍 JR추오선, 이노카시라선 기치조지吉祥寺 역 북쪽 출구에서 도보 5분

🕐 12:00-20:00, 화요일 휴무

🏠 東京都武蔵野市吉祥寺本町2-4-16 原ビル2F

쿠라마에 **카키모리** カキモリ

세상에 하나밖에 없는 나만의 노트를 만들 수 있는 문구점. 표지와 내지, 장식품들을 골라 직접 커스터마이징한 나만의 노트를 만들 수 있을 뿐 아니라, 다양한 펜과 잉크, 개성 있는 문구용품들이 가득한 50년 이상의 역사를 가진 문구점이다. 노트 한 권을 만드는 데에는 대략 30분이 소요된다.

📍 아사쿠사선 쿠라마에蔵前역 A1 출구에서 도보 8분

🕐 12:00-18:00(토·일요일, 공휴일 11:00-18:00), 월요일 휴무

🏠 東京都台東区三筋1-6-2

긴자 **도쿄 큐코도** 東京鳩居堂 銀座本店

1663년 오픈한 문구점으로 문방사우, 일본의 전통 종이 와시和紙로 만든 공예품 등 일본 전통문화와 관련된 제품을 취급한다. 문구 외에도 전통적인 문양이나 그림이 들어간 편지지, 엽서, 향 등도 판매한다. 긴자 본점 외에도 시부야, 신주쿠, 요코하마, 이케부쿠로 등에 매장이 있다.

📍 긴자선, 마루노우치선 긴자銀座역 A2 출구에서 도보 2분

🕐 10:00-19:00, 비정기 휴무

🏠 東京都中央区銀座5-7-4

여행 선물 고민 끝!
도쿄 여행선물로 좋은 과자 BEST 12

누구나 도쿄에서 구매한다는 여행선물의 스테디셀러부터 최근 입소문을 타고 인기가 많은 과자까지
가족과 직장동료, 친구와 지인에게 줄 도쿄 여행선물, 기념품은 이곳에 모두 모였다.

What
무엇을 사야 할까?

도쿄바나나 東京ばな奈
제조사 그레이프스톤 GRAPESTONE
도쿄 여행 선물의 정석으로 불리는 디저트.
촉촉한 바나나 모양의 빵에 달콤한
바나나 크림이 들어 있다.

뉴욕 퍼펙트 치즈 NY Perfect Cheese
제조사 뉴욕 퍼펙트 치즈 NY Perfect Cheese
세계적으로 유명한 치즈 명인이 참여한 과자로
바삭한 랑그드샤가 크림과 체더 치즈가 들어간
화이트 초콜릿을 감싸고 있어 초콜릿의 단맛과
깊은 치즈 맛이 절묘한 조화를 이룬다.

슈가버터트리 シュガーバターの木
제조사 그레이프스톤 GRAPESTONE
슈가와 버터를 발라 구운 쿠키 사이에 화이트
초콜릿을 샌드한 과자. 초콜릿과 버터의 조합이
뛰어나며 파이처럼 아삭아삭하게 씹힌다.

시가레(시가렛) 쿠키 シガール
제조사 요쿠모쿠 YOKUMOKU
버터를 듬뿍 넣은 반죽을 얇게 펴서
궐련 모양으로 만든 쿠키로, 진한 버터 향과
바삭바삭하면서도 촉촉한 맛이
어우러져 자꾸 손이 간다.

도쿄밀크치즈팩토리 東京ミルクチーズ工場
제조사 도쿄밀크치즈팩토리 東京ミルクチーズ工場
전세계에서 엄선한 우유와 소금, 벌꿀 등의
재료로 만든 가운데 치즈가 샌드된 쿠키로,
가장 인기가 높은 것은 솔트 & 카망베르 맛.

요루노우메 양갱 夜の梅羊羹
제조사 토라야 とらや
도쿄 긴자의 유명 화과자 전문점 토라야의
대표 상품. 홋카이도산 맛있는 팥으로 만든
고급 양갱이다.
부모님을 위한 선물로 안성맞춤이다.

분메이도 카스텔라 文明堂カステラ

제조사 분메이도 文明堂

나가사키의 유명 카스텔라 브랜드로
120년이 넘는 역사를 자랑한다
너무 달지 않은 깔끔한 맛, 부드러운 식감으로
호불호가 없어 선물로 그만이다.

립 파이 リーフパイ

제조사 긴자 웨스트 銀座ウエスト

신선한 우유와 버터를 넣은 밀가루 반죽을
장인이 하나하나 수작업으로 256겹을 만든
나뭇잎 모양의 달콤하고 바삭바삭한 파이.

프레스 버터샌드 プレスバターサンド

제조사 베이크 BAKE

도쿄에서 지금 가장 핫한 디저트로,
단단한 쿠키 사이에 홋카이도산 버터로 만든
크림과 캐러멜이 들어가 있다.

시로이 코이비토 白い恋人

제조사 이시야 ISHIYA

홋카이도산 버터와 생크림, 달걀 흰자 등으로 만든
쿠키 속에 화이트 초콜릿이 샌드 되어 있는
심플한 맛이지만 중독성이 있다.

생초콜릿 生チョコレート

제조사 로이즈 ROYCE', ロイズ

홋카이도산 고급 생크림을 넣어
입에 넣는 순간 부드럽게 녹아 내리는 생 초콜릿.
냉매 포장을 해주기 때문에 선물용으로도 좋다.

히요코 名菓ひよ子

제조사 히요코혼포요시노도 ひよこ本舗吉野堂

일본 큐슈 지역의 명물에서 지금은 일본을
대표하는 과자가 된 병아리 모양의 달콤한 만주.
남녀노소 누구나 좋아하는 맛이다.

Where

어디에서 사야 할까?

나리타 & 하네다 공항

도쿄의 관문인 나리타 공항과 하네다 공
항에 도쿄뿐만 아니라 홋카이도나 교토
등 일본 전국의 유명 과자와 기념품, 기내
용 여행 용품 등을 두루 갖추고 있다. 대부
분의 인기 상품은 공항 면세점에서 구매할
수 있고 하네다 공항에서는 공항 한정 상
품도 판매 중이니 시내에서 쇼핑할 시간이
없다면 공항을 이용해보자.

백화점 식품관 및 쇼핑몰

신주쿠 다카시마야 백화점과 이세탄 백
화점, 도쿄역의 다이마루 백화점 등의 시
내 주요 백화점의 식품관과 신주쿠 뉴우
먼, 시부야 히카리에와 같은 쇼핑몰에서
웬만한 과자와 기념품을 판매하므로 여
행선물을 쇼핑을 하는 데 어려움이 없다.

도쿄역

프레스 버터샌드나 뉴욕 퍼펙트 치즈처럼
요즘에 가장 인기 있는 도쿄 과자는 도쿄
역에서 모두 구매할 수 있다. 도쿄역을 방
문할 계획이라면 기념품 쇼핑에도 시간을
할애해보자.

도쿄바나나 어디까지 먹어봤니?

지금은 도쿄의 대표적인 명물 과자로 자리 잡은 도쿄바나나가 탄생한 것은 1991년. 일본 각지의 사람들이 모인 도쿄에서 남녀노소 누구나 좋아하고 친숙한 과일인 바나나를 주제로 과자를 만들게 된 것이 그 계기가 되었다. 기간 한정 상품을 비롯해 새로운 맛이 계속 출시되고 있어 여러 종류의 도쿄바나나를 즐길 수 있다. 도쿄바나나의 유통기한은 약 7일, 칼로리는 1개에 약 100kcal 정도다.

도쿄바나나 東京ばな奈

바나나 커스터드 크림이 들어 있는
가장 기본적인 도쿄바나나

도쿄바나나 락코 東京ばな奈ラッコ

귀여운 해달이 그려진
커피우유맛 크림의 도쿄바나나

하네다공항
한정

도쿄바나나 쿠마 東京ばな奈くまッス

곰이 가장 좋아하는
달콤한 허니 맛 커스터드 크림의 도쿄바나나

도쿄바나나 사쿠라
さくら咲く東京バナ奈

연핑크 벚꽃이 그려진 도쿄 바나나로
벚꽃 향이 가미된 커스터드 크림이 들어있다.

도쿄바나나 초코바나나 쿠키
東京ばな奈チョコバナナクッキー

리본 달린 도쿄바나나 모양의 쿠키에
밀크 초콜릿과 화이트 초콜릿 옷을 입힌 쿠키

하네다공항
한정

도쿄바나나 말차 케이크
お抹茶ケーキ

우지 말차와 도쿄바나나의
컬래버레이션

도쿄바나나 치즈 케이크
東京バナ奈チーズケーキ

크림치즈와 바나나잼 들어가
2가지 맛을 한 번에 즐길 수 있는
도쿄바나나

하네다공항
한정

카스텔라
東京ばな奈カステラ

메이플 시럽이 들어 있어
달콤한 맛이 배가된
도쿄바나나 모양의 카스텔라.

도쿄바나나 킷캣
キットカット 東京ばな奈味

도쿄바나나의 맛을 느낄 수 있는
킷캣 초콜릿 과자.

도라에몽 도쿄바나나
ドラえもん東京バナ奈

6가지 표정의 도라에몽이 그려진
커스터드 크림 맛의 도쿄바나나

Drugstore Item
도쿄 드러그스토어 베스트 쇼핑 아이템

의약품과 화장품은 물론 생필품과 여행 기념품까지 구매할 수 있는 반가운 쇼핑 스폿, 드러그스토어.
도쿄의 드러그스토어에서 구매하면 좋을 베스트 아이템을 뽑아보았다.

드러그스토어 쇼핑 TIP

1 | 시내에 위치한 드러그스토어는 대부분 5000엔 이상 구매 시 면세가 가능하므로 방문할 때 꼭 여권을 지참하자.

2 | 드러그스토어에서는 의약품이나 화장품 외에도 여행 기념 선물로 좋은 곤약젤리나 킷캣, 훈와리메이진(인절미 과자) 등 다양한 종류의 일본 과자를 판매하고 있다. 따로 선물을 살 시간이 없다면 드러그스토어 쇼핑으로 한번에 해결하자.

3 | 드러그스토어는 같은 아이템이라도 점포마다 가격이 다르다. 단, 시간 여유가 없다면 이동하는 중 보이는 점포에서 바로 구매하는 것이 더 나을 수 있다.

4 | 꼭 사고 싶은 품목은 미리 제품 사진을 저장해 가서 점원에게 보여주고 찾는 편이 시간을 절약할 수 있다.

화장품 및 미용 용품
化粧品

퍼펙트휩 Shiseido Perfect Whip
풍성한 거품의 클렌징 폼.

비오레 UV 아쿠아 리치 Biore UV Aqua Rich
미스트 제형의 선 제품으로 휴대하기 좋고
끈적임 없는 사용감으로 외출 시 편리.

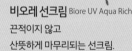

비오레 선크림 Biore UV Aqua Rich
끈적이지 않고
산뜻하게 마무리되는 선크림.

비오레 사라사라 시트 Biore さらさらパウダーシート
땀을 닦아주면 뽀송뽀송해지는 한여름의 필수 아이템.

비쉐 visee, **세잔느** cezanne, **캔메이크** canmake**의 블러셔**
발색이 좋고 가격도 저렴해 인기가 높은 3개 브랜드의
파우더 또는 크림 블러셔.

마토메쥬 헤어 스틱 왁스 まとめ髪スティック
머리카락이 기름지고 뭉치지 않게 잔머리를
깔끔히 정리해주는 스틱 왁스.

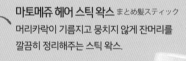

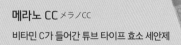

메라노 CC メラノCC
비타민 C가 들어간 튜브 타입 효소 세안제

세잔느 메이크업 베이스
CEZANNE Make Keep Base

코스메틱 브랜드 세잔느의 메이크업 베이스는
피지를 흡수해 메이크업을 오래 유지시켜 준다.

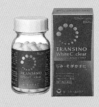

코세 클리어턴 약용 미백 마스크
KOSE クリアターン 薬用美白マスク
기미, 주근깨는 물론 주름에도 효과가 있는
화이트닝 마스크팩.

트란시노 화이트 C Transino White C
기미, 주근깨에 효과가 있는 먹는 기미약

시루콧토 화장솜 シルコット
화장솜계의 샤넬로 알려진 도톰하고
부드러운 화장솜.

로제트고마주 필링젤 ロゼットゴマージュ
오래된 각질을 말끔히 정리해주는
순한 필링 젤.

두유 이소플라본 클렌징 폼 & 화장수
豆乳イソフラボン 洗顔フォーム & 化粧水
두유 농축액이 들어있어 피부에 부담 없는 클렌징 폼과
피부를 촉촉하게 가꿔주는 화장수.

멘소래담 멜티 크림 립
メンソレータム Melty Cream Lip
부드러운 발림성에 하루 종일 촉촉한 입술을
유지시켜 주는 립밤

허니크 헤어 밀크 Honeyque Hair Milk
젖은 모발에 바르고 자거나, 낮에 수시로
사용할 수 있는 집중 리페어 헤어 밀크

시세이도 뷰러 資生堂アイラッシュカーラー
뷰러계의 제왕으로 불리는 스테디셀러.

러브 라이너 Love Liner
쉽게 그릴 수 있는
워터프루프 리퀴드 타입 아이라이너

마스카라 데자뷔 Dejayu
판다 눈이 되지 않으면서도
쉽게 지워지는 마스카라

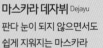

스이사이 뷰티클리어 파우더 워시
Suisai ビューティクリア パウダーウォッシュ
오래된 각질과 더러운 피지를 제거하고
모공 속까지 깨끗이 씻어주는 효소 파우더 워시.
파란색은 일반 피부, 검은색은 지성피부, 골드색은 건성피부용

비페스타 클렌징 티슈
ビフェスタ うる落ち水クレンジング シート
부드럽고 크기가 큰 클렌징 시트로 화장을 지우기
귀찮을 때나 여행 갔을 때 유용한 아이템.

의약품 및 의약 외품

医薬品·医薬部外品

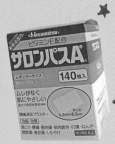

샤론 파스 サロンパス
근육통, 어깨 결림에 좋은
일본의 국민 파스.

해열 시트 熱さましシート
열이 났을 때 이마에 붙이면
열을 내려주는 시트

이브 진통제 EVE A(イブA錠)
효과 빠른 진통제. 알약이
작아 먹기 편하다.

캬베진 キャベジン
양배추 추출물로 만든 위장약.

로이히츠보코 동전 파스 ROIHI-TSUBOKO
동전 사이즈의 파스로 근육 통증에 잘 듣는다.

사카무케아 サカムケア
상처에 바르면 코팅이 되는 액체 반창고.

아이봉 アイボン
눈이 개운한 인기 안구 세정제.

오타이산 太田胃散
속쓰림이나 복통에 효과가 뛰어난 100년 역사의 일본 국민 소화제.
분말, 알약 타입 등이 있다.

메구리즘 온열 아이 마스크 蒸気でホットアイマスク
눈가를 따뜻하게 해주어 깊게 잠들 수 있는 수면 안대.

란도린 패브릭 미스트 Laundrin' ファブリックミスト

항균, 탈취 효과는 기본!
고급스러운 은은한 향이 오래가는 섬유 탈취제

에자이 쇼콜라 BB Eisai チョコラBB

피부 트러블, 여드름, 구내염에 효과가 있는
비타민 B 군이 함유된 미용 보조제

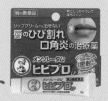

맨소래담 히비프로 メンソレータム ヒビプロ

입술 양옆이 찢어지는 구각염,
겨울철 튼 입술에 잘 듣는 립크림

앙팡맨 무히패치A ムヒパッチA

모기에 물린 부위의 가려움을 가라앉혀주는 패치.
패키지에 호빵맨이 그려져 있다.

후루코토® f
Flucort® f

습진, 발진, 피부염에
효과가 있는 연고

로토제약 비타40 ロートビタ40α

비타민과 아미노산이 들어간 안약으로
눈이 뻑뻑할 때 넣으면 좋다.
렌즈 착용 상태에서도 OK.

반테린 バンテリン

근육통, 요통, 어깨 결림을 빠르게 완화시켜 주는 바르는 파스.
크림 타입, 젤 타입, 붙이는 파스 등 종류가 다양하다.

도쿄의 드러그스토어

Tokyo Drugstore

마츠모토 키요시
マツモトキヨシ

일본 최대 드러그스토어 체인으로
신주쿠, 시부야, 하라주쿠, 지유가
오카, 히로오 등 도쿄 시내 곳곳에
매장이 많다.

다이코쿠 ダイコク

적극적인 할인 전략으로 인기
가 높은 드러그스토어 체인. 도
쿄의 경우 특히 신주쿠에 10개
이상의 지점이 몰려 있고 우에
노 아메요코초, 긴자에 지점을
가지고 있다.

선드러그
サンドラッグ

도쿄에서 시작된 선드러그는 현
재 일본 전역에 1000개 이상의 점
포를 두고 있다. 신주쿠, 시부야,
시모키타자와, 우에노, 아사쿠사
등에도 지점이 있다.

코쿠민 コクミン

일본을 대표하는 드러그스토어
중 하나. 신주쿠, 시부야, 하라
주쿠, 에비스, 도쿄역 등에 매
장이 있다.

Supermarket Item

도쿄 슈퍼마켓 쇼핑 아이템

현지인들의 생활과 가장 밀접하게 연결되어 있는 슈퍼마켓. 특히 먹거리 중심의 쇼핑이라면 슈퍼마켓을 방문하는 것이 좋다.
드러그스토어, 편의점과는 또 다른 매력으로 다가오는 도쿄 슈퍼마켓으로 쇼핑을 떠나보자.

What
무엇을 사야 할까?

타마고니카케루쇼유 卵にかける醤
테라오카가 寺岡家

살짝 단맛이 나고 짜지 않은 간장으로
달걀밥에 잘 어울린다.

베르데 토스트 스프레드
ヴェルデ トーストスプレッド
큐피 Kewpie

프렌치 토스트, 명란, 갈릭 등 다양한 맛의 튜브 스프레드.
사용이 간편하고 부피도 작아서 소지하기 좋다.

이보노이토 소면 揖保乃糸
이보노이토 揖保乃糸

일본에서 가장 유명한 소면 브랜드로
전과정 수작업의 수제 소면.

혼다시 ほんだし
아지노모토 AJINOMOTO

초보자도 쉽게
깊은 감칠맛을 낼 수 있게 해주는 조미료.

츠나앤마요, 콘앤마요 ツナ&マヨ, コーン&マヨ
큐피키유비

토스트뿐만 아니라 밥에도 잘 어울리는
마요네즈 스프레드. 참치와 콘 추천!

로얄밀크티 ロイヤルミルクティ
일동홍차 日東紅茶

낱개 타입으로 포장되어 있는
분말 밀크티로 간편하게 마실 수 있다.

핫피탄 ハッピーターン
카메다제과 亀田製菓

일본의 대표 쌀과자로 짭조름한
맛이 묘하게 중독성이 있어 자꾸 손이 간다.

코로로 コロロ
UHA미카쿠도 UHA味覚糖

말캉하면서 깨물면 과일 맛이 톡 터지는
식감으로 인기인 젤리.

민티아 MINTIA
아사히 Asahi

입안이 깔끔해지는 콩알 크기의 캔디.
과일 맛부터 시원한 민트 맛까지 종류도 다양하다.

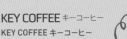

KEY COFFEE キーコーヒー
KEY COFFEE キーコーヒー

깊고 진한 원두커피를 간편하게 마실 수 있는 드립 백 커피.
원두 맛에 따라 6가지 종류가 있다.

츠마미타네 つまみ種
카메다세이카亀田製菓

오징어 맛 과자, 마른 멸치 등 10종류
스낵이 들어 있는, 안주로 좋은 과자.

코쿠마로 카레 こくまろカレー
하우스HOUSE

순한 맛甘口, 매운맛辛口이 있는 고형 카레.
8인분이라 양도 많다.

프칫또나베 プチッと鍋
에바라エバラ

캡슐에 육수 원액이 담겨 있어
캡슐 하나면 한 끼 요리 끝!

사케차즈케 さけ茶づけ ★
나가타니엔 永谷園

뜨거운 물을 부어서
간편하게 밥을 먹을 수 있는
연어 맛 오차즈케.

오로시 나마와사비
おろし生わさび
S&B FOODS

고추냉이 본연의 맛과 풍부한
향을 가진 튜브 형태의 생 고추
냉이.

사란라푸 サランラップ
아사히카세이 旭化成

일본의 국민 랩으로 불린다.
잘 잘리고 쉽게 들러붙지 않아서 편리하다.

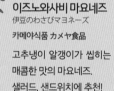

이즈노와사비 마요네즈
伊豆のわさびマヨネーズ
카메야식품 カメヤ食品

고추냉이 알갱이가 씹히는
매콤한 맛의 마요네즈.
샐러드, 샌드위치에 추천!

후리카케 ふりかけ
마루미야丸美屋

밥 위에 뿌려먹는 조미료로
마땅한 반찬이 없거나
입맛이 없을 때 유용하다.

포핀 쿠킨 Popin' Cookin'
크라시에 Kracie

아이도 쉽고 재미있게 만들 수 있는 DIY 과자.

Where
어디에서 사야 할까?

돈키호테 ドン・キホーテ
화장품부터 식품, 가전제품까지 없는 게 없는 디스카운트 쇼핑몰. 24시간 운영되기 때문에 쇼핑하기 좋다. 신주쿠, 시부야, 나카메구로, 긴자 등에 지점이 있다.

마이바스켓토 まいばすけっと
일본 최대 유통 채널로 꼽히는 이온 그룹에서 운영하는 소형 식품 수퍼 마켓으로, 신주쿠를 비롯해 도쿄 시내 중심가 곳곳에 매장이 있다.

도큐스토어 東急ストア
도큐 그룹의 슈퍼마켓 체인으로, 식품과 식료품을 중심으로 하고 있다. 나카메구로와 시부야 등에 매장이 있다.

OK Ginza オーケー銀座店
긴자 중심부에 위치한 곳으로 돈키호테보다도 저렴한 가격으로 최근 인기를 모으고 있는 곳이다.

Convenience Store Item
도쿄 편의점 쇼핑 아이템

세븐일레븐, 로손, 패밀리마트 등 다양한 편의점이 있는 편의점 왕국, 일본. 특히 각 편의점마다 특화된 상품이 있어
특정 제품을 사기 위해 편의점을 방문하는 관광객도 심심치 않게 찾아볼 수 있다. 도시락부터 과자, 디저트, 주류, 오뎅과 닭 튀김까지
수많은 먹거리로 가득한 편의점으로 먹방 여행을 떠나보자!

What
무엇을 사야 할까?

모든 편의점

아이스노미
アイスの実
커다란 구슬 아이스크림 안에 상큼한 과일 맛 셔벗이 가득!
스테디셀러 상품으로 디저트로 그만이다.

미타라시 단고
みたらし団子
멥쌀로 만든 동그란 떡인
당고를 꼬치에 꿰어 구운 후
간장과 설탕을 섞은 소스를
바른 것.

잭앤콕
Jack & Coke
위스키 잭다니엘에
코카콜라를 섞은 위스키 잭앤콕을
캔으로 만든 알코올음료.

자가리코 じゃがりこ
감자로 만든 막대 모양의 과자로
사라다(샐러드), 치즈, 버터를 비롯해
지역별 한정 등 다양한 맛이 있다.

마루짱세이멘
マルちゃん正麺
인스턴트 라면의 맛을
넘어섰다는 평가를 받는 컵라면.
쇼유(간장), 미소(된장),
돈코츠 등 종류도 여러가지다.

고고노코차 (오후의 홍차)
午後の紅茶
기린 음료에서 나오는 홍차 계열 음료로
그중에서도 밀크티가 인기가 많다.

저지 우유 푸딩
ジャージー牛乳プリン
저지 우유로 만든
깊고 진한 맛의 푸딩.

피노
PINO, ピノ
모리나가 제과의 피노는
초콜릿으로 겉으로 감싸져 있는
한입 크기 아이스크림. 6개가 한 세트.

라오 (라왕)
ラ王
팔각형 모양의 컵라면 라왕은
탄력 있는 면발과 맛있는 차슈까지,
수준 높은 맛을 자랑한다.

로손

유키이치고 雪苺娘
딸기 쇼트케이크가 들어 있는 찹쌀떡.
겨울한정판매.

모찌 로루 もち食感ロール
쫄깃한 스폰지 케이크 안에 달콤하고
부드러운 밀크 크림이 듬뿍 들어 있는 롤케이크.

에비소바 이치겐
えびそば一幻
삿포로 유명 라멘
에비소바 이치겐 컵라면.
새우의 감칠맛이 응축된 국물 맛이 일품이다.

한쥬크치즈수프레
半熟チーズスフレ
치즈 향이 살아 있는
부드러운 수플레. 1봉지에 4개입.
차게 먹어야 한다.

오오키나츠인슈
大きなツインシュー
생크림과 커스터드 크림이
함께 들어 있는
커다란 크기의 슈크림.

프레미아무 로루케키 | プレミアムロールケーキ
로손의 우치 카페 디저트에서 나온 롤 케이크로
우유 크림이 듬뿍 들어 있고 빵이 촉촉하다.

세븐일레븐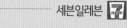

코다와리타마고노산도 こだわりたまごのサンド
달걀과 마요네즈를 최상의 비율로 섞어 부드러운 식빵 안에 넣은
에그 샌드위치.

모코탄멘 나카모토
蒙古タンメン中本
신주쿠에서 매운 라멘으로
유명한 모코탄멘 나카모토에서
만든 컵라면.

세븐 카페
Seven Café
자체 블렌딩한 원두를
사용한 원두커피로
편의점에서 저렴하게
구입할 수 있는 것이
큰 메리트.

츠타쇼유소바 蔦醤油そば
미슐랭 스타를 획득한 라멘 가게의 컵라면.
가격은 살짝 비싸지만 맛이 좋다.

도시락 나포리탄
太麺 ベーコンのナポリタン
맛있는 케첩 소스에 베이컨, 피망,
치즈가 듬뿍 들어간 스파게티 도시락.

패밀리마트 FamilyMart

히야시추카 冷やし中華
돼지고기와 달걀 지단 등의 고명을 올려 먹는
새콤한 중국식 냉비빔면.

수플레 푸딩 スフレ・プリン
패밀리마트 인기 No.1 푸딩.
부드럽고 촉촉한 식감으로
푸딩을 좋아한다면 한 번 맛보자!

파미 치키 | Famichiki
20년 가까이 사랑받아 온 패밀리마트
간판 상품. 프라이드, 스파이시,
크리스피, 가라아게 등 다양한
파미 시리즈가 있다.

녹차 프라페 抹茶フラッペ
녹차로 유명한 교토 우지산 말차와
화이트 초코릿 칩을 넣은 프라페 음료.

Where
어디에서 사야 할까?

 세븐일레븐 7-ELEVEN, セブンイレブン

면 요리와 같은 식사 대용 제품에 강세를
보이는 편의점 체인 세븐일레븐. 특히 세
븐일레븐의 에그 샌드위치는 일본뿐 아니
라 우리나라 관광객들에게도 뜨거운 호응
을 얻고 있다.

 로손 LAWSON, ローソン

일본의 대표 편의점 체인으로, 우치 카페라
는 자체 제작 디저트 라인을 통해 수준 높
은 디저트를 선보이고 있어 인기가 많다.

FamilyMart
패밀리마트 Family Mart, ファミリーマート

세븐일레븐 다음으로 많은 점포 수를 자
랑하는 패밀리마트는 가볍게 한 끼를 해
결하고 싶을 때 구매할 수 있는 다양한 베
이커리와 도시락이 갖추어져 있다.

STAY TOKYO

머무름, 그 자체가 여행

샬레트래블의 선사하는 럭셔리 호텔 예약 특전

전 세계 2% 럭셔리 여행 멤버십 VIRTUOSO의 인증 여행사,
세계 최대 호텔 체인 메리어트 그룹이 선택한 최고의 여행사만 가입할 수 있는
'스타즈 & 루미너스' 회원사 등 주요 럭셔리 호텔들의 최상위 파트너인
'샬레트래블'을 통해 예약하실 경우, 모든 고객님께 아래 혜택을 드립니다.

예약 기본 혜택

1. 매일 2인 조식
2. 호텔 식음료 크레디트 100 USD 상당 제공
3. 룸 업그레이드 우선 권한
4. 얼리 체크인 & 레이트 체크아웃 우선 권한
5. 본보이 포인트 적립 (메리어트 호텔에만 해당)

* 호텔별 추가 혜택 및 1박 무료 등의 특별 프로모션 별도 공지

주요 호텔 불가리, 리츠칼튼, 아만, 호시노야, 만다린오리엔탈, 샹그릴라, 페닌슐라, 포시즌스 등

Bulgari Hotel Tokyo

전 세계 불가리 호텔 중에서 8번째로 오픈한 불가리 호텔 도쿄는 하이엔드를 넘어 하이퍼 엔드를 지향하는 초 럭셔리 호텔이다. 도쿄의 명품 거리 긴 자 미드타운의 40~45층에 위치하고 있어 발아래로는 도쿄역이 눈을 들어 보면 황궁과 후지산이 바라다 보이며, 도심의 아찔한 스카이라인 전경을 감상할 수 있어 여행을 업그레이드해 주는 완벽한 호텔.

DAY 1

① 15:00 체크인과 룸 안내

이탈리아와 전통적인 일본 디자인이 조화된
세련되면서도 아늑한 룸

② 16:30

The Bulgari Lounge
애프터눈 티

아늑한 라운지바에의
여유롭고 달콤한 시간

©Bulgari Tokyo

③ 18:00 수영장

고대 로마의 카라칼라 목욕탕이 떠오르는
에메랄드그린 모자이크 타일의 수영장

20:00 The Bulgari Bar ④

지금, 도쿄에서 가장 주목받고 있는
셀럽들의 모임 장소

⑤ 22:00 객실에서 편안한 휴식 편안한 수면을 위한 따뜻한 차 서비스

DAY 2

⑥ 07:00 피트니스

09:00 아침식사 ⑦

미슐랭 3스타 셰프, 니코 로미토가 어레인지 한 다양한 아침 메뉴

⑧ 11:00 티 타임

룸에서 티를 마시며 휴식

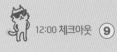

12:00 체크아웃 ⑨

Hoshinoya Tokyo

최근, 2023년 세계 50대 베스트 호텔의 새로운 글로벌 순위에서 39위를 차지한 호시노야는 일본 고유 럭셔리 료칸 브랜드로, 유명 인사 및 셀럽들이 이곳에 머물기 위해 일본을 찾고 있다. 오테마치 파이낸셜 시티 내에 위치한 혁신적인 럭셔리 료칸으로 지하 1500m에서 솟는 천연온천을 도쿄 도심에서 즐길 수 있는 곳은 이곳이 유일하다. 일본의 풍부한 문화적 경험을 할 수 있는 점도 이곳에서의 머무름을 더욱 특별하게 한다.

DAY 1

① 15:00 체크인과 룸 안내

다다미 바닥, 대나무 소재 옷장 등의 자연 소재를 사용한 일본식 룸

17:00 오차노마 라운지 ③
각 층에 위치한
고객 전용 세미 프라이빗 라운지

② 16:00 최상층의 천연온천 내탕에서 이어지는 노천탕에서 도쿄의 하늘을 바라보며 온천 즐기기

④ 18:00 저녁식사 일본 각지에서 선별한 최상의 식재료를 활용해 프렌치 스타일의 다이닝 코스요리　　　21:00 객실에서 편안한 휴식 ⑤

DAY 2

⑥ 06:45 아침 액서사이즈
지상 160m의 빌딩 옥상에서 도쿄의
절경을 바라보며 검술과 심호흡으로 리프레시

⑦ 09:00 아침식사
일본과 서양 스타일 중 선택

⑧ 10:00 일본의 다도 체험

12:00 체크아웃 ⑨

The Ritz-Carlton, Tokyo

도쿄 시내 중심지인 롯폰기의 미드타운 타워 최상층 9개 층에 자리해, 황궁 정원, 도쿄 만 지역, 후지산 등 도쿄의 모든 전망을 감상할 수 있다. 리츠칼튼에 숙박한다면, 클럽 라운지 이용 룸에 머물도록 하자. 호텔에 도착하는 순간부터 아침, 점심, 애프터눈 티, 전채 요리, 고급 코디얼 등 매일 다섯 번 제공되는 맛있는 요리를 숨 막히는 도시 전망을 배경으로 즐길 수 있다.

DAY 1

① 15:00 체크인과 룸 안내

② 15:30 Club Lounge 애프터눈 티

③ 18:00 오르 되브르(Hors d'oeuvres)
저녁 식사를 대체할 수 있을 정도의
다양한 음식

④ 20:00 코디얼(Cordials)
탁 트인 도쿄 스카이라인을 감상하면서
칵테일과 와인을 전채 요리와 함께 즐기기

⑤ 21:00 객실에서 휴식
화려한 야경의 뷰 맛집에서 휴식

---- DAY 2 ----

⑦ 11:30 가벼운 점심
시크릿 메뉴도 있으니
셰프에게 확인!

08:00 아침식사 ⑥
시그니처 크루아상 와플로
달콤한 아침을 시작

⑧ 12:00 체크아웃

TOKYO

AREA

한 눈에 보는 도쿄 주요 지역

SHINJUKU

新宿　신주쿠

도쿄에 처음 온 사람도, 여러 번 방문한 사람도 반드시 들르는 도쿄의 관문이다. 근교로 나가는 대부분의 기차와 버스가 출발하는 곳으로 교통이 편리할 뿐 아니라 대형 백화점과 쇼핑몰, 맛집까지 모여 있는 도쿄 최고의 관광 지역이다. 신주쿠역은 동쪽, 서쪽, 남쪽으로 3개 출구가 있는데 각각 다른 모습을 보여준다. 백화점과 쇼핑몰이 즐비한 동쪽 출구 지역은 도쿄 최고의 환락가인 '가부키초歌舞伎町'로 연결되며, 서쪽 출구 지역에는 도쿄 도청을 중심으로 고층 빌딩이 즐비하다. 신주쿠의 새로운 얼굴인 남쪽 출구 지역에는 뉴우먼, 루미네 등 여성 취향의 쇼핑몰과 연인들의 데이트 장소인 사잔 테라스가 자리한다.

• 신주쿠에서 꼭 해야 할 일 •

쇼핑명소, 뉴우먼 방문
인기 패션숍과 디저트숍, 카페가 있는 뉴우먼은 필수 코스!

100년 전통 돈가스 맛보기
100년 가까운 역사를 자랑하는 오우로지의 돈가스로 점심식사

신주쿠 교엔 산책
벚꽃과 신록, 단풍 등 사계절 아름다운 신주쿠 교엔 산책하기

매콤한 라멘으로 저녁식사
리시리, 후운지 등 라멘 격전지 신주쿠에서 맛있는 라멘 맛보기

전망대에서 무료 야경 감상
신주쿠 도쿄 도청의 무료 전망대에서 감상하는 멋진 야경

해산물을 구워 먹는 이자카야
해산물을 직접 구워 먹는 이소마루 수산에서 하루 마무리

• 찾아가기 •

가까운 역 | JR 신주쿠역에서 하차 후 이동하며, 도쿄 도청은 지하철 도초마에역, 신주쿠 교엔은 신주쿠교엔마에역, 이세탄 멘즈는 신주쿠산초메역에서 가깝다.

이용 노선 | JR 열차는 야마노테선, 추오선, 소부선, 사이쿄선, 지하철은 토에이 오에도선, 도쿄메트로 마루노우치선이 지난다. 도쿄메트로 후쿠토신선은 신주쿠산초메역과 시부야역을 연결한다.

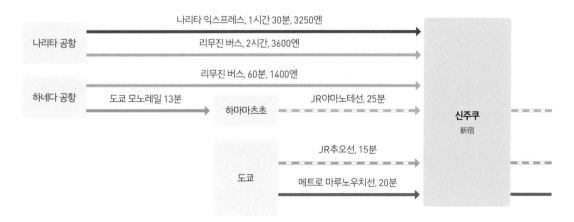

신주쿠 교엔 | 공원 | Shinjuku Gyoen National Garden 新宿御苑

날씨가 좋은 날엔 도시락을 준비해 피크닉을 즐겨보기에 좋은 곳이다. 각기 다른 분위기의 프랑스식 정원과 영국식 정원, 일본식 정원이 조화를 이루고 있으며 봄에는 1500여 그루의 벚꽃나무가 꽃을 피워 멋진 장관을 연출한다.

📍 마루노우치선 신주쿠교엔마에新宿御苑前역 1번 출구에서 도보 5분

🕐 09:00-17:30(계절에 따라 시간 변동), 월요일, 12월 29일~1월 3일 휴무

¥ 성인 500엔, 고등학생 250엔, 중학생 이하 무료　🏠 東京都新宿区内藤町11

도쿄 도청 | 전망대 | Tokyo Metropolitan Government Building 東京都庁

일본 유명 건축가 탄게 켄조의 작품으로, 48층 높이의 1청사를 비롯해 3개 빌딩으로 구성되어 있다. 1청사에서 엘리베이터로 연결되는 45층의 무료 전망대에서는 신주쿠의 화려한 스카이 라인과 멋진 야경이 펼쳐진다.

📍 오에도선 도초마에都庁前역 A4 출구에서 바로 / JR신주쿠新宿역 서쪽 출구에서 도보 10분

🕐 남쪽 전망대 09:30-21:30, 남쪽 전망대 두 번째, 세 번째 화요일, 연말연시(12월 29일~1월 3일) 휴무

¥ 입장료 무료　🏠 東京都新宿区西新宿2-8-1

도큐 가부키초 타워 | 복합상업시설 | 東急歌舞伎町タワー

분수의 물줄기가 하늘로 치솟는 모습을 이미지화한 높이 225m의 독특한 외관으로 가부키초의 새로운 랜드마크로 주목받고 있는 곳이다. 호텔, 영화관, 라이브홀, 엔터테인먼트 홀, 나이트클럽 등의 시설이 있으며, 특히 2층의 '가부키 요코초歌舞伎横丁'에서는 일본의 마츠리(축제)를 테마로 한 왁자지껄한 분위기 속에서 다양한 음식을 맛볼 수 있는 야타이(포장마차)를 만날 수 있다. 오픈은 오전 6시부터 다음날 새벽 5시까지 (매장마다 다름)

📍 JR신주쿠新宿역에서 도보 7분

🕐 매장마다 다름

🏠 東京都新宿区歌舞伎町1-29-1

105

뉴우먼 | 쇼핑몰 | NEWoMan

뛰어난 품질의 제품을 찾는 성인 여성을 타깃으로 하는 쇼핑몰로 메종 키츠네, 마가렛 호웰 등 엄선된 패션 브랜드와 인기 레스토랑과 카페, 코스메틱 브랜드 등 약 100개의 숍이 입점해 있다. 신주쿠역 신남쪽 출구와 연결되어 있어 편리하다.

Tax Free 4층 면세 카운터에서 면세 수속 가능

📍 JR신주쿠新宿역 남쪽 출구와 연결　🕐 **쇼핑** 11:00-20:30, **2층 푸드홀** 07:00-23:00(매장마다 다름)　🏠 東京都新宿区新宿4-1-6 1

· 추천 숍 & 다이닝 ·

벌브 커피 로스터스
| 커피 | **Verve Coffee Roasters**

미국 캘리포니아의 실력파 커피 로스터로, 도쿄에는 롯폰기와 에비스 등에도 지점이 있다. 제철의 신선한 원두에서 추출한 드립 커피와 다양한 베이커리를 갖추고 있다.

📍 뉴우먼 2층, 개찰구 안

시로
| 화장품 | **SHIRO**

홋카이도에서 시작된 화장품 브랜드로, 엄선된 소재를 사용한 순한 텍스처에 청량한 향이 특징이다. 심플하면서도 세련된 케이스도 매력적이다.

📍 뉴우먼 1층

띠어리
| 패션 | **Theory**

심플, 베이직하면서도 완벽한 핏의 고급스러운 패션 제품으로 인기가 식지 않고 있는 곳으로 1997년 뉴욕에서 시작되었다.

📍 뉴우먼 3층

루미네 | 쇼핑몰 | **LUMINE** ルミネ

신주쿠역과 연결되어 있는 쇼핑몰로 루미네 1과 2, 동쪽 출구 쪽에 위치한 루미네 EST까지 세 곳이 있다. 젊은 감각의 일본 국내외 패션 브랜드와 편집 숍, 인테리어 소품 숍, 각종 코스메틱 브랜드숍이 모여있어 쇼핑하기 편리하며 라뒤레와 사라베스 등 화제의 레스토랑과 디저트숍이 있어 브런치나 티타임을 즐기기에도 좋다.

Tax Free LUMINE EST 지하 1층, 지상 6층 LUMINE 1 5층 LUMINE 2 2층

📍 LUMINE 1&2 JR신주쿠新宿역 남쪽 출구 도보 1분 LUMINE EST JR신주쿠新宿역 동쪽 출구에서 도보 1분

🕐 11:00-21:00, 비정기 휴무(매장마다 다름)

🏠 LUMINE 1 東京都新宿区西新宿1-1-5 LUMINE 2 東京都新宿区新宿3-38-2 LUMINE EST 東京都新宿区新宿3-38-1

◆ 추천 숍 & 다이닝 ◆

라뒤레 | 디저트 카페 | **La Durée**

프랑스 최고의 마카롱 브랜드 라뒤레의 디저트 카페로, 파스텔컬러의 마카롱과 먹기 아까울 정도로 예쁜 케이크, 아이스크림 등 여러 가지 종류의 디저트가 있다.

📍 LUMINE 2, 1층

사라베스 | 브런치 카페 | **Sarabeth's**

뉴욕의 인기 브런치 카페인 사라베스의 신주쿠 지점으로 레몬 리코타 치즈 팬케이크(1880엔), 플러피 프렌치 토스트(1660엔)와 클래식 에그 베네딕트(1880엔)가 인기다. 도쿄역과 시나가와에도 지점이 있다.

📍 LUMINE 2, 2층

@cosme store | 화장품

일본 최대 화장품 정보 사이트 '@cosme'의 셀렉트 숍으로 일본에서 지금 유행하는 화장품과 가장 인기인 화장품은 여기에 다 있다고 해도 과언이 아닐 정도다. 랭킹별로 모아놓은 베스트 상품을 참고해 쇼핑해 보자.

📍 LUMINE EST, 지하 2층

이세탄 | 백화점 | ISETAN

1933년 오픈, 신주쿠의 대표 백화점으로 자리매김했다. 외관은 아르데코 양식으로 도쿄의 역사적 건축물로 선정되었으며, 본관 옆으로는 남성 패션 매장만이 있는 맨즈관도 별도로 있다. 특히 지하 식품 코너가 인기일 정도로 엄선된 매장들이 입점해 있다.

TIP 쇼핑 전 관광객(외국 여권 소지자)에게만 발행하는 게스트 카드를 발급받자(면세 카운터에서 발급). 쇼핑 시 5% 할인을 받을 수 있으며, 일본 전국의 미츠코시 이세탄 그룹 백화점에서 사용할 수 있다. 유효기간은 3년이며 연장 가능하다.

Tax Free 4층 면세 카운터

📍 JR신주쿠新宿역 동쪽 출구에서 도보 5분　🕐 **쇼핑** 10:00-20:00 **푸드홀** 11:00-22:00(매장마다 다름), 비정기 휴무

🏠 東京都新宿区新宿3-14-1

--------------------- • 추천 숍 • ---------------------

더 콘란숍
| 인테리어 | **THE CONRAN SHOP**

1973년 영국에서 탄생한 브랜드로 'PLAIN, SIMPLE, USEFUL'이라는 세 가지 키워드로 오래도록 사용할 수 있는 가구와 조명, 인테리어 소품 등을 제안하는 인테리어 셀렉트 숍이다.

📍 이세탄 본관 5층

이세이 미야케
| 패션 | **ISSEY MIYAKE SHINJUKU**

세계적인 패션 브랜드 이세이 미야케의 플리츠 라인 매장으로 가벼우면서 구김이 없고, 휴대가 용이하며 기능성과 실용성을 겸비한 제품이 특징인 PLEATS PLEASE의 다양한 제품을 만날 수 있다.

📍 이세탄 본관 2층

셀린느
| 패션 | **Celine**

프랑스 명품 브랜드인 셀린느는 일본이 전반적으로 한국보다 가격이 저렴하게 책정되어 있어 명품 쇼핑 리스트 중 가장 인기이다. 특히 이세탄에서는 게스트 카드를 발급받아 5% 더 저렴하게 구입할 수 있다.

📍 이세탄 본관 1층, 3층

다카시마야 | 백화점 |

Shinjuku Takashimaya 新宿タカシマヤ

신주쿠역 신남쪽 출구에 위치한 백화점 다카시마야는 샤넬, 루이비통, 에르메스, 티파니 등의 명품 브랜드부터 키노쿠니야 서점, 일본의 인기 잡화점 도큐핸즈東急ハンズ 등 각종 전문점과 유니클로, 디즈니 스토어도 입점해 있다. 면세 수속 카운터는 본관 11층에 있다.

- 📍 JR신주쿠新宿역 신남쪽 출구에서 도보 2분
- 🕐 10:30-19:30, 비정기 휴무
- 🏠 東京都渋谷区千駄ヶ谷5-24-2

이세탄 멘즈

| 백화점 | **ISETAN MEN'S 伊勢丹メンズ館**

오랜 역사를 자랑하는 이세탄 백화점이 선보이는 남자 전용 백화점. 백화점에서 흔히 볼 수 있는 지하 식품매장을 없애고, 지하 1층부터 8층까지 남성만을 위한 패션 브랜드숍과 화장품 편집숍, 전자 기기 판매점으로 개편했다. 패션, 생활용품, 취미가 하나로 결합되어 있어 남성들의 쇼핑 명소로 사랑받고 있다.

- 📍 JR신주쿠新宿역 동쪽 출구에서 도보 5분
- 🕐 10:30-20:00, 비정기 휴무
- 🏠 東京都新宿区新宿3-14-1

빔즈 재팬

| 편집숍 | **BEAMS JAPAN ビームス ジャパン**

'일본'이라는 키워드로 패션, 컬처, 아트, 레스토랑 등 다양한 테마의 브랜드를 한곳에 모아 놓은 편집숍. 지하 1층부터 5층까지 메이드인재팬 의류, 가방, 액세서리, 잡화, 고급스런 자기 그릇 등 현재 일본을 대표하는 제품을 판매한다.

- 📍 JR신주쿠新宿역 동쪽 출구에서 도보 5분
- 🕐 11:00-20:00, 비정기 휴무
- 🏠 東京都新宿区新宿3-32-6 B1F- 5F

키노쿠니야

| 서점 | **Kinokuniya 紀伊国屋**

도쿄 최고의 서점으로, 층별로 각종 분야의 서적이 총망라되어 있을 뿐 아니라 찾기 쉽도록 잘 정리되어 있어 이용하기 편리하다. 우리나라의 교보문고나 영풍문고와 같은 대형 서점으로, 시내 여러 곳에 지점이 있다. 4000엔 이상 구입하면 숙소에서 책을 택배로 받을 수 있다(택배 무료).

- 📍 JR신주쿠新宿역 동쪽 출구에서 도보 3분
- 🕐 10:30-21:00, 비정기 휴무
- 🏠 東京都新宿区新宿3-17-7

나카무라야 | 인도 카레 | Shinjuku Nakamuraya 新宿中村屋ビル

1901년에 문을 연 일본 최초의 인도 카레 전문점. 총 8층으로 구성된 나카무라야 빌딩의 지하 2층엔 레스토랑 겸 카페 만나Manna, 지하 1층엔 디저트숍 본나Bonna, 3층에는 미술관, 8층에는 세계 각국의 요리를 맛볼 수 있는 레스토랑 그란나Granna가 있다. 레스토랑 만나의 스테디셀러인 나카무라야 인도식 커리中村屋純印度式カリー(1980엔)와 바로바로 튀겨 나오는 디저트숍 본나의 카레빵新宿カリーパン(324엔)을 꼭 맛보도록 하자.

📍 JR신주쿠新宿역 동쪽 출구에서 도보 2분, 신주쿠 나카무라야 빌딩

🕐 **레스토랑 겸 카페 만나**Manna, マンナ 11:00-22:00, 1월 1일 휴무 / **디저트숍 본나**Bonna, ボンナ 10:30-19:30, 1월 1일 휴무 / **레스토랑 그란나**Granna, グランナ 11:30-22:00, 1월 1일 휴무

🏠 東京都新宿区新宿3-26-13

모모파라다이스

| 스키야키 | MoMo Paradise モーモーパラダイス

샤브샤브 또는 일본식 전골요리인 스키야키 중 한가지를 선택해서 100분 동안 뷔페로 즐길 수 있는 가성비 최고의 스키야키 전문점. 고기의 품질도 좋고 야채도 신선하다. 쇠고기와 돼지고기, 야채, 우동, 밥이 제공되는 코스 4400엔부터.

📍 JR신주쿠新宿역 동쪽 출구에서 도보 7분, 휴맥스 파빌리온 신주쿠 가부키초ヒューマックスパビリオン新宿歌舞伎町 8층

🕐 17:00-22:30(토 · 일요일, 공휴일 11:30-15:00, 17:00-22:30), 비정기 휴무

🏠 東京都新宿区歌舞伎町1-20-1ヒューマックスパビリオン新宿歌舞伎町8F

후나바시야

| 튀김 | Hunabashiya 天ぷら船橋屋本店

130년 전통의 덴푸라 전문점인 후나바시야의 본점으로, 좋은 재료를 사용한 장인의 튀김을 맛볼 수 있어 저녁에 맥주 한잔과 함께 먹기에 좋다. 가격이 부담스럽다면 평일 오후 3시까지 제공되는 런치 메뉴를 이용해보자. 덴푸라 7종류와 식사가 함께 나오는 덴푸라 세트(宝)天ぷら7品(1630엔), 텐동 세트天丼(1460엔) 등이 있다.

📍 JR신주쿠新宿역 동쪽 출구에서 도보로 3분

🕐 11:30-21:00, 비정기 휴무

🏠 東京都新宿区新宿3-28-14

츠나하치

| 튀김 | Tsunahachi つな八

80년 전통을 자랑하는, 격식을 갖추어 먹는 덴푸라 전문점이다. 맛의 비결은 살아 있는 싱싱한 재료와 먹는 중간중간에 갓 튀겨낸 튀김을 가져다 주는 센스에 있다. 평일 오전 11시부터 오후 4시까지는 런치 메뉴가 제공된다. 런치 메뉴는 5가지 튀김과 밥, 일본식 된장국이 제공되는 히루젠昼膳(1650엔) 등 여러 가지가 있다.

📍 JR신주쿠新宿역 동쪽 출구에서 도보 3분

🕐 11:00-22:00, 연말연시 휴무

🏠 東京都新宿区新宿3-31-8

SHINJUKU SPECIAL

신주쿠에서 맛보는 일본 라멘

일본 라멘은 돼지 뼈를 우려낸 육수를 사용한 돈코츠 라멘, 된장으로 맛을 낸 미소 라멘, 간장을 사용한 쇼유 라멘, 소금으로 간을 한 시오 라멘, 이렇게 크게 4가지로 나뉜다. 돈코츠 라멘(큐슈 지역)을 제외한 나머지 라멘은 모두 홋카이도 지역의 라멘이다. 우리에겐 느끼하지 않은 홋카이도 라멘이 더 잘 맞는 편이지만 냄새를 제거하고 제대로 조리한 돈코츠 라멘도 맛있다. 신주쿠의 다양한 라멘 집 중에서 본인의 취향과 입맛에 잘 맞는 곳을 골라 방문해보자.

리시리 利しり

1969년에 오픈한 곳으로 도쿄의 매운 라멘을 대표하는 곳이다. 간장 베이스의 매콤한 맛의 오로촌 라멘オロチョンらーめん과 일본 된장 베이스의 매콤한 미소촌 라멘みそチョンらーめん이 대표메뉴로 각 1200엔이다. 맵기 정도를 선택할 수 있는데, 보통 매운 정도의 1단계부터, 2배, 3배, 6배, 9배의 단계 중에 고를 수 있다. 또 하나의 특징은 면 대신 밥을 선택할 수 있어서 국밥처럼 즐길 수도 있다.

📍 JR신주쿠新宿역 동쪽 출구에서 도보 8분
🕐 18:30-05:00, 일요일, 공휴일 휴무
🏠 東京都新宿区歌舞伎町2-27-7 やなぎビル1F

멘야무사시 Menya Musashi 麺屋武蔵

'라멘 왕국' 일본에서 '라멘 대회 1등'이라는 타이틀을 획득한 라멘집으로, 커다란 동작으로 면을 뽑고, 빨간 티셔츠에 두건을 쓴 훈남이 국물을 만들면서 구호를 외치는 퍼포먼스가 인상적인 곳이다. 두툼하고 쫄깃한 면발에 진한 국물 맛이 일품이지만 우리 입맛에는 살짝 짠 편이다. 인기 메뉴는 반숙 달걀과 차슈가 푸짐하게 올려진 아지타마니쿠마시 라멘あじ玉肉増しら-麺(1580엔). 자판기에서 식권을 구입한 후 점원에게 건네면서 '깔끔한 맛(앗사리あっさり)'과 '진한 맛(콧테리こってり)' 중 선택해서 주문하면 된다.

📍 JR신주쿠新宿역 서쪽 출구에서 도보 5분
🕐 11:00-22:30, 비정기 휴무
🏠 東京都新宿区西新宿7-2-6 K-1 (ケイワン) ビル1F

신주쿠에서 맛보는 일본 라멘

타츠노야 Tatsunoya 龍の家

큐슈 지역을 대표하는 돈코츠 라멘의 강자로 떠오르고 있는 곳이다. 자판기에서 메뉴를 고른 후 식권을 건네면서 면의 삶는 정도를 이야기해주면 된다. 대표 메뉴인 돈코츠 라멘とんこつこく味(780엔)은 돼지 뼈를 오랜 시간 푹 고아 만든 깊고 진한 국물 맛에 적당히 삶은 차진 면발까지 환상적인 조합을 자랑한다. 쫄깃한 면을 짭조름한 국물에 찍어 먹는 츠케멘つけ麺もつ(900엔)도 인기 메뉴.

📍 JR신주쿠新宿역 서쪽 출구에서 도보 5분
🕐 11:00-23:30, 비정기 휴무
🏠 東京都新宿区西新宿7-4-5

라멘 하야시다 らぁ麺 はやし田 新宿本店

오리와 토종닭을 사용한 진한 닭고기 육수로 만든 쇼유라멘이 대표 메뉴인 라멘집으로 소바처럼 얇은 면으로 부드럽게 술술 넘어가는 것이 특징이다. 차슈, 계란 파, 멘마 등의 토핑이 푸짐하게 올라간 특제쇼유라멘特製醤油らぁめん은 1150엔, 기본 쇼유라멘醤油らぁめん은 900엔이며 쇼유라멘 외에 마제 소바와 츠케멘도 있다.

📍 JR신주쿠新宿역 동쪽 출구에서 도보 3분
🕐 11:00-22:00, 연중무휴
🏠 東京都新宿区新宿3-31-5 新宿ペガサス館102

후운지 風雲児

식사 시간이 아니더라도 항상 긴 줄이 늘어서 있는 인기 라멘 & 츠케멘 전문점. 메뉴는 츠케멘(950엔)과 라멘(900엔) 2가지뿐. 200엔을 추가해 달걀, 멘마, 파, 챠슈가 토핑된 스페셜 메뉴를 선택하는 것이 좋다. 닭고기, 다시마, 가다랑어 등을 넣고 오랜 시간 끓여낸 깊고 진한 국물과 탱글한 면발이 인기의 비결. 17시부터 15그릇 한정으로 판매하는 가타마타멘(850엔)도 있다.

📍 JR신주쿠新宿역 남쪽 출구에서 도보 6분
🕐 11:00-15:00, 17:00-21:00, 비정기 휴무
🏠 東京都渋谷区代々木2-14-3 北斗第一ビル1F

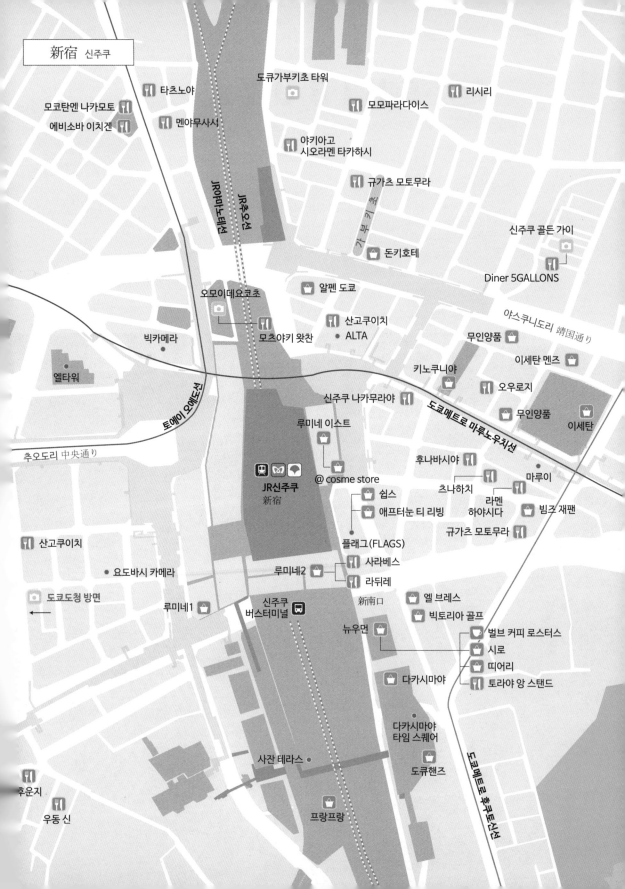

新宿 신주쿠

모코탄멘 나카모토
에비소바 이치겐

타츠노야
멘야무사시

도큐가부키초 타워
모모파라다이스

리시리

야키아고
시오라멘 타카하시

규가츠 모토무라

JR야마노테선
JR추오선

가부키초

신주쿠 골든 가이

돈키호테

Diner 5GALLONS

오모이데요코초

빅카메라

엘타워

토에이 오에도선

추오도리 中央通り

알펜 도쿄

산고쿠이치
● ALTA

모츠야키 왓찬

야스쿠니도리 靖国通り

무인양품

이세탄 멘즈

키노쿠니야

오우로지

신주쿠 나카무라야

무인양품

도쿄메트로 마루노우치선

이세탄

루미네 이스트

@ cosme store

JR신주쿠
新宿

후나바시야

츠나하치

마루이

라멘
하야시다

규가츠 모토무라

빔조 재팬

쉽스
애프터눈 티 리빙

플래그(FLAGS)

산고쿠이치

요도바시 카메라

루미네2

사라베스

라뒤레

도쿄도청 방면

루미네1

신주쿠
버스터미널

新南口

엘 브레스

빅토리아 골프

뉴우면

벌브 커피 로스터스

시로

띠어리

토라야 앙 스탠드

다카시마야

다카시마야
타임 스퀘어

사잔 테라스

도큐핸즈

도쿄메트로 후쿠토신선

후운지

우동 신

프랑프랑

SHIBUYA

渋谷　시부야

도쿄 번화가 중에서도 가장 최신 유행을 선도하는 곳으로, 역 주변에는 시부야 109, 도큐 백화점 등 일본을 대표하는 백화점과 히카리에와 같은 각종 쇼핑몰이 들어서 있다. 충견 하치코의 동상이 있는 시부야역 앞 광장에서 시작하는 센터가이, 코엔도리 등의 거리는 밤낮을 가리지 않고 젊은이들로 항상 붐빈다. 코엔도리를 따라가면 NHK 스튜디오 파크, 요요기 공원과 하라주쿠까지 이어진다.

· 시부야에서 꼭 해야 할 일 ·

하치코 동상에서 인증샷

시부야의 상징, 하치코 동상과 스크램블 교차로에서 인증샷 찍기

세련된 쇼핑몰 히카리에 방문

코스메틱, 편집숍, 디저트숍이 가득한 히카리에에서 쇼핑

미야시타 파크 즐기기

쇼핑몰, 시부야 요코초, 도심형 옥상 공원 모두 돌아보기

귀여운 디즈니 캐릭터 만나기

시부야 디즈니 스토어에서 디즈니 캐릭터 상품 구매

시부야 스카이에서 인생샷 찍기

지금 최고로 핫한 시부야 스카이에서 인생샷 남기기

맛있는 꼬치와 시원한 맥주

주문과 동시에 구워주는 토리타케의 꼬치에 맥주 한잔

· 찾아가기 ·

가까운 역 | JR시부야역에서 하차 후 이동하며 시부야 109나 파르코, 도큐백화점은 하치코 출구에서, 시부야 히카리에는 동쪽 출구에서 가깝다.

이용 노선 | JR열차는 야마노테선, 사이쿄선, 지하철은 도쿄메트로 한조몬선, 후쿠토신선, 긴자선이 지난다. 시부야역에서 출발하는 도큐토요코선은 나카메구로, 지유가오카를 거쳐 요코하마까지 연결되고 사철 게이오 이노카시라선은 시모키타자와를 지나 종점 기치조지에 정차한다.

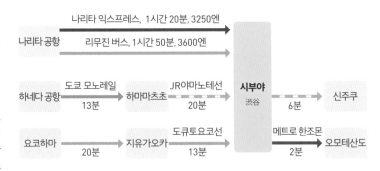

돌아보기 TIP

하치코 버스 시부야에서 출발해 하라주쿠, 에비스, 다이칸야마를 오가는 하치코 버스ハチ公를 이용하면 손쉽게 시부야를 돌아볼 수 있다. 요금은 성인, 어린이 모두 100엔이며, 노선 및 시간은 홈페이지 tokyu.bus-location.jp/blsys/navi?VID=top&EID=rtl&PRM= 참고.

미야시타 파크 | 복합상업시설 | Miyashita Park

도쿄 최초의 옥상 공원이었던 미야시타 공원을 재정비해서 공원 아래로 쇼핑몰을 만들어 새롭게 선보인 복합상업시설이다. 1~3층의 쇼핑몰에는 구 찌, 루이비통 같은 명품은 물론 편집숍 KITH, 메종 키츠네 등의 다양한 매장과 레스토랑이 있다. 4층의 공원에는 볼더링과 스케이트보드를 즐길 수 있는 시설도 있으며, 이곳의 스타벅스에서는 프라그먼트와의 콜라보 굿즈를 구입할 수 있다. 남측 쇼핑몰 1층에는 시부야 요코초渋谷横丁가 있어 쇼 핑 후에 야타이에서 한잔하며 여행 기분을 내보기에도 좋다.

📍 JR시부야渋谷역에서 도보 3분

🕐 **숍** 11:00-21:00 **레스토랑** 11:00-23:00(매장마다 다름) **공원** 09:00-22:00, 비정기 휴무

💴 볼더링 & 스케이트 보드 시설 (2시간 500엔, 당일 파크 센터에서 접수 후 이용)

🏠 東京都渋谷区神宮前6-20-10

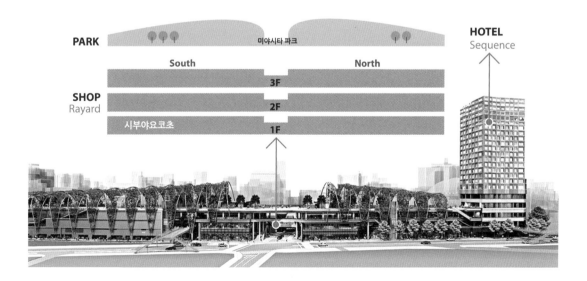

· 추천 숍 & 다이닝 ·

키스

| 운동화 편집숍 | **Kith**

2011년 뉴욕에서 시작된 스니커즈 편집숍으로 이곳이 아시아 최초 매장이다. 다양한 브랜드의 신발을 한자리에서 만날 수 있으며 도쿄 한정 아이템도 있어 이용객이 많은 주말에는 매장에 들어가기 위해 줄을 서야 하는 경우가 많다.

📍 RAYARD MIYASHITA PARK 북측 1층

키스 트리츠 도쿄

| 아이스크림 | **Kith Treats Tokyo**

Kith에서 운영하는 커스터마이즈드 아이스크림 전문점이다. 먼저 아이스크림과 셰이크 중 선택하고, 아이스크림의 맛을 선택, 마지막으로 2가지 토핑을 선택하면 된다. 선택이 많아 당황스러울 수 있지만 원하는 맛의 아이스크림을 즐길 수 있으니 차분하게 주문해 보자.

📍 RAYARD MIYASHITA PARK 북측 2층

메종 키츠네

| 패션브랜드 | **Maison Kitsuné**

프랑스 디자이너 브랜드로 좋은 소재를 사용한 심플한 디자인으로 인기를 얻고 있다. 로고만 프린트된 심플한 티셔츠와 에코백부터 알록달록한 컬러감이 눈길을 끄는 운동화까지 다양한 디자인의 아이템이 있다. 바로 옆에 Café Kitsuné도 있다.

📍 RAYARD MIYASHITA PARK 북측 2층

GBL

| 캐릭터 의류 | **GBL**

스튜디오 지브리 작품 캐릭터와 함께 하고 싶은 키덜트를 위해 탄생한 스튜디오 지브리의 성인 의류 브랜드. 캐릭터가 너무 과하지 않게 디자인된 것도 많아 일상생활에서 충분히 사용할 수 있는 아이템도 많다. 도쿄역 캐릭터 스트리트에도 매장이 있다.

📍 RAYARD MIYASHITA PARK 남측 3층

하이타이드 스토어

| 문구 | **HIGHTIDE STORE**

후쿠오카를 거점으로 하는 디자인 사무 용품 및 소품 전문 브랜드 HIGHTIDE의 플래그숍으로, 하이타이드 제품은 물론 해외에서 수입한 희귀 제품이 많아 구경하는 재미가 있다.

📍 RAYARD MIYASHITA PARK 남측 3층

시부야 요코초

| 이자카야 | **渋谷横丁**

미야시타 파크 RAYARD 남측 1층, 100m 정도의 거리에 19개의 음식점이 들어선 이자카야 거리다. 레트로한 감성의 분위기에 홋카이도에서 큐슈, 오키나와까지 다양한 지역의 술과 음식을 맛볼 수 있다.

📍 RAYARD MIYASHITA PARK 남측 1층

시부야 히카리에 | 복합상업시설 | **Shibuya Hikarie** 渋谷ヒカリエ

도쿄메트로와 도큐토요코선 등 여러 노선이 지나는 시부야역과 연결된 복합상업시설. 지하 2층부터 5층까지는 클라스카 갤러리 숍 'DO', 투데이즈 스페셜 등 인기 라이프스타일숍과 핫한 디저트숍으로 가득한 20-30대 여성 타깃의 쇼핑몰 ShinQs가 들어서 있고, 6층과 7층에는 마이센 등 약 26개의 레스토랑이 모여 있다. 8층의 크리에이티브 스페이스는 각종 전시와 이벤트가 이루어지며 11층에는 2000석 규모의 뮤지컬 전문 극장이 있어 이곳 한 곳에서만도 엔터테인먼트와 쇼핑, 식사를 모두 충족시킬 수 있어 편리하다.

Tax Free 지하 1층 면세 카운터 (11:00-20:50) 또는 면세 수속이 가능한 각 점포에서 실시　🅟　JR시부야渋谷역 2층 연결 통로에서 연결
🕙　10:00-21:00(레스토랑 11:00-23:00), 1월 1일 휴무, 비정기 휴무　🏠　東京都渋谷区渋谷2-21-1

·········· ● **추천 숍 & 다이닝** ● ··········

피에르 마르콜리니
| 디저트 | **PIERRE MARCOLINI**

벨기에 고급 초콜렛 브랜드 피에르 마르콜리니의 시부야 지점. 수제 초콜릿과 아이스크림, 초콜릿 음료 등을 맛볼 수 있다.
🅟　히카리에 ShinQs 지하 2층

르팡 드 조엘 로부숑
| 베이커리 | **LE PAIN de Joël Robuchon**

미슐랭 3스타 셰프 조엘 로부숑이 프로듀스한 베이커리로, 바게트와 팡 드 캄파뉴 등 프랑스의 대표적인 빵부터 브리오슈, 치즈 프랑스 등 식사 대용으로 좋은 여러 종류의 빵을 판매하고 있다. 조엘로 부숑 요리에서 창작한 빵도 가정에서 즐길 수 있다.
🅟　히카리에 ShinQs 지하 2층

클라스카 갤러리 앤 숍 '두'
| 라이프스타일숍 | **CLASKA Gallery & Shop 'DO'**

신주쿠, 마루노우치, 기치조지 등에 매장이 있는 갤러리 & 숍 'DO'는 전통 수공예품부터 신진 디자이너의 제품까지 다양한 아이템이 모여 있는 라이프스타일숍이다.
🅟　히카리에 ShinQs 4층

시부야 파르코 | 쇼핑몰 | 渋谷 PARCO

지하 1층부터 10층까지 층별로 테마에 맞게 다양한 패션 브랜드, 레스토랑, 카페가 있는 쇼핑몰이다. 특히 6층은 사이버 스페이스 시부야라는 이름의 공간으로 캐릭터 숍이 모여 있어 오픈부터 많은 이들이 이곳을 찾는다. 또한 10층에는 옥상 정원 루프탑 파크가 조성되어 있고, 카페 코뮤네도 있어 도심 속 여유를 즐길 수 있다.

📍 JR시부야渋谷역 하치코 출구에서 도보 5분　⏰ 숍 11:00-21:00 레스토랑 11:30-23:00(매장마다 다름)

🏠 東京都渋谷区宇田川町15-1

・ 추천 숍 & 다이닝 ・

코뮤네
| 카페&바 | ComMunE

시부야 파르코 10층의 루프탑 파크에 있는 카페 & 바로 음료와 파니니, 카레 등의 간단한 식사 메뉴가 있는 iKI-BA, 멕시칸 전문 TAKOBAR가 함께 있다. 루프탑 정원에서 시부야 도심 전망을 즐기며 여유로운 시간을 즐길 수 있다.

📍 시부야 파르코 10층

꼼데가르송
| 패션 | COMME des GARÇONS

일본의 디자이너 레이 가와쿠보가 만든 독특한 디자인의 패션 브랜드로 13개 라인업을 가지고 있다. 시부야 파르코에는 Girl 매장이 있다.

📍 시부야 파르코 1층

Ikushika
| 솥밥 | イクシカ

뚝배기에 갓 지은 솥밥과 반찬이 함께 나오는 일정식 레스토랑이다. 가라아게, 돼지고기 찜, 참치 회 등의 메인 요리에 반찬 2~3가지와 솥밥이 함께 나오는 정식은 1200~1600엔.

📍 시부야 파르코 지하 1층

시부야 스크램블 스퀘어 | 복합상업시설 | Shibuya Scramble Square

최근 시부야의 새로운 랜드마크로 부상된 복합상업시설. 시부야역과 직결되어 있으며, 지하 1층부터 14층까지는 쇼핑몰이, 14~45층에는 오피스, 그리고 최상층인 45층에는 시부야에서 최근 가장 핫한 전망대 시부야 스카이가 있다. 쇼핑몰에는 지방시, 발렌시아가 같은 명품부터 마리메코, 저널 스탠드, 유나이티드 애로우, 컨버스, 나카가와정칠 상점 등 친숙한 브랜드도 다수 입점해 있다.

📍 JR시부야渋谷역에서 도보 1분　🕐 10:00-22:00(매장마다 다름), 비정기 휴무　🏠 東京都渋谷区渋谷2-24-12

시부야 스카이 | 전망대 | Shibuya Sky

229m 높이에서 360도 막힘없이 탁 트인 도쿄의 파노라마 뷰를 즐길 수 있는 전망대이다. 이 전망대의 가장 큰 매력은 옥상 전망 공간인 SKY STAGE로 투명 유리 벽 바로 앞까지 가면 눈앞에 도쿄 도심의 전망이 펼쳐지고 발아래로는 스크램블 교차로가 있어 도쿄의 전경을 생생하게 즐길 수 있다. 누워서 하늘을 보며 쉴 수 있는 클라우드 해먹도 인기이며 매일 19시부터 정각과 30분에는 하늘로 쏘아 올리는 빛의 향연, CROSSING LIGHT도 즐길 수 있다. 당일 티켓은 14층 매표소에서 구입할 수 있으나, 주말이나 일몰 시간에는 매진될 수도 있으므로, 미리 인터넷으로 티켓을 구입하는 것이 좋다.

📍 JR시부야渋谷역에서 도보 1분, 시부야 스크램블 스퀘어 14층　🕐 10:00-22:30, 비정기 휴무

¥ 성인 2500엔, 중·고등학생 2000엔, 초등학생 1200엔, 3~5세 700엔
　* 인터넷으로 구입 시 300엔 할인(www.shibuya-scramble-square.com/sky/ticket)

록시땅 카페 | 카페 | ロクシタンカフェ渋谷店

자연주의 코스메틱 브랜드 록시땅에서 운영하는 카페로 도쿄에서는 유일하게 시부야에만 있다. 1층은 숍이고 2~3층이 카페로 스크램블 교차로가 한눈에 보이는 멋진 뷰를 즐길 수 있다. 뷰가 좋은 창가 자리는 오픈런을 해야 하지만, 창가 좌석에 앉지 못하더라도 고급스러운 비주얼과 퀄리티의 메뉴만으로도 만족스럽다.

📍 JR시부야渋谷역 하치코 출구에서 도보 2분

🕐 10:00-23:00, 비정기 휴무

🏠 東京都渋谷区道玄坂2-3-1 渋谷駅前ビル 2-3F

타워 레코드 | 레코드숍 | タワーレコード渋谷店

다양한 음악 CD, 블루레이, DVD, 그리고 음악 관련 상품들을 판매하는 대형 레코드숍 체인점으로, 시부야 매장은 일본 내에서도 접근성, 규모 등으로 가장 인기 있는 곳이다. 관심 있는 일본 아티스트의 음반은 물론 한국 아이돌의 일본 한정판 CD를 구입할 수 있다.

📍 JR시부야渋谷역 하치코 출구에서 도보 5분

🕐 11:00-22:00, 비정기 휴무

🏠 東京都渋谷区神南1-22-14

시부야 스트림 | 복합상업시설 | 渋谷ストリーム

시부야역에 바로 연결된 35층의 복합시설로, 1~4층에는 딘앤델루카 카페를 비롯한 레스토랑과 카페가 고층에는 호텔이 있다. 시부야 스트림 주변의 시부야 강을 따라 조성된 산책로 시부야 리버 스트리트에서 도심 속 여유를 즐길 수도 있다.

📍 JR시부야渋谷역에서 도보 3분

🕐 10:00-21:00(매장마다 다름), 1월 1일 휴무

🏠 東京都渋谷区渋谷3-21-3

오니츠카 타이거 | 패션 | Onitsuka Tiger

1949년 설립된 일본 스포츠 패션 브랜드로 전통적인 운동화에 현대적인 감각을 접목시킨 디자인으로 큰 인기를 얻고 있다. 한국보다 훨씬 저렴할 뿐 아니라 한국에 수입되지 않는 모델의 제품도 있으니 관심이 있다면 한번 들러보자. 시부야에만 3군데 매장이 있다.

📍 JR시부야渋谷역 하치코 출구에서 도보 5분

🕐 11:00-20:00, 비정기 휴무

🏠 東京都渋谷区神南1-21-3 渋谷神南共同ビル 1-2F

메가 돈키호테
| 디스카운트 스토어 | **MEGAドン・キホーテ渋谷本店**

기존의 돈키호테가 창고형 디스카운트 스토어라는 느낌이 강했다면 메가 돈키호테는 대형 슈퍼의 이미지를 더했다고 할 수 있다. 여유로운 쇼핑 공간에 카테고리별로 깔끔하고 보기 좋게 디스플레이되어 있어 쾌적하게 쇼핑할 수 있다. 야채, 과일, 육류와 같은 신선 제품을 구입할 수 있다는 점도 다르다.

📍 JR시부야渋谷역 하치코 출구에서 도보 5분   ⏰ 24시간 영업, 연중무휴   🏠 東京都 渋谷区宇田川町28-6

• 돈키호테 쇼핑리스트 •

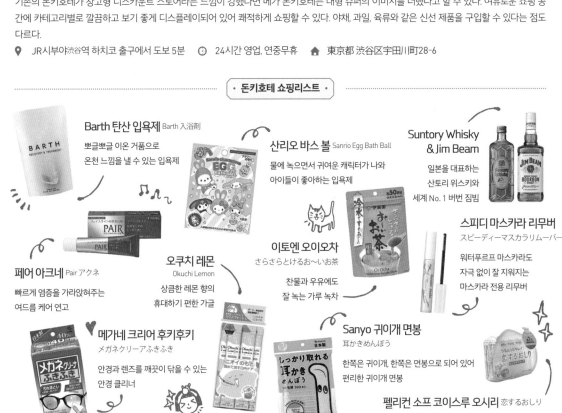

Barth 탄산 입욕제 Barth 入浴剤
뽀글뽀글 이온 거품으로
온천 느낌을 낼 수 있는 입욕제

산리오 바스 볼 Sanrio Egg Bath Ball
물에 녹으면서 귀여운 캐릭터가 나와
아이들이 좋아하는 입욕제

Suntory Whisky & Jim Beam
일본을 대표하는
산토리 위스키와
세계 No. 1 버번 짐빔

스피디 마스카라 리무버
スピーディーマスカラリムーバー
워터푸르프 마스카라도
자극 없이 잘 지워지는
마스카라 전용 리무버

이토엔 오이오차
さらさらとけるお〜いお茶
찬물과 우유에도
잘 녹는 가루 녹차

페어 아크네 Pair アクネ
빠르게 염증을 가라앉혀주는
여드름 케어 연고

오쿠치 레몬
Okuchi Lemon
상큼한 레몬 향의
휴대하기 편한 가글

메가네 크리어 후키후키
メガネクリアふきふき
안경과 렌즈를 깨끗이 닦을 수 있는
안경 클리너

Sanyo 귀이개 면봉
耳かきめんぼう
한쪽은 귀이개, 한쪽은 면봉으로 되어 있어
편리한 귀이개 면봉

펠리컨 소프 코이스루 오시리 恋するおしり
꿀과 알로에가 들어 있는 히프 케어 비누

토리타케 | 꼬치구이 |

鶏竹総本店

시부야 역 바로 앞에 자리한 닭꼬치 전문점으로, 가장 인기인 소스가 진하게 배어 있는 각종 닭꼬치는 1개 333엔부터 장어도시락(시가)도 인기다. 술안주 이외에도 야키토리 도시락やき鳥丼(1380엔), 치킨라이스(938엔) 등의 식사 메뉴도 있다.

- JR시부야渋谷역 하치코 출구에서 도보 3분
- 14:00-23:30, 연중무휴
- 東京都渋谷区道玄坂1-6-1

토리카츠 치킨 | 튀김 |

TORIKATSU CHICKEN とりかつチキン

1975년에 오픈한 곳으로, 엄마가 해준 것처럼 소박하지만 맛있는 튀김 정식을 맛볼 수 있다. 20여 종의 튀김 중 원하는 튀김을 고를 수 있는 정식이 대표메뉴. 튀김 2종류 선택은 800엔, 3종류 선택은 1000엔이다. 닭, 햄, 고로케 튀김 3가지 종류의 인기정식은 800엔이다.

- JR시부야渋谷역 하치코 출구에서 도보 6분
- 11:00-15:00, 17:00-21:00(토요일은 20:00까지), 일요일, 공휴일 휴무
- 東京都渋谷区道玄坂2-16-19 都路ビル 2F

무루기 | 카레 |

ムルギー

1951년 오픈한 카레전문점으로 70년 넘게 이어올 만큼 이 동네 맛집이다. 메뉴는 하야시 카레, 무루기 카레, 달걀 토핑의 무루기 카레 3종류뿐(1150~1300엔)이며, 치즈, 계란 등의 토핑을 추가할 수 있다. 런치만 운영하며, 현금 결제만 가능하다.

- JR시부야渋谷역에서 도보 6분
- 11:30-15:00, 금요일, 공휴일 휴무
- 東京都渋谷区道玄坂2-19-2

카이카야 | 해산물 | Kaikaya 開花屋

신선한 회와 제법 근사한 생선요리를 먹을 수 있는 해산물 레스토랑이다. 모둠회(2400엔부터), 생선 구이(2800엔), 해산물 카르파초海鮮カルパッチョ(1400엔) 등 생선을 메인으로 한 다양한 요리를 안주로 가볍게 술을 즐길 수 있다. 주말 방문은 미리 예약을 해야 하며 예약은 전화(+81-3-3770-0878)로만 받는다.

- JR시부야渋谷역 하치코 출구에서 도보 10분
- 17:00-22:30, 수요일 휴무
- 東京都渋谷区円山町23-7 星野円山ビル1F

도쿄 겐쿄 | 카페 | Tokyo Kenkyo

시부야 중심부에서 조금 벗어난 한적한 거리에 자리한 카페. 두툼한 돼지고기 히레가츠가 들어간 샌드위치(極厚の豚ヒレサンド, 1580엔), 수제 바질 소스가 들어간 계란 샌드위치(自家製バジルソースのたまごサンド, 1080엔) 등이 유명하다. 아침 8시부터 오픈하기 때문에 아침을 즐기기에도 좋다.

- JR시부야渋谷역 서쪽 출구에서 도보 10분
- 08:00-18:00, 월요일, 두번째 화요일 휴무
- 東京都渋谷区南平台町7-9 2F

시로이치 | 아이스크림 | Shiroichi

유지방 40% 이상의 생우유만으로 만든 아이스크림 가게로, 일본 방송에도 여러 차례 소개되어 극찬을 받은 곳이다. 우유 맛이 풍부한 아이스크림은 완성되고 10초 뒤에 먹는 것이 가장 맛있다고 해서, 테이블에 잠시 두었다가 내어준다. 시간이 지나면서 겉은 셔벗처럼 아삭해지고, 속은 부드러운 2가지 느낌으로 즐길 수 있어 더욱 인기인 내추럴 아이스는 580엔.

- JR시부야渋谷역 하치코 출구에서 도보 12분
- 11:00-20:00, 비정기 휴무
- 東京都渋谷区神南1-7-7 ANDOS Ⅱ ビル 1

SHIBUYA SPECIAL

시부야에서 모두 만날 수 있는 인기 캐릭터 숍

이제 더 이상 인기 애니메이션, 코믹, 게임의 캐릭터 굿즈를 사기 위해 여기저기 발품 팔지 않아도 된다. 시부야의 파르코와 몇 곳만 더 들르면 원하는 아이템을 모두 살 수 있다. 특히 새로 오픈한 파르코 6층에는 캐릭터 숍이 모두 모여 있어 한 번에 둘러볼 수 있어 편리하다.

JUMP SHOP ジャンプショップ渋谷店

인기 코믹 주간지 '소년 점프'를 출판하는 슈에이샤集英社의 공식 캐릭터 숍으로, 'ONE PIECE', '나의 히어로 아카데미아' 등 '소년 점프'에 현재 연재 중이거나 연재되었던 다양한 인기 작품의 캐릭터 굿즈를 만날 수 있다. 다른 캐릭터 숍에서는 구입할 수 없는 점프 숍 한정 아이템도 갖추고 있다

📍 시부야 파르코 6층　🕐 11:00-21:00

포켓몬 센터 ポケモンセンターシブヤ

오랜 역사만큼이나 폭넓은 연령대의 사랑을 받는 포켓몬 캐릭터 숍이다. 1세대 캐릭터인 피카츄부터 최신 캐릭터까지 다양한 굿즈를 만날 수 있다.

📍 시부야 파르코 6층　🕐 11:00-21:00

Nintendo TOKYO ニンテンドートウキョウ

일본 최초 닌텐도 직영 공식 숍으로, 게임기 본체와 소프트 그리고 마리오 시리즈에 등장하는 캐릭터들의 다양한 굿즈를 판매한다. 혼잡한 주말에는 번호표를 받아 웨이팅 후 입장할 수 있으므로, 방문 예정이라면 주말은 피하는 것이 좋다.

📍 시부야 파르코 6층　🕐 11:00-21:00

시부야에서 모두 만날 수 있는 인기 캐릭터 숍

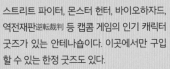

캡콤 스토어 도쿄
CAPCOM STORE TOKYO

스트리트 파이터, 몬스터 헌터, 바이오하자드, 역전재판逆転裁判 등 캡콤 게임의 인기 캐릭터 굿즈가 있는 안테나숍이다. 이곳에서만 구입할 수 있는 한정 굿즈도 있다.

📍 시부야 파르코 6층
🕐 11:00-21:00

디즈니 스토어
Disney Store

디즈니 캐릭터 상품 전문점으로, 디즈니 리조트까지 가지 않아도 디즈니 캐릭터 용품을 구입할 수 있어 인기이다. 1층의 What's New코너에는 신상품, 2층에는 문구나 액세서리, 소품, 3층에는 장난감, 봉제 인형 등이 있다.

📍 JR시부야渋谷역 하치코 출구에서 도보 3분
🕐 10:00-21:30, 비정기 휴무
🏠 東京都渋谷区宇田川町20-15ヒューマックスパビリオン渋谷公園通り

만다라케
Mandarake まんだらけ

만화 단행본 이외에도 만화영화 음악 CD, 비디오, 팬시 용품, 만화 작업 도구 등 애니메이션 관련 상품을 판매하는 일본 최대의 만화, 애니메이션 쇼핑몰. 중고지만 미개봉 상품도 많고 저렴한 가격에 원하는 물건을 구할 수 있어 좋다.

📍 JR시부야渋谷역 하치코 출구에서 도보 5분
🕐 12:00-20:00, 연중무휴
🏠 東京都渋谷区宇田川町31-2 渋谷BEAM B2F

애니메이트 アニメイト 渋谷店

비디오 게임, 만화, 애니메이션 관련 굿즈가 총망라되어 있는 캐릭터 숍으로, 주로 최근에 인기 있는 작품 위주로 셀렉트 되어 있다. 시부야 외에도 이케부쿠로, 신주쿠, 아키하바라, 기치조지 등 곳곳에 매장이 있다. 만다라케와 같은 건물에 있어 함께 돌아보기 좋다.

📍 JR시부야渋谷역 하치코 출구에서 도보 5분
🕐 11:00-21:00(토·일요일, 공휴일 11:00-20:00), 연중무휴
🏠 東京都渋谷区宇田川町31-2 渋谷BEAM 3F

원피스 무기와라 스토어 ONE PIECE 麦わらストア渋谷本店

인기 코믹 및 애니메이션 시리즈 원피스 전문 캐릭터 숍. 만화책부터 각종 캐릭터 굿즈까지 원피스 관련 모든 것이 총망라되어 있다. 주말이나 공휴일에는 번호표를 받아 웨이팅 후 입장이 가능하니, 가급적 평일에 가는 것이 좋다. 도쿄에는 시부야 본점과 이케부쿠로 2곳에 매장이 있다.

📍 JR시부야渋谷역에서 도보 1분, 마그넷 바이 시부야 109 6층
🕐 10:00-21:00
🏠 東京都渋谷区神南1-23-10 MAGNET by SHIBUYA109 6F

渋谷 시부야

NHK 스튜디오 파크

시로이치

루크스 랍스터

이노카시라도리 井の頭通り

스트리머 커피컴퍼니

도큐스토어

cocoti

투모로우랜드

미타케 공원

오르간자카 オルガン坂

도큐핸즈

PARCO

타워 레코드

이치란

미야시타 파크

프랑프랑

이치란

시부야 모디

만다라케

에니메이트

로프트

디즈니 스토어

오니츠카 타이거

세이부 백화점 B관

시부야 마루이

도큐백화점

회전초밥 카츠

세이부 백화점 A관

메가 돈키호테

센타 가이 センター街

시부야 츠타야

Magnet by 시부야109

우오베이

시부야109

록시땅 카페

원피스 무기와라 스토어

도코메트로 한조몬선

도코메트로 긴자선

무루기

하치코동상

히카리에

토리카츠 치킨

JR시부야 渋谷

시부야 스크램블 스퀘어

모야이상

시부야 스카이

다이도코야

마크시티

에프터눈 티 리빙

토리타케

스시노 미도리

스탠더드 프로덕트

츠케멘야 야스베에

파출소

시부야 스트림

규가츠 모토무라

카이카야 방면

OKUSHIBUYA

奥渋谷　오쿠시부야

언제나 많은 사람들로 붐비는 시부야의 골목 안쪽으로 들어가면 차분하고 조용한 분위기의 오쿠시부야와 마주하게 된다. 지금 도쿄에서 가장 핫한 곳으로 떠오르는 곳이다. 도쿄에 처음 문을 연 힙한 숍부터 커피 맛이 뛰어난 카페, 색깔 있는 서점까지 무심코 발을 멈추게 되는 매력적인 장소들로 가득하다. 시부야에 간다면 조금만 시야를 넓혀 오쿠시부야라는 새로운 동네도 함께 탐방해보는 것은 어떨까.

--------------------------------- THINGS TO DO ---------------------------------

• 오쿠시부야에서 꼭 해야 할 일 •

달걀말이가 일품! 카멜백 샌드위치
카멜백에서 달걀말이가 들어간 에그 오믈렛 샌드위치 먹기

SNS에서 봤던 그 분위기 있는 카페
하얀색 외관에 빨간 문양이 인상적인 푸글렌 카페에서 인증샷

빈티지 감성 카페 탐방
작지만 감성 넘치는 카페에서 깔끔한 라테 맛보기

MEALS에서 맛있는 식사
계절감 넘치는 예쁜 식기에 담겨 나오는 깔끔한 일식 즐기기

• 찾아가기 •

가까운 역 | 지하철 요요기코엔 또는 요요기하치만역 또는 JR 시부야 역에서 이동한다.

이용 노선 | 지하철은 도쿄메트로 치요다선, JR열차는 야마노테선 그 밖에 오다큐 오다와라선도 지난다.

요요기코엔 代々木公園 → 메트로 치요다선 2분 → 메이지진구마에 → 1분 → 오모테산도

신주쿠 → 오다큐 오다와라선, 5분 → 요요기하치만 代々木八幡

신주쿠 → JR야마노테선, 7분 → 시부야 渋谷

리틀냅 커피 스탠드 | 커피 | Little Nap COFFEE STAND

요요기 공원과 가까운 곳에 있는 작은 규모의 커피 스탠드. 카페의 외관부터 내부까지 빈티 지한 감성으로 가득하다. 저온 살균의 깔끔한 맛의 우유를 사용하는 커피 라테(450엔)가 인 기 메뉴. 카페 내부에는 좌석이 많지 않기 때문에 테이크아웃해 공원을 산책하며 커피를 마시는 것도 좋다.

📍 오다와라선 요요기하치만代々木八幡역 북쪽 출구에서 도보 4분

🕐 09:00-19:00, 비정기 휴무

🏠 東京都渋谷区代々木5-65-4

푸글렌 도쿄 | 커피 | FUGLEN TOKYO

새가 그려진 빨간색 로고가 눈에 띄는 푸글렌 은 커피 왕국으로도 알려진 북유럽 노르웨이 오슬로에 본점이 있는 카페. 1950-60년대에 만 들어진 노르웨이 빈티지 디자인의 가구들이 들어선 내부나 야외 좌석에서 맛있는 커피와 빵, 샌드위치를 즐길 수 있 다. 낮에는 카페로, 밤에는 칵테일 바로 운영된다.

📍 치요다선 요요기코엔代々木公園 역 2번 출구에서 도보 5분

🕐 **카페** 월·화요일 08:00-22:00, 수~금요일 08:00-19:00, 토·일요일 09:00-19:00 **바** 수·목요일 19:00-01:00, 금·토요일 19:00-02:00, 일요일 19:00-24:00

🏠 東京都渋谷区富ケ谷1-16-11 1F

모노클숍도쿄

| 잡화 | **THE MONOCLE SHOP TOKYO**

세계적으로 유명한 런던의 라이프스타일 잡지 모노클에서 운영하는 숍으로, 모노클에서 발행하는 최신의 잡지와 여행 가이드북을 비롯해 모노클 오리지널 남성 의류와 잡화를 판매한다. 꼼데가르송이나 포터, 리모아, 매킨토시와 같은 여러 브랜드와의 협업 제품 라인업도 있어 볼거리가 풍성하다.

- 📍 치요다선 요요기코엔代々木公園 역 2번 출구에서 도보 7분
- 🕐 12:00-19:00 (일요일 12:00-18:00)
- 🏠 東京都渋谷区富ヶ谷1-19-2 ルナロッサ渋谷1F

시부야치즈스탠드

| 치즈 | **SHIBUYA CHEESE STAND**

'도시에서 즐기는 신선한 치즈'를 컨셉트로 한 카페로, 음식에 사용하는 치즈는 매일 가게에서 만들고 있으며 첨가물을 일절 사용하지 않아 안심하고 먹을 수 있다. 치즈 플레이트나 피자, 샌드위치 등 모든 메뉴에 치즈를 아낌없이 넣어 치즈 마니아들이 즐겨 찾는다.

- 📍 치요다선 요요기코엔代々木公園 역 2번 출구에서 도보 10분
- 🕐 12:00-22:00, 월요일 휴무, 연말연시 휴무
- 🏠 東京都渋谷区神山町5-8 ステラハイム神山1F

커피 슈프림 도쿄

| 커피 | **Coffee Supreme Tokyo**

뉴질랜드에 본사를 두고 있는 커피 로스터 회사의 일본 첫번째 지점. 내부는 바리스타가 커피를 만드는 과정을 바로 볼 수 있는 카운터 석으로 되어 있다. 추천 메뉴는 부드러운 맛의 뉴질랜드 스타일의 카페 라테 플랫 화이트(580엔). 원두와 브랜드 컬러인 빨간색이 도드라진 오리지널 굿즈도 판매한다.

- 📍 치요다선 요요기코엔代々木公園 역 2번 출구에서 도보 8분
- 🕐 08:00-17:00(토·일요일 09:00-18:00), 비정기 휴무
- 🏠 東京都渋谷区神山町42-3

카멜백 샌드위치 & 에스프레소

| 샌드위치 | **CAMELBACK sandwich & espresso**

커피 슈프림 재팬 바로 옆에 있는 카멜백은 일본 잡지에도 여러 차례 소개된 오쿠시부야의 유명 샌드위치 가게다. 달콤한 맛의 촉촉한 달걀말이가 들어간 에그오믈렛 샌드위치(450엔)가 간판 상품으로, 늦게 가면 품절되는 경우가 많아 오전에 서둘러 방문하는 것을 추천한다.

- 📍 치요다선 요요기코엔代々木公園 역 2번 출구에서 도보 9분
- 🕐 09:00-18:00, 비정기 휴무
- 🏠 東京都渋谷区神山町42-2

미니멀

| 초콜릿 | **Minimal**

전 세계에서 품질이 좋은 카카오 콩을 선별해 들여와 자체 공장에서 초콜릿을 직접 만들어 판매한다. 단맛보다는 카카오 본래의 맛을 살린 초콜릿은 그 향이 풍부하다. 시식을 통해 원하는 맛을 선택할 수 있어 좋고, 패키지에는 카카오의 종류 및 원산지 등 정보도 자세히 적혀 있다.

- 📍 치요다선 요요기코엔代々木公園 역 1번 출구에서 도보 8분
- 🕐 11:30-19:00
- 🏠 東京都渋谷区富ヶ谷2-1-9

시부야 퍼블리싱 & 북셀러

| 서점 | **SHIBUYA PUBLISHING & BOOKSELLERS**

빨간색 벽돌의 외관이 눈에 띄는 시부야 퍼블리싱 & 북셀러는 출판사와 서점이 융합된 독특한 서점이다. 가게 안쪽에 출판사의 오피스가 있으며 편집자가 고른 책들로 채워지기 때문에 일반 서점에서는 보기 힘든 책을 발견하는 재미가 있다. 책뿐만 아니라 잡화나 화장품, 액세서리도 판매하고 있다.

- 📍 치요다선 요요기코엔代々木公園 역 2번 출구에서 도보 10분
- 🕐 11:00-21:00, 비정기 휴무
- 🏠 東京都渋谷区神山町17-3

피폼펜 | 아시아 요리 | ピポンペン

베트남 요리를 비롯한 각국 아시아 요리를 먹을 수 있는 아시안 요리 전문점. 카운터에 진열된 음식 중 원하는 것을 주문하는 방식은 아시아 길거리의 포장마차를 떠오르게 하며, 실내 곳곳 인테리어도 아시아를 가득 담고 있다. 음식은 1000~1500엔 정도이다.

📍 치요다선 요요기코엔代々木公園역 4번 출구에서 도보 8분

🕐 11:30-15:00, 16:00-22:00, 월요일 휴무

🏠 東京都渋谷区神山町40-1 鈴井ビル 2F

Path | 카페 | パス

요요기 공원 근처의 레스토랑. 8시부터 이용할 수 있는 조식은 팬케이크, 샐러드, 샌드위치 등이 있다. 인기 메뉴는 생햄과 브라타 치즈를 올린 더치 팬케이크(1850엔). 주문이 들어가면 만들기 때문에 30분이라는 긴 시간을 기다려야 하는 점은 참고하자. 18시부터의 디너는 코스 단 1개로 가격은 9800엔이다.

📍 치요다선 요요기코엔代々木公園역 1번 출구에서 도보 2분

🕐 08:00-14:00, 18:00-23:00, 일요일 08:00-14:00, 화요일 18:00-23:00, 월요일 휴무

🏠 東京都渋谷区富ヶ谷1-44-2 A-FLAT 1F

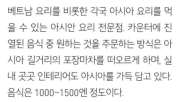

MEALS | 일정식 | ミールズ

스튜디오 엠 직영 레스토랑으로 메뉴는 계절에 어울리는 식기에 정갈하게 담겨 나오는 밥, 국, 반찬 3종류의 정식 2종류뿐이며 매달 새로운 메뉴로 바뀐다. 1층에 있는 숍 'DISHES'에서는 마루미츠 포테리 브랜드의 스튜디오 엠과 소보카이의 식기를 구입할 수 있다.

📍 치요다선 요요기코엔代々木公園역 4번 출구에서 도보 5분

🕐 11:30-18:30, 수요일 휴무

🏠 東京都渋谷区富ヶ谷1-17-5 2F

더 라테 도쿄
| 커피 | THE LATTE TOKYO

'INN'이라고 쓰여진 하얀색 입간판이 아니면 찾기 힘든 작은 테이크 아웃 전문점. 매일 한정된 양만 생산하는 도쿄 우유東京牛乳로 만든 도쿄 라테 (500엔)를 비롯해 다양한 음료를 함께 선보인다. 테이크 아웃 잔에 붙여주는 귀여운 스티커도 이 곳의 매력 포인트.

📍 치요다선 요요기코엔代々木公園 역 2번 출구에서 도보 8분

🕐 평일 08:00-19:00, 토·일요일, 공휴일 10:00-18:00

🏠 東京都渋谷区神山町3-3 T'S GREEN101

카페 로스트로
| 카페 | Cafe ROSTRO

커피 메뉴가 따로 없이 본인이 좋아하는 맛, 쓴맛과 산미, 향 등을 알려주면 전문 바리스타가 원두를 블렌딩해서 취향에 맞는 커피를 내려준다. 가게에 진열되어 있는 컵 중 원하는 컵을 고르는 것도 필수. 곁들여 먹을 수 있는 샌드위치나 베이글도 있다.

📍 치요다선 요요기코엔代々木公園역 4번 출구에서 도보 4분

🕐 08:00-20:00, 화요일 휴무

🏠 東京都渋谷区富ヶ谷1-14-20 サウスピア1F

프루미에메
| 레스토랑 | PREMIER MAI プルミエメ

'조금은 남다른 아침'을 콘셉트로 종일 조식 메뉴를 즐길 수 있는 레스토랑이다. 철판에 구운 토스트, 샐러드, 베이컨, 계란, 갓 내린 커피와 주스 등 럭셔리 호텔에서 만날 법한 근사한 조식이 고급스러운 식기에 플레이팅 되어 제공된다. 근사한 호텔 조식이 생각날 때 한번 들러보자.

📍 치요다선 요요기코엔代々木公園역 1번 출구에서 도보 1분

🕐 08:00-17:00, 수요일 휴무

🏠 東京都渋谷区富ヶ谷1-6-10 代々木公園ビル2F

코하루비요리 도쿄 | 커피 | 小春日和 TOKYO

파란 외관이 인상적인 자그마한 카페. 다양한 메뉴 가운데 11~15시 사이에 주문할 수 있는 런치메뉴 마메자라 정식(豆皿の定食, 1600엔)이 유명하다. 9가지 반찬과 밥, 미소시루가 함께 나오는 한 상으로 제철 식재료를 사용한 맛있는 식사를 할 수 있다.

📍 치요다선 요요기코엔代々木公園역 2번 출구에서 도보 1분
🕐 11:00-19:00, 비정기 휴무
🏠 東京都渋谷区富ヶ谷1-8-3 志田ビル1F

암스 버거 | 햄버거 | ARMS PARK SIDE SHO

요요기 공원 근처에 있는 아담한 규모의 햄버거 집이다. 추천 메뉴는 암스 버거 오리지널의 아보카도 버섯 치즈 버거(1680엔)와 베이컨, 치킨, 아보카도, 치즈가 푸짐하게 들어간 클럽 하우스 샌드위치(1680엔). 매장은 작지만 통창을 열면 바로 앞으로 공원이 보여 탁 트인 개방감이 든다.

📍 오다와라선 요요기하치만代々木八幡역 북쪽 출구에서 도보 5분
🕐 11:00-20:30(토·일요일, 공휴일 08:00-20:30), 월요일 휴무
🏠 東京都渋谷区代々木5-64-7

HARAJUKU

原宿　하라주쿠

젊음과 유행의 상징, 하라주쿠의 역 동쪽으로는 10대들이 열광하는 다케시
타도리가, 서쪽으로는 메이지 신궁과 삼림이 우거진 요요기 공원이 자리한
다. 최신 유행의 흐름과 여유로운 도심 속 휴식 공간을 동시에 만날 수 있는
매력을 가진 곳이 하라주쿠다.

• 하라주쿠에서 꼭 해야 할 일 •

달콤한 크레페 맛보기
하라주쿠의 인기 간식거리인 크
레페를 먹고 인증샷 남기기

힙한 스트리트 패션 쇼핑
WEGO나 SUPREME과 같은 스
트리트 패션숍에서 쇼핑하기

메이지 신궁과 요요기 공원
울창한 숲이 우거진 메이지 신궁
과 요요기 공원에서 휴식

든든한 샌드위치 맛보기
랍스터 본연의 맛을 느낄 수 있는
든든한 해산물 샌드위치 먹기

캐릭터 천국, 키디랜드 구경
없는 거 없이 다 있는 캐릭터 천
국 키디랜드에서 아이쇼핑

넘버슈가의 수제 캐러멜 쇼핑
선물용으로도 좋은 적당한 단맛
의 넘버슈가 캐러멜 쇼핑

• 찾아가기 •

가까운 역 | JR하라주쿠역에서 메이지 신궁이나 다케시타도리 같은 대부분의 관광스폿으로 이동하며 하라주쿠역에서 지하보행통로로 연결되어 있는 도쿄메트로 메이지진구마에역은 라포레나 도큐플라자와 가깝다.

이용 노선 | JR열차는 야마노테선과 사이쿄선이 지난다. 지하철로 이동할 경우 도쿄메트로 치요다선과 후쿠토신선이 지나는 메이지진구마에역을 이용하면 된다.

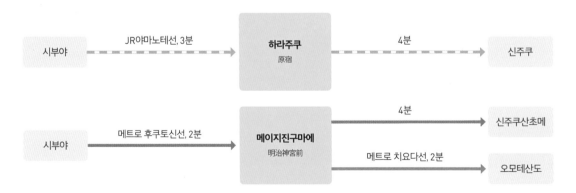

• 하라주쿠역 주변 •

메이지 신궁

| 신사 | **Meiji Jingu 明治神宮**

메이지 신궁은 메이지 천황과 부인인 소켄 황태후를 기리기 위해 1920년에 세워진 신사로, 메이지 천황은 조선 침략의 장본인이기 때문에 우리나라 여행객이 방문하기에 그리 유쾌한 곳은 아니지만, 울창한 자연림으로 조성되어 있어 삼림욕을 즐기며 잠시 쉬어가기에 좋다. 메이지 신궁에 바친 180개의 커다란 술통, 높이 12미터나 되는 일본 최대의 목조 도리이, 메이지 천황이 직접 디자인했다는 창포 화원이 유명하다. 창포는 6월 중순에 장관을 이룬다.

- JR하라주쿠原宿역 오모테산도 출구에서 도보 3분
- 일출부터 일몰까지(계절에 따라 바뀜), 연중무휴
- ¥ 무료
- 東京都渋谷区代々木神園町1-1

요요기 공원 | 공원 | Yoyogi Park 代々木公園

메이지 신궁과 NHK 스튜디오 파크 사이에 위치한 공원으로 7만 그루의 나무가 있는 삼림 공원, 작은 새들이 모여 사는 잔디 공원으로 구성되어 있다. 봄에는 벚꽃, 가을에는 노랗게 물드는 은행나무가 유명하며, 일요일이나 공휴일에는 비정기적으로 플리마켓이 열려 구경하는 재미가 쏠쏠하다.

- JR하라주쿠原宿역 오모테산도 출구에서 도보 3분
- 24시간 개방 ¥ 무료
- 東京都渋谷区代々木神園町2-1

위드 하라주쿠 | 쇼핑몰 | WITH HARAJUKU

모던하게 새 단장한 JR하라주쿠역 바로 앞에 위치한 쇼핑몰로 일본 최초 도심형 이케아 매장과 최신 트렌드를 눈으로 보고 구입할 수 있는 체험형 유니클로 매장, 스누피 캐릭터 카페 피너츠 카페 선 사이드, 시세이도가 운영하는 레스토랑 시세이도 팔러 등이 있다. 특히 이케아 매장에는 이케아 편의점과 레스토랑이 있어 스웨덴 식문화도 경험할 수 있다.

- JR하라주쿠原宿역 동쪽 출구에서 도보 1분
- 07:30-23:30(매장마다 다름)
- 東京都渋谷区神宮前1-14-30

· 다케시타도리 & 주변 ·

다케시타도리
| 명소 거리 | 竹下通り

JR하라주쿠역 다케시타 출구로 나가면 바로 보이는 거리로, 하라주쿠에서는 캣스트리트와 더불어 가장 유명한 거리다. 캣스트리트에는 세련된 숍이 많은 반면, 다케시타도리에는 10대 취향의 아기자기한 캐릭터숍, 액세서리, 의류숍들이 빼곡히 줄지어 있어 아이쇼핑만으로도 재미있는 곳이다.

📍 JR하라주쿠原宿역 다케시타 출구에서 도보 1분

마리온크레페
| 크레이프 | MARION CREPES

1976년 오픈 후 지금까지 한결 같은 인기를 자랑하는 크레이프 전문점으로, 달콤한 생크림에 색색의 과일을 담은 먹음직스러운 크레이프는 하라주쿠 인기 간식이다. 초콜릿, 바나나, 딸기, 팥 등 다양한 맛이 있어 선택이 즐겁다. 여름에는 아이스크림이 들어간 아이스 크레이프도 인기.

📍 JR하라주쿠原宿역 다케시타 출구에서 도보 2분

🕐 10:30-20:00, 비정기 휴무

🏠 東京都渋谷区神宮前1-6-15ジュネスビル1F

폼폼푸린 카페 | 캐릭터 카페 |
POMPOPMPURIN Café

산리오의 아이돌 캐릭터 폼폼푸린을 테마로 한 캐릭터 카페. 폼폼푸린의 테마 색인 노랑을 베이스로 한 카페 안은 온통 폼폼푸린으로 가득하다. 식사, 디저트, 음료 등 모든 메뉴도 폼폼푸린으로 데커레이션되어 있어 어른 아이 할 것 없이 보는 순간 즐거운 비명을 지른다.

📍 JR하라주쿠原宿역 다케시타 출구에서 도보 3분, CUTE CUBE HARAJUKU 3층

🕐 11:00-20:00, 연중무휴

🏠 東京都渋谷区神宮前1-7-1 CUTE CUBE HARAJUKU 3F

스폰티니
| 피자 | Pizzeria Spontini

1953년 밀라노에서 오픈한 피자 전문점으로, 밀라노에만 7개 매장을 가지고 있는 인기 피자리아의 일본지점이다. 피자 종류는 마르게리타(800엔)와 마리나라(750엔) 2가지며 1조각씩 판매하고 있다. 일반적인 이탈리언 화덕피자에 비해 도우가 두툼해서 한 조각으로 한 끼 식사가 충분하다.

📍 JR하라주쿠原宿역 오모테산도 출구에서 도보 2분

🕐 11:00-22:00, 비정기 휴무

🏠 東京都渋谷区神宮前1-10-37 CASCADE HARAJUKU 2F

도큐 플라자 | 쇼핑몰 |
TOKYU PLAZA OMOTESANDO HARAJUKU

라포레 하라주쿠와 함께 하라주쿠 패션을 리드하는 쇼핑몰로 라포레 하라주쿠가 캐주얼, 스트리트패션 브랜드가 주를 이룬다면 도큐 플라자에서는 2-30대의 패션 리더들을 위한 조금 더 고급스러운 브랜드와 라이프스타일숍, 잡화숍을 만날 수 있다. 야외정원이 있는 6층 루프 탑 스타벅스도 인기.

📍 JR하라주쿠原宿역 오모테산도 출구에서 도보 5분

🕐 11:00-20:00(6~7F 카페 & 캐주얼 다이닝 08:30-22:00), 비정기 휴무

🏠 東京都渋谷区神宮前4-30-3

라포레 | 쇼핑몰 |
ラフォーレ原宿

1978년 오픈한 하라주쿠의 랜드마크인 쇼핑몰로 도큐플라자, 오모테산도 힐즈와 함께 하라주쿠, 오모테산도의 패션 트랜드를 리드하고 있다. 신진 의류 브랜드와 젊은 크리에이터와 아티스트 브랜드가 주로 입점해 있으며, 잡화, 액세서리 등 다양한 매장이 있다.

📍 JR하라주쿠原宿역 오모테산도 출구에서 도보 5분

🕐 11:00-20:00

🏠 東京都渋谷区神宮前1-11-6

· 캣스트리트 & 주변 ·

캣스트리트

| 명소 거리 | **Cat Street** キャットストリート

개성적인 패션 아티스트들의 매장과 분위기 좋은 카페들이 모여 있는 곳으로 젊은 층에게 꾸준히 사랑 받는 패션 거리. 산책을 즐기는 기분으로 구경할 수 있다.

📍 JR하라주쿠原宿역 오모테산도 출구에서 도보 14분

키디랜드 | 캐릭터 | **KIDDY LAND**

1964년에 문을 연 완구점으로, 지하 1층부터 4층까지의 넓은 매장에 바비, 리카짱, 제니 등의 인형부터 겨울왕국, 미키 등의 디즈니 캐릭터 그리고 헬로키티, 포켓몬스터, 도라에몽 등의 일본 캐릭터까지 모든 캐릭터 상품이 모여 있다.

📍 JR하라주쿠原宿역 오모테산도 출구에서 도보 6분

🕐 11:00-21:00, 비정기 휴무

🏠 東京都渋谷区神宮前6-1-9

하라주쿠 교자로우 | 만두 | **Harajuku Gyoza-ro** 原宿餃子楼

깔끔한 일본식 교자를 맛볼 수 있는 교자 전문점으로, 교자를 안주 삼아 시원한 생맥주를 즐기려는 사람들로 늘 붐빈다. 군만두와 물만두, 부추와 마늘니ら, にんにく入り을 넣은 군만두와 물만두 등 4가지 종류의 만두가 있으며, 한 접시에 6개씩 담겨 있고 모두 340엔이다.

📍 JR하라주쿠原宿역 오모테산도 출구에서 도보 12분   🕐 11:30-22:30, 비정기 휴무   🏠 東京都渋谷区神宮前6-2-4

챠오 밤부 | 아시안 | chao! bamboo

컬러풀하고 적당히 지저분해 보이는 실내 분위기가 하라주쿠와 묘하게도 어울리는 오리엔탈 음식점으로, 한번 맛보면 반해버리는 중독성 강한 맛을 자랑한다. 베트남, 태국 등의 아시아 음식을 위주로 한 30종류 정도의 메뉴가 있으며 인도네시아의 볶음밥 나시고렝, 매운맛의 절정인 타이완 라면 등이 인기.

- 📍 JR하라주쿠原宿역 오모테산도 출구에서 도보 12분
- 🕐 11:00-23:00, 1월 1~2일 휴무
- 🏠 東京都渋谷区神宮前6-1-5

루크스 랍스터 | 샌드위치 |

LUKE'S LOBSTER 表参道キャットストリート店

뉴욕 랍스터 롤 전문점 루크스의 하라주쿠점으로, 신선한 해산물 샌드위치와 크래프트 비어를 세련된 분위기에서 맛볼 수 있다. 버터에 바삭하게 구워 낸 빵에 심플한 양념으로 랍스터 본연의 맛을 살려낸 맛이 일품이다. 시부야와 신주쿠에도 매장이 있다.

- 📍 JR하라주쿠原宿역 오모테산도 출구에서 도보 14분
- 🕐 11:00-20:00, 비정기 휴무
- 🏠 東京都渋谷区神宮前5-25-4 BARCAビル 1F

넘버슈가 | 캐러멜 | NUMBER SUGAR

수제 캐러멜 전문점으로, 향료나 착색제 등을 넣지 않고 천연 재료를 이용해 매일 매장에서 만드는 이곳의 캐러멜은 입에 넣는 순간 사르르 녹는 부드러움이 특징이다. 바닐라, 솔트, 시나몬앤티, 초콜릿, 라즈베리, 오렌지필, 아몬드, 진저, 럼&레이즌, 커피의 10가지 종류는 No. 1부터 No. 10까지 숫자로 구별되어 포장지에 표시된다..

- 📍 JR하라주쿠原宿역 오모테산도 출구에서 도보 12분
- 🕐 11:00-19:00, 비정기 휴무
- 🏠 東京都渋谷区神宮前5-11-11

킨달 | 명품 중고숍 | kindal カインドオル 原宿店

일본 혹은 해외 명품 브랜드, 럭셔리 브랜드의 중고 의류, 가방, 액세서리, 신발 등을 취급하는 명품 중고 편집숍이다. 중고이지만 제품의 상태가 좋고 희귀품도 많아 가격은 비싼 편이다.

- 📍 JR하라주쿠原宿역에서 도보 6분, 로손 편의점 위층
- 🕐 11:00-20:00, 비정기 휴무
- 🏠 東京都渋谷区神宮前4-29-3 表参道ビル3F(ローソン上)

래그태그

| 빈티지 | **RAGTAG 原宿店**

패션 리사이클 및 중고 패션 아이템을 취급하는 빈티지 편집 숍이다. 럭셔리 브랜드부터 스트리트 웨어까지 다양한 스타일과 카테고리의 제품이 있으며, 특히 고급 브랜드의 명품 중고 제품을 저렴한 가격대에 구입할 수 있다. 시부야, 신주쿠, 시모키타자와 등에 매장이 있다.

📍 JR하라주쿠原宿역 오모테산도 출구에서 도보 8분
🕐 11:00-20:00, 연말연시 휴무
🏠 東京都渋谷区神宮前5-17-9ヒューリック神宮前 1~2F

수요일의 앨리스 도쿄

| 잡화 | **水曜日のアリス 東京**

'이상한 나라 앨리스'의 세계관을 모티브로 한 귀엽고 신비로운 분위기의 소품점으로, 체셔 고양이 모양의 쿠키, 트럼프 병사 액세서리, 티파티 토트백 등 앨리스를 모티브로 한 상품이 가득하다. 후쿠오카, 도쿄, 나고야 단 3곳에만 매장이 있다.

📍 JR하라주쿠原宿역에서 도보 5분
🕐 11:00-20:00, 비정기 휴무
🏠 東京都渋谷区神宮前6-28-3カノンビル

우라하라주쿠

| 명소거리 | **裏原宿**

하라주쿠의 메인 스트리트 메이지도리明治通り에서 한 블록 안쪽에 숨어 있는 하라주쿠도리原宿通り 일대를 우라하라주쿠라고 한다. 원래 주택가였던 곳이었으나 지금은 톡톡 튀는 숍과 카페들이 들어서 쇼핑과 거리 산책을 즐길 수 있는 명소가 되었다. 걷다 보면 오모테산도를 건너 캣스트리트와 연결된다.

📍 JR하라주쿠原宿역 오모테산도 출구에서 도보 7분

사쿠라테이

| 몬자야키 | **Sakura Tei さくら亭**

우라하라주쿠裏原宿의 디자인 페스타 갤러리The Design Festa Gallery 옆에 자리한 오코노미야키와 몬자야키 전문점으로, 개성 강한 벽화, 재미있는 아트 작품들을 볼 수 있다. 사진이 들어간 친절한 설명서를 보며 오코노미야키와 몬자야키를 직접 만들어 먹는 재미도 쏠쏠하다. 90분 한정 무제한 런치뷔페食べ放題(1600엔)가 인기.

📍 JR하라주쿠原宿역 다케시타 출구에서 도보 8분
🕐 11:00-23:00 (점심 11:00-15:00), 연중무휴
🏠 東京都渋谷区神宮前3-20-1

OMOTESANDO & AOYAMA

表参道＆青山　오모테산도 & 아오야마

메이지 신궁 맞은편에서 시작해 아오야마까지 약 1킬로미터 정도 이어지는 거리는 넓은 보도에 느티나무 가로수가 줄지어 있고 아르마니, 샤넬, 디올, 루이비통 등 고급 브랜드의 상점들과 운치 있는 카페들이 늘어서 있어 산책하거나 쇼핑을 즐기기에 좋다. 또한 미술관과 세계 각국의 유명한 레스토랑이 모여 있는 아오야마는 서울의 청담동과 같은 느낌으로, 두 지역 모두 이국적 볼거리가 많아 드라마나 영화에 많이 등장하는 곳이기도 하다.

· 오모테산도에서 꼭 해야 할 일 ·

오모테산도 힐즈 구경하기
유명 건축가 안도 타다오가 설계
한 오모테산도 힐즈 구경

히구마 도너츠, 간식 타임
맛있는 도너츠 & 커피, 환상 조합
으로 즐기는 간식

모마 디자인 스토어 체크
뉴욕 현대미술관 모마의 디자인
스토어에서 아이 쇼핑

소문난 돈가스 맛집에서 점심
도쿄의 돈가스 맛집으로 유명한
마이센에서 점심식사

정원 미술관의 우아한 시간
아름다운 정원으로도 유명한 네
즈미술관에서의 여유 만끽

아는 사람만 아는 커피 맛집
골목 안쪽의 커피숍 KOFFEE
MAMEYA에서 커피 한잔.

· 찾아가기 ·

가까운 역 | 지하철 오모테산도역 또는 메이지진구마에역에서 이동하면 된다. 오모테산도 힐즈는 오모테산도역 A2 출구에서, 쇼핑몰 자이르 GYRE는 오모테산도역 A1 출구에서 가깝다.

이용 노선 | 지하철 오모테산도역으로는 도쿄메트로 긴자선, 치요다선, 한조몬선이, 메이지진구마에역으로는 후쿠토신선과 치요다선이 지난다.

시부야 — 메트로 한조몬선, 2분 → 오모테산도 表参道 — 23분 → 키요스미시라카와

시부야 — 메트로 긴자선, 2분 → 오모테산도 — 13분 → 긴자

메이지진구마에 — 메트로 치요다선, 1분 → 오모테산도 — 11분 → 히비야

오모테산도힐즈 | 쇼핑몰 | Omotesando Hills 表参道ヒルズ

세계적 건축가 안도 타다오가 설계를 맡아 개점 전부터 화제가 되었던 곳이다. 오모테산도의 경사도에 맞춰 설계한 건물에는 유명 브랜드 매장과 다양한 레스토랑, 카페가 가득하다. 건축에 관심이 있다면 꼭 가봐야 할 곳이다.

- 📍 긴자선 오모테산도表参道역 A2 출구에서 도보 2분 🕐 11:00-22:30(레스토랑 11:00-23:30, 카페 11:00-20:00), 비정기 휴무
- 🏠 東京都渋谷区神宮前4-12-10

모마 디자인 스토어 | 디자인숍 |
MoMA Design Store

뉴욕 현대미술관 모마의 디자인 스토어가 세계 최초로 오픈한 해외 매장이다. 가구, 문구, 잡화 등 1800여 점을 갖추고 있는데, 전 세계에서 선별된 제품을 모마 시니어 관장의 눈으로 엄선했기 때문에 제품 하나하나의 디자인이 보장할 만하다.

- 📍 긴자선 한조몬선 오모테산도表参道역 A1 출구에서 도보 7분
- 🕐 11:00-20:00, 비정기 휴무
- 🏠 東京都渋谷区神宮前5-10-1 GYRE 3F

Higuma Doughnuts x Coffee Wrights | 카페 |

홋카이도 출신 오너가 운영하는 오모테산도의 인기 도넛 가게다. 엄선한 홋카이도 산 원재료만을 사용하여 만든 도넛은 플레인, 슈거, 라즈베리, 허니 마스카포네 등의 여러 종류가 있다. 1개 300~400엔, 6개 세트는 2000엔. 도넛과 잘 어울리는 커피와 티도 준비되어 있다.

- 📍 긴자선 오모테산도表参道역 A2 출구에서 도보 4분
- 🕐 11:00-18:00(제품 소진 시 영업 종료), 수요일 휴무
- 🏠 東京都渋谷区神宮前4-9-13 ミナガワ ビレッジ#5

우라산도 가든 | 레스토랑 & 카페 |
裏参道ガーデン

1947년 지어진 고민가를 리노베이트해서 운영하는 카페로 일본의 먹거리와 문화를 오감으로 즐길 수 있는 공간이다. 1층에는 일본 전통을 테마로 한 와카페和Café 4개가 있으며 2층에서는 수시로 다양한 이벤트가 개최된다. 교토의 우지차를 이용한 디저트를 판매하는 우지엔宇治園, 단고 등 전통적인 일본 디저트를 판매하는 아마미 클럽甘CLUB 등이 인기.

- 📍 긴자선 오모테산도表参道역 A2 출구에서 도보 7분
- 🕐 12:00-18:00(매장마다 다름), 비정기 휴무
- 🏠 東京都渋谷区神宮前4-15-2

네즈 미술관 | 미술관 | Nezu Museum 根津美術館

토부 철도의 사장이었던 네즈 가이치로가 수집한 고미술품을 전시한 사립 미술관. 넓고 아름다운 정원과 카페와 숍 등이 함께 있어서 여행 중에 쉬어가기에도 좋다. 회화, 도예, 조각 등 전시되어 있는 동양 고미술품 가운데 사리탑, 아미타여래도, 고려 다완, 조선 청자 같은 우리나라 문화재도 다수 포함되어 있다.

🔗 긴자선 오모테산도表参道역 A5 출구에서 도보 8분　🕐 10:00-17:00, 월요일 휴관, 비정기 휴관

¥ 성인 1400엔, 고등학생 1100엔 (특별전 성인 1600엔, 고등학생 1300엔), 초·중학생 무료　🏠 東京都港区南青山6-5-1

스파이럴 | 쇼핑몰 |
spiral

갤러리와 레코드숍, 카페, 잡화 매장이 들어선, 문화와 쇼핑을 접목시킨 아오야마의 상징적 건물이다. 유행을 타지 않는 심플한 콘셉트의 문구, 식기, 인테리어 소품 등이 있는 스파이럴 마켓과 자체 선정한 음반 코너로 유명한 스파이럴 레코드가 인기. 베이직한 스타일의 도쿄를 엿볼 수 있는 곳이다.

🔗 긴자선 오모테산도表参道역 B1, B3 출구에서 도보 1분

🕐 11:00-20:00, 연중무휴

🏠 東京都港区南青山5-6-23

쇼조 커피 | 카페 |
SHOZO COFFEE STORE

도치기현에서 도쿄로 진출, 커피 맛 하나로 인기를 얻고 있는 곳이다. 커피와 함께 스콘, 마들렌, 파운드 케이크 등도 판매하고 있다. 가게가 작아 테이크아웃이 편하다.

🔗 긴자선 오모테산도表参道역 B2 출구에서 도보 2분

🕐 09:30-18:00(토·일요일, 공휴일 11:30-18:00), 연중 무휴

🏠 東京都港区南青山3-10-15 1F

에이투젯카페
| 카페 | A to Z Café

요시토모 나라의 독특한 감각을 느낄 수 있는 카페. 조금은 심술궂은 듯한 얼굴을 한 요시토모 나라 특유의 일러스트를 보며 쉴 수 있다. 커피와 디저트 이외에도 식사 메뉴도 있다. 밥, 수프, 메인 요리, 음료가 포함된 세트는 1300엔이다.

🔗 긴자선 오모테산도表参道역 B1 출구에서 도보 2분

🕐 11:30-21:00, 12월 31일-1월 2일 휴무

🏠 東京都港区南青山5-8-3 equboビル 5F

틴틴숍 | 캐릭터 | THE TINTIN SHOP TOKYO

1929년 1월 벨기에 신문에 처음 연재된 후, 큰 사랑을 얻고 있는 '틴틴'의 캐릭터 숍으로 피규어, 티셔츠, 문구 등 다양한 틴틴 캐릭터 상품이 있다. 도쿄 내 유일한 직영점이며, 일본 내에서도 하독 선장의 실물 피규어를 만날 수 있는 곳은 이곳뿐이다.

- 📍 후쿠토신선 메이지진구마에明治神宮前역 4번 출구에서 도보 5분
- 🕐 11:00-19:00, 비정기 휴무
- 🏠 東京都渋谷区神宮前5-12-12 J-Wing Left 1F

곤트란 쉐리에 | 베이커리 | ゴントランシェリエ青山店

전 세계적으로 유명한 프랑스의 인기 베이커리 셰프 곤트란 쉐리에의 베이커리 도쿄 1호점이다. 일본 고유 식재료를 사용한 빵도 선보이고 있는 점이 특색이며, 가장 인기 있는 빵은 단연 크로와상이다. 신주쿠, 메구로에도 매장이 있으나 카페 공간이 있는 곳은 아오야마뿐이다.

- 📍 긴자선 오모테산도表参道역 B2 출구에서 도보 5분
- 🕐 07:30-19:30
- 🏠 東京都渋谷区神宮前5-51-8 ラ·ポルト青山1F-2F

나나야아오야마 | 아이스크림 | ななや青山店

'세계에서 가장 진한 녹차 젤라토'로 유명한 시즈오카의 녹차 디저트 팩토리 나나야의 도쿄 매장으로 시즈오카의 고급 말차를 아낌없이 사용한 7단계 농도의 말차 젤라토가 유명하다. 이 밖에도 7가지 맛의 녹차 초콜릿이 들어 있는 초콜릿 세트 PREMIUM MATCHA 7도 인기. 도쿄에는 매장이 이곳 한 곳뿐이다.

- 📍 JR시부야渋谷역에서 도보 9분
- 🕐 11:00-19:00, 화요일 휴무
- 🏠 東京都渋谷区渋谷2-7-12 1F

1LDK 아오야마 | 편집숍 | 1LDK AOYAMA

아파트, 창고 등 공간을 테마로 한 편집숍이다. 미니멀하고 깔끔한 내부는 높은 천정으로 탁 트인 개방감을 주며, 공간을 아낌없이 활용하면서도 세련되게 상품이 전시되어 있다. 쇼핑뿐 아니라 멋진 숍 인테리어와 디스플레이를 보는 것도 즐겁다.

- 📍 긴자선 오모테산도表参道역 B2 출구에서 도보 5분
- 🕐 13:00-19:00, 비정기 휴무
- 🏠 東京都渋谷区神宮前5-47-11 青山学院アスタジオ 1F

原宿&表参道 하라주쿠&오모테산도

쿠키타임

메이지신궁

도고신사

카모

다 케 시 타 도 리

마리온 크레페

위고

빔스+

브람스도리 ブラームス通り

CUTE CUBE
HARAJUKU

빔스

JR하라주쿠
原宿

위드 하라주쿠

폼폼푸린 카페

요요기공원

스폰티니

스투시

네이버후드

우키요에
오오타 기념 미술관

슈프림

레인보우
팬케이크

라포레

도큐플라자

킥스 랩

에그스앤띵스

메이지진구마에
明治神宮前

킨달

국립 요요기 경기장

스노피크

키디랜드

하라주쿠 교자로우

GYRE

수요일의 앨리스 도쿄

챠오 밤부

모마 디자인 스토어

멘치라시

넘버 슈가

틴틴숍

래그태그

더 로스터리

루크스 랍스터

저널 스탠더드

타마와라이

시부야 방면 ↓

스T
스 보이

유나이티드 애로우즈

사쿠라테이

하라주쿠

베이프

오모테산도 힐즈

가이엔마에
外苑前

도쿄메트로 긴자선
도쿄메트로 한조문선

라테스트　빵토 에스프렛소

우라산도 가든
커피 마메야

돈가스 마이센

시아와세 팬케이크
Higuma Doughnuts × Coffee Wrights

플라잉타이거 코펜하겐

靑山通り
아오야마도리

오모테산도
表参道

ZARA HOME

블루보틀커피

히가시야만

카페 키츠네
메종 키츠네

도쿄메트로 치요다선

쇼조 커피

토라야 앙
스탠드

스파이럴

OK 아오야마

피에르 에르메 파리 아오야마

곤트란쉐리에

에이 투 젯 카페

네즈 미술관

EBISU

恵比寿　에비스

도쿄에서 가장 살고 싶은 동네로 항상 꼽히는 에비스는 JR과 지하철을 통해 신주쿠, 오다이바 등 도쿄 곳곳과 연결되고 시부야, 다이칸야마까지 도보로도 이동할 수 있는 최상의 입지를 자랑한다. 에비스역 동쪽은 에비스 가든 플레이스와 같은 고층의 화려한 건물과 레스토랑, 상점이 있고 역 서쪽은 줄을 서서 먹는 라멘집과 서민적인 선술집이 있는 소박한 거리 풍경을 볼 수 있어 상반된 모습을 비교해보는 재미가 있다.

· 에비스에서 꼭 해야 할 일 ·

에비스 가든 플레이스 구경
다채로운 시설이 모여 있는 에비스 가든 플레이스 둘러보기

도쿄도 사진 미술관 방문
사진과 영상의 모든 것을 볼 수 있는 전문 미술관 들러보기

에비스 맥주 기념관 견학
맥주의 역사를 살펴보고 에비스 맥주를 골라 시음해보기

점심은 쇼다이에서
감자와 생크림으로 만든 크림카레 우동으로 맛있는 점심

매일 만드는 아이스크림 맛집
일본 전통방식의 신선한 아이스크림 맛보기

아기자기 주방용품 쇼핑
해외 마르쉐 같은 분위기의 숍에서 내 맘에 쏙 드는 주방용품 픽!

· 찾아가기 ·

가까운 역 │ JR에비스역에서 이동한다. 에비스 맥주기념관이 있는 에비스 가든 플레이스는 역 동쪽 출구와 가깝다.

이용 노선 │ JR열차는 야마노테선, 사이쿄선, 지하철은 도쿄메트로 히비야선이 지난다.

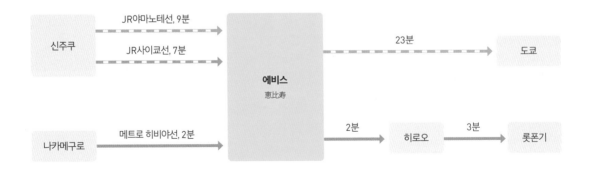

에비스 가든 플레이스 | 복합상업시설 |

Ebisu Garden Place 恵比寿ガーデンプレイス

1994년 삿포로 맥주 에비스 공장 자리에 탄생한 복합 시설로, 미츠코시 백화점, 도쿄도 사진 미술관, 에비스 가든 시네마, 레스토랑, 웨스틴 호텔 등 다채로운 시설이 모여 있다. 밤에는 가로등과 조명이 켜져 로맨틱한 분위기를 연출하는데, 특히 크리스마스 시즌의 환상적이고 아름다운 일루미네이션은 일본 내에서도 유명하다.

📍 JR에비스恵比寿역 동쪽 출구에서 스카이워크로 도보 5분
🕐 11:00-20:00(매장마다 다름)
🏠 東京都渋谷区恵比寿4-20

도쿄도 사진 미술관 | 미술관 |

Tokyo Photographic Art Museum 東京都写真美術館

1990년 개관한 사진과 영상에 관한 종합적인 전문 미술관으로, 4층 도서관에는 세계적으로 유명한 작가의 사진집이나 다양한 관련 자료와 책을 구비하고 있어 사진 전공자들이 많이 찾는다. 1층에 있는 시네마 홀에서는 미술관에서 엄선한 예술영화를 상영한다. 사진에 관심이 있는 사람이면 들러보도록 하자.

📍 JR에비스恵比寿역 동쪽 출구에서 스카이워크로 도보 7분
🕐 10:00-18:00(목·금요일-20:00), 월요일, 연말연시 휴관
¥ 전시회에 따라 다름   @ topmuseum.jp
🏠 東京都目黒区三田1-13-3 恵比寿ガーデンプレイス内

에비스 브루어리 도쿄 | 기념관 |

YEBISU BREWERY TOKYO

메이지 초기부터 100년에 걸친 맥주의 자료와 정보를 볼 수 있는 기념관이다. 시간적 여유가 있다면 투어 YEBISU the JOURNEY(홈페이지 사전예약 필수)에 참가해보는 것을 추천한다. 요금에는 맥주 시음(미성년자는 소프트드링크)이 포함되어 있다. 투어에 참가하지 않아도 유료로 에비스 맥주 시음이 가능하다.

📍 JR에비스恵比寿역 동쪽 출구에서 스카이워 크로 도보 5분
🕐 11:00-19:00, 화요일, 연말연시 휴관
¥ 무료 | 투어 성인 1800엔, 중학생 이상 ~20세 미만 900엔, 초등학생 이하 무료
@ www.sapporobeer.jp/brewery/y_ museum/
🏠 東京都渋谷区恵比寿4-20-1 恵比寿ガー デンプレイス内

블루실 아이스크림

| 아이스크림 | BLUE SEAL

오키나와의 대표 아이스크림 브랜드 블루실의
도쿄 에비스 가든플레이스 지점. 오키나와산
재료인 자색 고구마 베니이모紅イモ와 오키나
와의 명물인 소금 쿠키 시오친스코우塩ちんす
こう가 인기다. 레귤러 싱글 420엔, 레귤러 더
블 680엔.

📍 JR에비스恵比寿역 동쪽 출구에서 스카이워
크로 도보 5분

🕐 11:00-22:00, 비정기 휴무

🏠 東京都渋谷区恵比寿4-20-5 恵比寿ガー
デンプレイスエントランスパビリオン棟

오레노 베이커리

| 베이커리 | 俺のBakery 恵比寿

오레노의 베이커리 브랜드로 엄선된 재료로
만든 빵을 판매한다. 식빵, 샌드위치를 비롯한
다양한 빵이 있으나, 가장 인기 있는 것은 긴자
식빵~향~銀座の食パン~香~으로 홋카이도산
밀과 나카호라 목장なかほら牧場의 자연 방목
유를 듬뿍 사용해서 폭신폭신한 식감의 우유
식빵이다.

📍 JR에비스恵比寿역 동쪽 출구에서 스카이워
크로 도보 5분

🕐 10:00-20:00, 1월 1일 휴무, 비정기 휴무

🏠 東京都渋谷区恵比寿4-20-6　恵比寿
ガーデンプレイス　時計広場

오레노 이탈리안 | 이탈리안 |

俺のイタリアン BeerTerrace

고급 식재료를 사용하면서 가성비 좋은 요리
를 제공한다는 '오레노 시리즈'의 콘셉트처
럼 가격 대비 훌륭한 맛을 자랑하는 이탈리
안 레스토랑이다. 피자 880~1380엔, 파스타
1380~1580엔이며, 평일 한정으로 메인 디시,
미니 샐러드, 수프, 빵(무제한)이 포함된 런치
세트도 준비되어 있다. (1200~2800엔).

📍 JR에비스恵比寿역 동쪽 출구에서 스카이워
크로 도보 5분

🕐 11:30-15:00, 18:00-22:00, 1월 1일 휴무,
비정기 휴무

🏠 東京都渋谷区恵比寿4-20-6

피자리아 다미켈레

| 피자 | L'Antica Pizzeria da Michele

1870년 문을 연 나폴리 3대 피자로 손꼽히는
유명 피자집으로, 아시아에는 도쿄와 후쿠오
카에만 지점이 있다. 피자 메뉴는 마르게리타
와 마리나라 2가지로 치즈는 물론 오일, 밀가
루 등 모든 재료는 나폴리에서 사용하는 것과
같다. 크레이프처럼 부드러운 도우를 자랑하
는 마르게리타는 2380엔, 마리나라 1980엔.

📍 JR에비스恵比寿역 동쪽 출구에서 도보 6분

🕐 11:30-14:30, 17:30-22:00(토요일 11:30-
22:00, 일요일 11:30-21:30), 비정기 휴무

🏠 東京都渋谷区恵比寿4-4-7

블랙카우즈

| 수제 햄버거 | BLACOWS

고급 쇠고기인 쿠로게와규와 메종카이저의 번
을 고집하며, 직접 만든 특제 소스를 사용한다.
와규 패티, 데리야키 소스, 훈제 마요네즈, 머
스터드, 계란프라이, 갖은 야채가 들어간 리:데
리야키 버거リテキヤキバーガー는 2700엔. 300엔
에 프렌치 프라이를 추가할 수 있다.

📍 JR에비스恵比寿역 서쪽 출구에서 도보 5분

🕐 11:00-22:00, 12월 31일~1월 2일 휴무

🏠 東京都渋谷区恵比寿西2-11-9 東光ホ
ワイトビル1F

버거마니아

| 햄버거 | Burger Mania 恵比寿店

엄선한 식재료로 만든 수제 버거 레스토랑으
로 버거 외에도 수프, 샌드위치, 스테이크 등
다양한 메뉴가 있다. 인기 메뉴인 데리야키, 아
보카도 치즈 버거 이외에도 여러 가지의 버거
가 있다(1320~3718엔). 고급 소고기 고베규를
사용한 100% 고베 비프 버거(3025~3718엔)
도 인기.

📍 JR에비스恵比寿역 동쪽 출구에서 도보 6분

🕐 11:00-22:00, 비정기 휴무

🏠 東京都渋谷区恵比寿4-9-5 マンション
ニュー恵比寿 1F

이타소바 카오리야 에비스점 | 소바 |

板蕎麦 香り家 恵比寿店

수제 메밀 소바 전문점으로 면은 굵은 면과 얇은 면 중 선택할 수 있다. 메밀 소바 본연의 맛을 더 느끼고 싶다면 굵은 면을 선택하는 것이 좋다. 샐러드, 계란말이, 튀김, 소바가 함께 나오는 카오리야 세트(香りやセット, 1650엔)가 대표 메뉴이다.

📍 JR에비스恵比寿역 동쪽 출구에서 도보 2분

🕐 17:00-23:00, 연초 휴무, 비정기 휴무

🏠 東京都渋谷区恵比寿4-3-10 中出センチュリーパーク1F

쇼다이 | 소바, 우동 |

Shodai 初代

'테우치 소바 쇼다이'라는 간판에서도 알 수 있듯이 직접 손으로 빚은 수타 소바가 간판 메뉴지만 방송에 여러 번 소개된 하얀 카레 우동初代の白いカレーうどん(1320엔)이 더 유명한 곳이다. 감자와 생크림으로 만든 하얀 크림이 듬뿍 올라간 크림카레 우동은 매운 카레 맛과 크림 맛이 잘 어우러져 독특한 풍미를 느낄 수 있다.

📍 JR에비스恵比寿역 서쪽 출구에서 도보 3분

🕐 11:30-23:00, 연초 휴무

🏠 東京都渋谷区恵比寿南1-1-10 サウスコラム小林 1F

츠쿠모 라멘 | 라멘 |

九十九 ラーメン

홋카이도산 치즈를 듬뿍 올린 치즈 라멘으로 유명해진 곳으로, 일본 최초로 치즈 라멘을 상표 등록했다. 주문과 함께 고다 치즈를 바로 갈아서 올려주는 원조 치즈 라멘元祖チーズラーメン(1150엔)과 담백한 맛의 토마토 치즈 라멘トマトチーズラーメン(980엔)이 대표 메뉴다. 차슈, 반숙 달걀 같은 토핑은 120~180엔.

📍 JR에비스恵比寿역 동쪽출구에서 도보 7분

🕐 11:00-03:00, 연중무휴

🏠 東京都渋谷区広尾1-1-36

오우카 | 아이스크림 |

JAPANESE ICE OUKA ジャパニーズアイス櫻花

고구마, 밤, 검은콩, 매실, 맛차 등으로 만든 일본식 아이스크림 전문점으로, 일본 각지에서 엄선한 제철 재료를 사용해 만들어낸 신선한 아이스크림을 맛볼 수 있다. 겨울에만 판매하는 군고구마 아이스크림(600엔)이 가장 인기며, 다양한 종류의 아이스크림 중 3가지 맛을 고를 수 있는 작은 컵 사이즈는 450엔.

📍 JR에비스恵比寿역 서쪽 출구에서 도보 2분

🕐 11:00-23:00, 비정기 휴무

🏠 東京都渋谷区恵比寿1-6-6 土田ビル1F

Tokyo Naked Store
(구. Kapital) | 패션 | キャピタル

오카야마에 본사를 둔 일본 오리지널 데님 브
랜드 매장으로 도쿄에 모두 6개의 매장이 있
는데, 그중 3개가 에비스에 있다. 신상품, 아카
이브, 데님으로 나뉜 3개의 매장은 어느 곳도
한 번 발을 들여놓으면 쉽게 빠져나올 수 없을
정도로 매력적이다. Tokyo Naked Store에
서는 주로 신상품을 취급한다.

- 📍 JR에비스恵比寿역 서쪽 출구에서 도보 6분
- 🕐 11:00-20:00, 비정기 휴무
- 🏠 東京都渋谷区恵比寿南2-20-2ガイヤ
  エビスビル1F

퍼시픽 퍼니처 서비스 | 인테리어 |
パシフィックファニチャーサービス

유행을 타지 않는, 보편적이면서도 실생활에
서 편하게 사용할 수 있는 오리지널 가구를 제
작, 판매하는 곳이다. 가구와 어울리는 조명,
러그, 바스켓 등 실용적이면서도 베이직한 소
품도 갖추고 있다.

- 📍 JR에비스恵比寿역 서쪽 출구에서 도보 5분
- 🕐 12:00-19:00, 화요일 휴무
- 🏠 東京都渋谷区恵比寿南1-20-4

더 하비스트 키친 제너널 스토어
| 주방용품 | The Harvest Kitchen General Store

주방 도구, 테이블웨어를 판매하는 인기 숍으
로 일본 전통 공예품, 감각적인 해외 수입 주
방용품 등 다양한 라인업으로 넓은 층에 걸쳐
사랑받는 곳이다. 빈티지한 나무 상자에 식기
를 넣어 진열하는 등 전체적인 숍 분위기가 해
외 마르쉐를 떠오르게 한다.

- 📍 JR에비스恵比寿 서쪽 출구에서 도보 5분
- 🕐 11:00-19:00, 비정기 휴무
- 🏠 東京都渋谷区恵比寿南1-18-9 タイム
  ゾーンヒルトップビル1F

츠쿠모 라멘

블랙카우스

恵比寿 에비스

JR야마노테선

도쿄메트로 히비야선

다이칸야마 방면 ←

아후리

우동야마초

메이지도리 明治通り

히로오 방면 →

오우카

Atre Ebisu

쇼다이

에비스
恵比寿

동쪽출구

버거마니아 기무카츠

이타소바카오리야

피자리아 다미켈레

에비스스카이워크

더 하비스트 키친 제너널 스토어

카게오카 공원

Tokyo Naked Store (Kapital)

퍼시픽퍼니처서비스

아메리카바시 공원

오레노 베이커리

오레노아틸라안

에비스 맥주기념관

미츠코시

에비스 가든 플레이스

블루실 아이스크림

Duffle with KAPITAL

에비스 가든 플레이스 타워

조엘 로부숑

Kapital Legs

JR야마노테선

도쿄도 사진 미술관

DAIKANYAMA

代官山　다이칸야마

골목마다 유니크한 상점과 세련된 브랜드숍이 넘쳐나는 도쿄의 대표 쇼핑
명소로, 도심에 있으면서도 번잡하지 않아 좋다. 티사이트 츠타야를 비롯해
로그로드 등 새로운 복합시설이나 숍이 하나씩 들어서면서 그 매력이 점차
더해지고 있다. 다이칸야마역을 중심으로 에비스로 향하는 코마자와도리,
나카메구로로 향하는 큐야마테도리에 이르기까지 새로운 도쿄, 다이칸야
마를 만날 수 있는 범위가 점차 넓어지고 있다.

• 다이칸야마에서 꼭 해야 할 일 •

우라라 방문
고민가 정원의 오픈 카페에서 시원한 빙수 즐기기

도쿄 최고의 서점을 만나다
라이프스타일을 제안하는 서점, 티사이트 츠타야 둘러보기

편집숍과 브랜드숍 쇼핑
메종드리퍼와 봉주르레코드 등 편집숍, 브랜드숍에서 쇼핑

카마와누에서 쇼핑
일본 전통기법으로 염색한 아기자기한 소품 쇼핑

다이칸야마 인기 밥집
가마솥으로 갓 지어낸 밥, 맛있는 점심 즐기기

로그로드 산책
전차 선로가 있던 자리에 만든 로그로드에서 여유로운 산책

• 찾아가기 •

가까운 역 | 도큐토요코선 다이칸야마역은 물론 JR에비스역 서쪽 출구와 나카메구로역에서도 도보 10-12분 정도면 이동할 수 있다.

이용 노선 | 다이칸야마와 나카메구로, 지유가오카를 거쳐 요코하마까지 이어지는 도큐토요코선이 지난다.

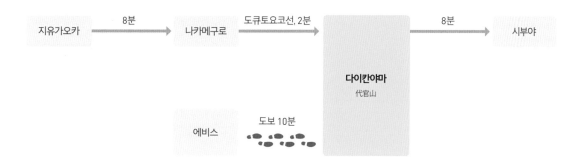

지유가오카 — 8분 → 나카메구로 — 도큐토요코선, 2분 → 다이칸야마 代官山 — 8분 → 시부야

에비스 — 도보 10분 → 다이칸야마

다이칸야마 티사이트 | 서점 및 복합공간 | 代官山T-SITE

책과 영화, 음악을 통해 라이프스타일을 제안하는 서점 츠타야를 중심으로 몇 개의 작은 전문점이 산책로로 연결되어 있다. 또한 서점과 스타벅스가 함께 있어 커피를 마시며 편안하게 책을 볼 수 있다. 스타벅스에 자리가 없을 경우, 셰어 라운지를 이용해 보자. 츠타야 서점 2층이며, 1시간 1650엔 (스낵, 음료 포함)이며 30분에 825엔의 추가 요금이 발생한다. 라이브러리, 오피스 겸 카페 공간으로 간단한 스낵과 음료를 즐기며 업무, 스터디, 잡담 을 모두 즐길 수 있는 공간이다.

📍 도큐토요코선 다이칸야마代官山역 정면 출구에서 도보 5분

🕐 1층 09:00-22:00, 2층 09:00-20:00, 연중무휴　🏠 東京都渋谷区猿楽町16-5

아이비 플레이스 | 레스토랑 | IVY PLACE

티사이트에 자리한 레스토랑으로, 커다란 창밖으로 보이는 풍경에서 계 절을 느낄 수 있어서 좋으며 봄이나 가을에는 야외 테라스석에 앉아서 시간을 보내기에 최고다. 추천메뉴로는 아침부터 오후 5시까지 주문할 수 있는 브런치 메뉴인 클래식 버터밀크 팬케이크(1680엔). 시간에 따 라 브런치, 런치, 디너, Bar로 메뉴가 변경된다.

📍 도큐토요코선 다이칸야마代官山역 정면 출구에서 도보 6분

🕐 08:00-23:00, 연중무휴

🏠 東京都渋谷区猿楽町16-15

리스토란테 ASO | 이탈리안 | リストランテ ASO

1997년 오픈한 정통 이탈리안 레스토랑으로 건물의 클래식한 분위기와 300년 된 느티나무를 비롯하여 초록으로 둘러싸인 외관이 인상적이다. 런 치 코스는 7000~1만 6000엔, 디너 코스는 1만 6000~4만 엔이며, 홈페이지 에서 미리 예약하는 것이 좋다(www.hiramatsurestaurant.jp/aso/menu). 같은 건물에 카페 미켈란젤로도 함께 있다.

📍 도큐토요코선 다이칸야마代官山역 중앙 출구에서 도보 5분

🕐 12:00-15:30, 18:00-22:30, 수요일 휴무

🏠 東京都渋谷区猿楽町29-3

카마와누 | 전통 소품 | Kamawanu かまわぬ

일본의 전통 기법으로 한 장 한 장 염색한 수건과 일본 느낌이 물씬 풍기는 소품을 만날 수 있는 기념품점으로, 다이칸야마점이 본점이다. 동전지갑, 부채, 수건으로 만든 캘린더까지 다양한 아이템의 소품이 가득해서 선물을 고르기에도 편리하다.

📍 도큐토요코선 다이칸야마代官山역 북쪽 출구에서 도보 3분
🕐 11:00-19:00(일요일은 18시까지), 화요일 휴무
🏠 東京都渋谷区猿楽町23-1

우라라 | 빙수 | Urara ウララ

고민가 정원 안에 있는 오픈 카페로, 빙수 전문점이다. 1984년부터 얼음을 만들어온 제빙업체 '닛코 마츠츠키 빙고 천연빙日光松月氷室天然氷'의 얼음을 사용해서 만드는 빙수는 블루베리, 딸기, 레몬, 말차, 팥 등이 있다(1480~1580엔). 빙수 외에도 따뜻한 팥죽(400엔)도 판매한다. 레트로한 카페 분위기와 예쁜 색감의 빙수로 인스타그램 명소가 되었다.

📍 도큐토요코선 다이칸야마代官山역 북쪽 출구에서 도보 3분
🕐 12:00-19:00, 수요일 휴무, 비오는 날 휴무
🏠 東京都渋谷区猿楽町20-10

쥬니문 | 인형 | Junie Moon

브라이스 인형은 물론 옷과 구두, 액세서리까지 브라이스를 위한 모든 아이템을 모아놓은 곳이다. 머리 스타일부터 눈동자 색까지 마음에 꼭 드는 브라이스를 골라 구입할 수 있다. 매장 내 갤러리 공간에서는 정기적으로 아티스트의 전람회가 개최되며, 세상에서 단 하나뿐인 작품을 구입할 수 있어 인기다. 브라이스의 팬이라면 꼭 방문해야 할 곳이다.

📍 도큐토요코선 다이칸야마代官山역 서쪽 출구에서 도보 8분
🕐 12:00-18:00, 월요일 휴무　🏠 東京都渋谷区猿楽町4-3,1F

크리스마스 컴퍼니

| 크리스마스 용품 | **Christmas Company**

가지각색의 크리스마스 트리 장식품과 크리스마스 카드, 포장지 등을 판매하는 크리스마스 용품 전문점으로 가게 안을 구경하는 것만으로도 마치 크리스마스 선물을 받은 것처럼 설레고 행복해진다.

📍 도큐토요코선 다이칸야마代官山역 정면 출구에서 도보 3분, 힐사이드 테라스 C동

🕐 11:00-19:00, 비정기 휴무

🏠 東京都渋谷区猿楽町29-10 ヒルサイド テラスC-13

아페세

| 패션브랜드 | **A.P.C.**

1986년에 런칭한 패션브랜드로, 심플하면서도 기능적인 아이템들을 선보인다. 베이직하면서도 세련된 디자인의 옷, 가방, 엑세서리 등 다양한 패션 아이템들이 있으며, 다이칸야마에는 아페세 여성 및 남성 매장과 아웃렛 매장인 A.P.C. SURPLUS 등 3개의 매장이 도보 5분 거리 내에 위치해 있다.

📍 도큐토요코선 다이칸야마代官山역 북쪽 출구에서 도보 2분

🕐 11:00-19:00, 비정기 휴무

🏠 東京都渋谷区猿楽町11-9

카시라

| 모자 | **CA4LA**

13명의 디자이너가 만드는 독특한 모자들과 세계 여러 나라에서 수입한 모자까지 3000여 점의 모자가 구비되어 있는 모자 전문숍이다. 다양한 디자인과 색상의 모자가 진열되어 있어 모자를 즐겨 사용하는 사람들에게는 이런 천국이 다시 없을 정도.

📍 도큐토요코선 다이칸야마代官山역 서쪽 출구에서 도보 1분

🕐 12:00-20:00, 연중무휴

🏠 東京都渋谷区代官山町17-5　代官山 アドレスE-204

스에젠

| 일본 가정식 | **Suezen 末ぜん**

1000엔 전후의 비교적 부담 없는 가격에 맛도 좋은 일본 가정식 식당이다. 다이칸야마에서 좀처럼 보기 힘든 소박하고 정겨운 가게로 테이블석과 다다미가 깔린 좌식공간 등이 마련되어 있으며 점심, 저녁식사 시간에만 운영한다. 고등어 소금구이 정식さば塩焼(1050엔), 고등어 된장조림 정식さばみそ煮(1100엔)을 추천한다.

📍 도큐토요코선 다이칸야마代官山역 북쪽 출구에서 도보 3분

🕐 11:00-14:00, 18:00-20:30(토요일 11:00-14:00), 일요일, 공휴일 휴무

🏠 東京都渋谷区猿楽町20-8

고향야 잇신

| 일식 | **ごはんや一芯 代官山**

점심에는 밥집, 저녁에는 이자카야로 운영하는 다이칸야마의 인기 레스토랑으로 옛날 방식으로 도정한 쌀을 3중 가마솥으로 지어낸 맛있는 밥이 이곳의 자랑이다. 런치 대표 메뉴는 큼직하게 자른 돼지고기를 조린 부타노카쿠니(豚の角煮, 2000엔). 런치는 예약을 받지 않지만, 디너는 예약이 필수이다.

📍 도큐토요코선 다이칸야마代官山역 동쪽 출구에서 도보 3분

🕐 11:30-14:30, 17:00-23:00, 비정기 휴무

🏠 東京都渋谷区猿楽町30-3 ツインビル代官山A棟B1

그리조

| 레스토랑 | **食堂 Grigio**

다이칸야마의 인기 비스트로로 런치에는 카레, 스테이크, 가츠 샌드위치, 시저 샐러드 등의 메뉴를, 디너에는 파스타, 스테이크, 타파스 등을 맛볼 수 있다. 이중 인기 메뉴는 런치 메뉴인 그릴 치킨 카레 & 샐러드(1000엔)이며, 100엔으로 계란 프라이를 추가할 수 있다.

📍 도큐토요코선 다이칸야마代官山역 북쪽 출구에서 도보 3분

🕐 11:30-22:30, 비정기 휴무

🏠 東京都渋谷区代官山町14-11

로그로드 | 복합상업시설 | LOG ROAD

도큐토요코선 전차가 지나다니던 선로의 끝에서 끝을 잇는 산책로를 따라 자리한 스타일리시한 코티지 5동에는 샌드위치 레스토랑 '가든하우스 크래프트', 비어펍 '스프링밸리 브루어리 도쿄'가 있다. 날씨 좋은 날에는 테라스에서 꽃과 녹음을 보며 여유를 즐기기 좋다.

- 📍 도큐토요코선 다이칸야마代官山역 북쪽 출구에서 도보 4분
- 🕐 10:00-20:00(매장마다 다름), 비정기 휴무
- 🏠 東京都渋谷区代官山町13-1

스프링벨리 브루어리 도쿄

| 브루어리 레스토랑 | **Spring Valley Brewery Tokyo**

브루어리 레스토랑으로 매장 내의 양조장에서 갓 만든 크래프트 맥주를 비롯해 이곳에서만 판매하는 한정 맥주를 만날 수 있다. 맥주의 종류를 선택하기 힘들 경우는 테이스팅 메뉴를 주문해서 맛본 후 좋아하는 맥주를 선택해 본격적으로 즐겨보는 것도 좋다. 맥주와 페어링 해 즐길 수 있는 오리지널 요리와 애피타이저, 디저트 등 메뉴도 다양하다.

- 📍 로그로드 다이칸야마 내부
- 🕐 11:00-23:00(일요일, 공휴일 11:00-22:00), 비정기 휴무
- 🏠 東京都渋谷区恵比寿南1-20-4

가든하우스 크래프트

| 베이커리 카페 | **GARDEN HOUSE CRAFTS**

수제 효모와 제철 식재료를 사용해 구워 낸 캄파뉴 등 다양한 종류의 빵이 있는 베이커리 카페로 넓은 테라스가 매장에 들어서기 전부터 눈길을 사로잡는다. 날씨가 좋은 날에는 테라스석에서 여유로운 브런치 시간을 즐기는 사람들이 제법 많다. 오픈부터 11시까지는 모닝 메뉴를 주문할 수 있으며, 빵과 곁들일 수 있는 다양한 음료도 있다.

- 📍 로그로드 다이칸야마 내부
- 🕐 08:30-18:00, 비정기 휴무
- 🏠 東京都渋谷区代官山町13-1 ログロード代官山内

구아사쿠라가 주택

| 명소 | 旧朝倉家住宅

1919년 지어진 저택으로 2층 목조 건물과 운치 있는 일본식 정원을 볼 수 있다. 관동대지진에도 파손되지 않은 몇 채 안 되는 옛 건축물 중 하나로 중요문화재로 지정되어 있다. 다이칸야마 중심이면서도 녹음이 우거진 한적한 곳이다.

🔾 도큐토요코선 다이칸야마代官山역 정면 출구에서 도보 5분
🕐 10:00-18:00(계절에 따라 시간 변동), 월요일, 12월 29일~1월 3일 휴무
¥ 성인 100엔, 초·중학생 50엔
🏠 東京都渋谷区猿楽町29-20

NAKAMEGURO

中目黒　나카메구로

예술적 감각이 살아 있는 카페와 편집숍, 골동품숍과 앤티크숍이 늘어서
있고, 중간중간 수선집이나 세탁소도 자리 잡고 있어 도쿄 사람들의 삶의
모습이 그대로 배어나는 기분 좋은 거리를 만날 수 있는 곳이다. 봄이면 메
구로강을 따라 만개하는 벚꽃이 아름답고, 여름이면 강을 따라 늘어선 가
로수의 그늘이 더위를 식혀준다. 북적거리는 시내를 벗어나 나카메구로에
서 한가로운 여유를 즐겨보자.

· 나카메구로에서 꼭 해야 할 일 ·

핫 플레이스 코카시타
고가 아래에 숍과 레스토랑을 모
아놓은 핫플레이스

스누피 테마 카페 놀러가기
스누피 디저트 스누피 굿즈를 판
매하는 스누피 카페 방문

골목 속에 숨겨진 멋진 문구점
커스터마이즈 노트를 판매하는
문구점 트래블러스 팩토리

SNS에서 유명한 커피 맛집
오래된 집을 개조한 카페 오니버
스 커피에서 라테 한잔

메구로 강변 산책
봄 벚꽃 명소로도 유명한 메구로
강변을 따라 걷기

한입의 행복, 마하카라 푸딩
최고 품질의 달걀로 매일매일 만
드는 수제 푸딩 맛보기

· 찾아가기 ·

가까운 역 | 지하철 나카메구로역에서 이동하며 다이칸야마역과 에비
스역도 도보권에 있다.

이용 노선 | 다이칸야마와 지유가오카를 지나는 도큐토요코선과 도
쿄메트로 히비야선이 지난다.

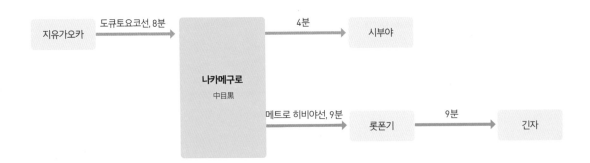

나카메구로 코카시타 | 복합 상업 시설 | 中目黒高架下

나카메구로역에서 유텐지祐天寺역까지의 고가 아래로 약 700미터에 걸쳐, 지금 일본에서 핫한 숍과 레스토랑을 모아 놓은 곳이다. '고가다리'라는 지붕을 함께 공유하는 Roof Sharing 콘셉트로, 스타벅스와 츠타야 서점을 필두로 도쿄에서 가장 핫한 도넛 가게 아이엠 도넛?, 토스트 전문점 LONCAFE, 우동 이자카야 하카타 쵸스케 등 현재 일본 유행의 첨단에 있는 다양한 가게들이 한 지붕 아래 나란히 들어가 있다.

📍 히비야선, 도큐토요코선 나카메구로中目黒역에서 바로
🕐 매장마다 다름
🏠 東京都目黒区上目黒1-3

아이엠 도넛 | 도넛 | I'm donut? 中目黒店

언제나 긴 줄을 각오해야 할 정도로 인기 있는 도넛 전문점으로 쫄깃쫄깃한 식감을 자랑한다. 플레인, 초콜릿, 커스터드, 피스타치오 등 종류가 다양하며 계절 한정 도넛도 있다. 도넛은 1개 237~518엔. 줄을 서있는 동안 주문표에 원하는 도넛을 체크하고 이름을 써서 직원에게 준 뒤 카운터에서는 이름만 말하면 된다. 현금결제만 가능하니 주의하자.

📍 히비야선, 도큐토요코선 나카메구로中目黒역 정면 출구에서 도보 1분
🕐 09:00-19:00, 비정기 휴무
🏠 東京都目黒区上目黒1-22-10

세이린칸 | 피자 | Serinkan 聖林館

나폴리를 여행하던 중 맛본 피자 맛에 매료되어 1년간 피자 식도락 여행을 거쳐 세이린칸을 오픈한 주인이 만들어내는 심플한 스타일의 피자를 만날 수 있는 곳. 1층 카운터 석에서는 화덕에서 피자를 구워내는 모습을 볼 수 있어 피자를 기다리는 시간마저 즐겁다. 피자는 마르게리타와 마리나라 2종류가 있으며 다양한 종류의 파스타도 있다.

📍 히비야선, 도큐토요코선 나카메구로中目黒역에서 도보 2분
🕐 11:30-13:30, 18:00-20:30(요일에 따라 다름), 비정기 휴무
🏠 東京都目黒区上目黒2-6-4

유잇토 | 카페 | HUIT

앤티크 스타일의 실내장식이 돋보이는 베이커리 카페. 부담 없는 가격에 맛있는 프랑스 요리를 맛볼 수 있다. 음식도 맛있지만 이 집의 메인은 고소한 냄새를 풍기는 막 구워낸 빵으로, 카페에 앉아 있자면 빵을 사러 들르는 동네 주민들이 끊이지 않을 정도로 나카메구로 사람들의 사랑을 듬뿍 받고 있는 곳이다. 창밖의 메구로 강과 벚꽃나무를 바라보며 갓 구워낸 빵과 차를 함께 즐겨보자.

📍 히비야선, 도큐토요코선 나카메구로中目黒역에서 도보 2분
🕐 12:00-22:00, 연말연시 휴무
🏠 東京都目黒区中目黒1-10-23 リバーサイドテラス1F

피넛츠카페 | 카페 |
PEANUTS Cafe

스누피를 테마로 한 카페로, 스누피와 우드스탁 등의 캐릭터로 장식된 음식과 디저트를 즐길 수 있다. 우드스탁의 둥지를 모티브로 한 프렌치프라이와 미니 핫도그가 푸짐하게 나오는 우드스톡의 둥지(ウッドストックの巣, 1188엔)가 인기며, 컵, 접시는 물론 꿀, 잼, 티셔츠 등 스누피 굿즈들도 판매한다.

📍 히비야선, 도큐토요코선 나카메구로中目黒역에서 도보 10분
🕐 10:00-22:00, 비정기 휴무
🏠 東京都目黒区青葉台2-16-7

요한 | 케이크 |
JOHANN

나카메구로에서 치즈 케이크 집에 대해 물으면 모두 '요한'을 가리킬 정도로 나카메구로 최고의 홈메이드 치즈 케이크 전문점이다. 내추럴, 사워크림이 가미된 사와소프트サワーソフト, 부드러운 단맛의 메로メロー, 그리고 블루베리까지 4종류의 치즈 케이크가 있다. 테이크아웃만 가능.

📍 히비야선, 도큐토요코선 나카메구로中目黒역에서 도보 3분
🕐 10:00-18:00, 연중무휴
🏠 東京都目黒区上目黒1-18-15

사이드워크 스탠드 | 카페 |
SIDEWALK STAND

벚꽃 명소로도 유명한 메구로강 주변에 위치한 커피숍으로, 2층에는 메구로강이 내려다보이는 좌석이 있어 인기. 방금 내린 맛있는 커피와 함께 즐길 수 있는 샌드위치, 스낵, 아이스크림은 물론 맥주도 판매하고 있다. 커피는 430엔부터, 스낵 및 샌드위치는 900엔부터.

📍 히비야선, 도큐토요코선 나카메구로中目黒역 남쪽출구에서 도보 6분
🕐 08:00-19:00, 연중무휴
🏠 東京都目黒区青葉台1-23-14 斎藤ビル1F

사봉 아틀리에 스파 | 화장품 |
SABON l'Atelier SPA

보디 케어 & 아로마 브랜드 사봉에서 최초로 선보이는 상설 스파 브랜드로 매장 내에서는 세계적으로 유명한 사봉의 스크럽이나, 크림 등 제품을 구입할 수 있으며 스파 프로그램(예약제)도 이용할 수 있다.

📍 히비야선, 도큐토요코선 나카메구로中目黒역 서쪽 출구에서 도보 5분
🕐 11:00-20:00, 비정기 휴무
🏠 東京都目黒区上目黒1-17-3 相原ビル1F
☎ +81-3-3711-0505(스파 예약)

마하카라 | 푸딩 |
MAHAKALA うれしいプリン屋さん マハカラ

최고 품질의 달걀을 사용해서 매일매일 직접 만든 수제 푸딩을 판매하는 곳. 선술집이었는데, 런치 디저트 메뉴로 만든 푸딩이 큰 인기를 끌면서 술집 옆에 푸딩 전문점을 오픈했다. 늘 판매하는 커스터드 푸딩, 밀크 맛의 시로 푸딩白プリン, 맛차 푸딩에 계절에 따라 호박, 초콜릿, 치즈 등 3가지 푸딩을 추가해서 6가지 푸딩을 판매한다.

📍 히비야선, 도큐토요코선 나카메구로中目黒역에서 도보 7분
🕐 11:00-18:00, 화요일 휴무, 연말연시 휴무
🏠 東京都目黒区青葉台 1-17-5 メゾン青葉 1F

파티세리 카카오에트 | 디저트 |
Pâtisserie Cacahouète Paris

파리 최고의 호텔인 '플라자 아테네'에서 디저트를 담당했던 프랑스인 파티시에 제롬 커넬이 도쿄에 오픈한 제과점. 가장 화제인 것은 '마시는 케이크'로, 유리잔 안에 딸기 쇼트 케이크와 딸기 크림, 부드러운 무스가 켜켜이 들어 있어 스트로우로 빨아 먹으면 입안 가득 퍼지는 달콤 상큼한 맛이 매력적이다. 육각형 모양의 슈크림 빵인 슈큐브도 인기다.

📍 히비야선, 도큐토요코선 나카메구로中目黒역에서 도보 7분
🕐 11:00-19:00, 화요일 휴무, 비정기 휴무
🏠 東京都目黒区東山1-9-6

스타벅스 리저브® 로스터리 | 카페 |
STARBUCKS RESERVE® ROASTERY TOKYO

아시아 최대 규모의 스타벅스 리저브® 로스터리로 일본 유명 건축가 쿠마 켄고隈研吾가 디자인했다. 커다란 로스팅 기계가 눈길을 사로잡는 1층의 STARBUCKS RESERVE®는 원두 선별부터 로스팅까지 모든 면에서 차별화된 곳으로, 커피 주문 시 원두를 선택할 수 있다. 2층은 스타벅스 티 브랜드 TEABANA®, 3층은 ARRIVIAMO™ BAR로 콜드 블루 음료와 칵테일을 주문할 수 있다. 3층에는 메구로 강이 보이는 테라스, 4층은 아벤트 홀 라운지 AMU TOKYO가 있다. 아직도 길게 줄이 늘어서니 주말은 피해서 방문하도록 하자.

📍 히비야선, 도큐토요코선 나카메구로中目黒역 서쪽 출구에서 도보 14분
🕐 07:00-22:00, 비정기 휴무
🏠 東京都 目黒区 青葉台2-19-23

메구로 스카이 가든 | 공원 |
目黒天空庭園

수도 고속도로 교차로 옥상에 조성된 둘레 400m의 원형 공원으로 벚꽃과 소나무 등 1000그루 이상의 나무가 아름답게 조성되어 있으며, 멀리 보이는 도쿄 도심 풍경도 근사하다. 복잡한 도심 위로 살짝만 올라갔을 뿐인데 여유로운 공간이 펼쳐진다는 것이 인상적인 곳으로 어린이 놀이터, 도서관 등의 편의 시설이 있다. 다만, 옥상 공원이다 보니 날씨가 안 좋은 날은 폐원하는 경우도 있다.

📍 도큐덴엔토시선 이케지리오하시池尻大橋역 동쪽 출구에서 도보 4분
🕐 07:00-21:00, 연중무휴(악천후 시 폐원)
🏠 東京都目黒区大橋1-9-2

오니버스 커피 | 카페 |
ONIBUS COFFEE オニバスコーヒー 中目黒店

도쿄 카페투어를 한다면 빼놓지 말아야 할 화제의 커피집. 오래된 집을 개조한 자그마한 카페로, 2층에는 앉을 수 있는 공간도 있다. 과테말라, 온두라스, 콜롬비아, 르완다 등 커피 생산지를 직접 방문하여 직접 선별한 원두를 정성껏 로스팅하여 최상의 맛을 끄집어낸 핸드드립 커피를 맛볼 수 있다.

📍 히비야선, 도큐토요코선 나카메구로中目黒역 남쪽출구에서 도보 2분
🕐 09:00-18:00, 비정기 휴무
🏠 東京都目黒区上目黒2-14-1

中目黒 나카메구로

돈키호테 🏬 ☕ 스타벅스
리저브®
로스터리
도쿄

🍴 피넛츠카페

파티세리 카카오에트 🍴

텐진바시 天神橋

미도리바시 綠橋

도큐토요코선

아사히바시 朝日橋

사이드워크 스탠드 ☕

트래블러스 팩토리 🏬

요쿠쇼쿠야마바시 宿山橋

마하카라 🍴

☕ 오니버스 커피

야마테도리 山手通り

사봉 아틀리에 스파 🏬

나카메구로
中目黒 🚇 📮

요한 🍴

사쿠라바시 桜橋

🍴 세이린칸

도큐스토어 🏬

벳쇼바시 別所橋

리스토란테 ASO 🍴

나카메구로
코카시타 🏬

츠타야 🏬

구야마테도리 舊山手通り

수프 스톡 도쿄 🍴

🏬 1LDK

아이엠 도넛 🍴

크리스마스 컴퍼니 🏬

🍴 유잇토

코마자와도리 駒沢通り

도큐토요코선

메구로강

다이칸야마 🚇
代官山

도쿄메트로히비야선

코마자와도리 駒沢通り

JIYUGAOKA

自由が丘　지유가오카

'자유의 언덕'이라는 뜻인 지유가오카는 유럽풍의 작고 예쁜 카페와 개성 넘치는 상점이 많아서 인테리어, 잡화, 패션 의류까지 다양한 쇼핑을 즐길 수 있다. 20-30대의 여성들이 이곳을 많이 찾으면서 유명 파티시에들이 앞 다투어 베이커리를 오픈, 이제는 디저트로 유명한 곳이 되었다. 세련된 분 위기와 따뜻하고 조용한 작은 시골 마을의 정취까지 함께 느낄 수 있어서 도쿄 사람들이 살고 싶은 지역으로 손꼽는 곳이기도 하다.

· 지유가오카에서 꼭 해야 할 일 ·

손꼽히는 유명 다저트숍 순례
몽상클레르, 지유가오카 롤야 같은 유명 디저트집 돌아보기

라이프스타일숍 DULTON 쇼핑
독특하면서 예쁜 인테리어 소품과 잡화가 있는 덜튼 쇼핑

분위기 좋은 일본 전통 찻집
오래된 주택을 개조한 찻집 코소우안에서 여유로운 휴식

타지마 베이커리 방문
합리적인 가격과 다양한 종류의 코페 빵 샌드위치 즐기기

빈티지카메라 전문숍
빈티지카메라, 필름을 파는 지유가오카 뽀빠이 카메라 방문

마이보틀 쇼핑은 이곳에서
에코백과 마이보틀로 유명한 잡화점 투데이즈 스페셜 쇼핑

· 찾아가기 ·

가까운 역 | 지하철 지유가오카역에서 이동한다.

이용 노선 | 나카메구로와 다이칸야마를 지나는 도큐토요코선을 이용한다.

| 지유가오카 自由ヶ丘 | → 도큐토요코선, 8분 → | 나카메구로 | → 3분 → | 시부야 |

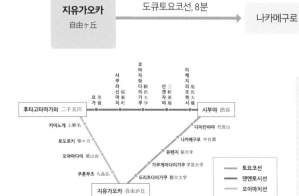

후타고타마가와 二子玉川
사쿠라신마치 桜新町
코마자와다이가쿠 駒沢大学
요가 用賀
카미노게 上野毛
토도로키 等々力
오야마다이 尾山台
쿠혼부츠 九品仏
산겐자야 三軒茶屋
이케지리오하시 池尻大橋
시부야 渋谷
다이칸야마 代官山
나카메구로 中目黒
유텐지 祐天寺
가쿠게이다이가쿠 学芸大学
도리츠다이가쿠 都立大学
지유가오카 自由が丘

━ 토요코선
━ 덴엔토시선
━ 오이마치선

돌아보기 TIP

트라이앵글 티켓 도큐 전철에서 발행하는 트라이앵글티켓トライアングルチケット은 시부야-나카메구로-지유가오카-후타코타마가와를 잇는 트라이앵글 구간을 1일간 자유롭게 승하차할 수 있는 할인 티켓으로, 도큐선이 지나는 각 역의 티켓 발매기에서 구매할 수 있다. 가격은 성인 470엔, 어린이 240엔.

루피시아 | 차 | LUPICIA

세계 각지의 차를 파는 차 전문점으로, 시음을 해보고 차를 고르고 싶은 경우, 점원에게 말하면 바로 시음 준비를 해준다. 차와 잘 어울리는 여러 가지 스콘과 말린 과일 등도 구입할 수 있다. 시부야, 신주쿠 등 시내 곳곳에 지점이 있다.

📍 도큐토요코선 지유가오카自由が丘역 정면 출구에서 도보 5분
🕐 10:00-20:00, 비정기 휴무
🏠 東京都目黒区自由が丘1-25-17

리제트 카페 앤 부티크 | 카페 | LISETTE Cafe et Boutique

리넨 전문 부티크 리제트에서 함께 운영하는 카페로, 부티크 매장과 함께 있다. 카페에서는 종류가 다양하지 않지만 맛있는 빵과 간단한 음료를 즐길 수 있으며 11시-오후 2시 사이에는 런치 메뉴도 즐길 수 있다. 리넨 제품에 관심이 있다면 카페를 이용하면서 매장을 한번 둘러보도록 하자.

📍 도큐토요코선 지유가오카自由が丘역 정면 출구에서 도보 5분
🕐 12:00-18:00, 월·화요일 휴무
🏠 東京都目黒区自由が丘1-24-6

트레인치
| 쇼핑몰 | トレインチ自由が丘

1층에는 덤보 도너츠, 내추럴 키친 등 개성 넘치는 8개의 숍이 있으며, 2층에는 주민들에게 개방된 라운지 시설이 있는 쇼핑몰이다. 도심이지만 녹음이 우거진 야외 공간과 산책로가 잘 조성되어 있다.

📍 도큐토요코선 지유가오카自由が丘역 남쪽 출구에서 도보 2분
🕐 08:00-19:00(토·일요일, 공휴일 09:30-17:30), 비정기 휴무
🏠 東京都目黒区自由が丘2-13-1

모모 내추럴
| 인테리어 | MOMO natural

'심플, 내추럴, 스타일리시'라는 콘셉트에 절대 공감할 만한 인테리어 소품점으로, 원목과 흰색 타일이 환상적 조화를 이루는 가구들이 정말 탐나는 곳이다. 인테리어 소품과 잡화, 주방용품과 어린이 용품까지 다양하게 갖추어져 있어 하나하나 살펴보다 보면 시간 가는 줄 모르게 된다. 기치조지와 요코하마에도 지점이 있다.

📍 도큐토요코선 지유가오카自由が丘 정면 출구에서 도보 5분
🕐 11:00-20:00, 연중무휴
🏠 東京都目黒区自由が丘2-9-19 Gビル自由が丘 1F~3F

라 비타 지유가오카
| 쇼핑몰 | ラ・ヴィータ 自由が丘

물의 도시 베네치아를 모티브로 한 쇼핑몰로 유럽풍 건물에 숍과 카페, 레스토랑들이 입점해 있다. 유럽을 떠올리게 하는 건물들과 운하 등 아기자기한 분위기로 기념 촬영을 위해 방문하는 관광객이 많지만, 막상 가보면 너무 작은 규모로 실망할 수도 있다.

📍 도큐토요코선 지유가오카自由が丘역 정면 출구에서 도보 6분
🕐 08:00-20:00(매장마다 다름), 비정기 휴무
🏠 東京都目黒区自由が丘2-8-2, 2-8-3

쿠오카

| 제빵 기구 | Cuoca クオカ

제과 제빵에 관심 있는 사람이라면 한 번쯤 이름을 들어봤을 곳이다. 소맥분, 버터, 설탕, 생크림, 초콜릿 등 기초적인 재료에서부터 캐러멜, 초콜릿 칩, 벚꽃 앙금 등 전문가용까지 다양한 재료와 도구를 구입할 수 있다. 우리나라에 없는 제품도 구비되어 있으니 홈베이킹에 관심이 있다면 들러 보도록 하자.

📍 도큐토요코선 지유가오카自由が丘역 남쪽 출구에서 도보 5분
🕐 10:00-19:00, 비정기 휴무
🏠 東京都目黒区緑が丘2-25-7 スイーツ フォレスト1F

체크앤스트라이프

| 원단 | CHECK & STRIPE

오리지널의 체크 또는 스트라이프 원단, 리버티 프린트, fog 리넨 등의 원단을 판매하는 곳이다. 옷을 만드는 데 필요한 부자재, 패턴, 파리에서 가져온 버튼, 애플리케 등 취급하는 품목도 다양해서 원스톱 쇼핑이 가능하다. 마음에 드는 제품이 있으면 점원에게 물어보자. 대부분 천을 구매할 경우, 레시피를 함께 제공한다.

📍 도큐토요코선 지유가오카自由が丘역 북쪽 출구에서 도보 3분
🕐 10:00-19:00, 연말연시 휴무
🏠 東京都目黒区緑が丘2-24-13-105

덜튼

| 라이프스타일숍 | DULTON

생활 잡화, 인테리어 소품 등을 두루 갖춘 라이프스타일숍으로, 키친, 하우스, 가든 등 테마를 나눠 각 층별로 가구, D.I.Y, 소품 등을 갖추어 놓았다. 같은 분류의 아이템들이 한곳에 모여 있어 쇼핑하기에 편리하고 가격도 부담스럽지 않다.

📍 도큐토요코선 지유가오카自由が丘역 북쪽 출구에서 도보 5분
🕐 11:00-20:00, 연말연시 휴무
🏠 東京都目黒区緑が丘2-25-14

뽀빠이 카메라 | 카메라 | ポパイカメラ Popeye Camera

1936년 문을 연 노장 카메라점으로, 토이 카메라, 빈티지카메라, 중고카메라 등을 판매한다. 원래는 동네에 자리한 낡은 사진관이었지만 3대째 주인이 시대의 변화에 걸맞게 지금의 가게로 바꾸었다고 한다. 구하기 힘든 필름을 다양하게 갖추고 있는 데다 필름마다 다른 특징을 살려 인화해주는 시설까지 갖추고 있어서 사진 마니아들의 발길이 끊이지 않는다.

📍 도큐토요코선 지유가오카自由が丘역 정면 출구에서 도보 2분
🕐 11:30-19:00, 수요일 휴무
🏠 東京都目黒区自由が丘2-10-2

이데숍 | 인테리어 | IDÉE shop

인테리어 용품과 주방 용품 등 멋스러운 디자인의 생활용품을 부담스럽지 않은 가격에 판매하는 곳. 심플한 스타일의 가구를 중심으로 인테리어 소품, 서적 등 생활 전반에 필요한 모든 아이템이 각 층마다 여유롭게 배치되어 있어 둘러보기 편리하다. 생일별 성격이 쓰여 있는 책, 전구 모양의 초, 입술이 닿는 부분이 자연 발색되어 쓸수록 정이 가는 찻잔 등 재미있고 마음에 쏙 드는 상품들을 만나볼 수 있다.

📍 도큐토요코선 지유가오카自由が丘역 정면 출구에서 도보 3분
🕐 11:30-20:00, 연중무휴
🏠 東京都目黒区自由が丘2-16-29

타지마 베이커리 | 베이커리 |

Tajima Bakery Jiyugaoka, パンの田島 自由が丘店

복고풍의 아담하고 귀여운 외관의 베이커리로 핫도그 번처럼 길쭉한 타원형의 코페 빵으로 유명하다. 부드러운 코페 빵 사이에 달걀 샐러드, 츠나 포테이토, 데리야키 치킨, 새우 가츠와 달걀 샐러드, 커스터드 크림, 생초콜릿 크림 등이 샌드 되어 있다. 가격은 종류에 따라 1개 220~350엔.

📍 도큐토요코선 지유가오카自由が丘역 정면 출구에서 도보 3분
🕐 08:00-19:00, 비정기 휴무
🏠 東京都目黒区自由が丘2-11-11

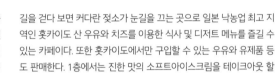

밀크랜드 홋카이도 → 도쿄 | 카페 |

MILK LAND HOKKAIDO → TOKYO

길을 걷다 보면 커다란 젖소가 눈길을 끄는 곳으로 일본 낙농업 최고 지역인 홋카이도 산 우유와 치즈를 이용한 식사 및 디저트 메뉴를 즐길 수 있는 카페이다. 또한 홋카이도에서만 구입할 수 있는 우유와 유제품 등도 판매한다. 1층에서는 진한 맛의 소프트아이스크림을 테이크아웃 할 수 있으니 꼭 한번 맛보자.

📍 도큐토요코선 지유가오카自由が丘역 정면 출구에서 도보 4분
🕐 11:00-19:00, 수요일 휴무
🏠 東京都目黒区自由が丘1-26-16 山川ビル1-2F

피터 래빗 가든 카페 | 카페 |

ピーターラビットガーデンカフェ 自由が丘

세계적인 베스트셀러 '피터래빗 이야기'를 콘셉트로 한 카페로 금방이라도 귀여운 토끼가 튀어나올 것만 같은 정원과 영국식 클래식한 분위기의 인테리어, 피터래빗 그림이 그려진 접시와 메뉴 등이 눈을 즐겁게 한다. 카페 한쪽에서는 피터래빗 굿즈도 판매하니, 아기자기한 분위기를 좋아한다면 찾아가 볼 만하다.

📍 도큐토요코선 지유가오카自由が丘역 정면 출구에서 도보 3분
🕐 11:00-19:00, 비정기 휴무
🏠 東京都目黒区自由が丘1-25-20自由が丘MYU 1F

카메야 만넨도 | 베이커리 |

亀屋万年堂 自由が丘駅前店

1938년 창업한 일본식 제과점으로 1963년부터 출시한 일본 화과자 도라야키どら焼き에 치즈, 파인애플, 커피, 딸기 등의 크림이 샌드 되어 있는 나보나ナボナ가 유명하다. 이 밖에도 일본과 서양이 잘 어우러진 여러 제품을 맛볼 수 있다.

📍 도큐토요코선 지유가오카自由が丘역 정면 출구에서 도보 1분
🕐 09:00-20:00, 비정기 휴무
🏠 東京都目黒区自由が丘2-11-5

포테이토 크림 | 포테이토샐러드 |

Potato Cream

크리미한 메시드 포테이토 위에 채소가 듬뿍 들어간 따뜻한 소스를 얹어 먹는, 새로운 스타일의 포테이토 샐러드를 맛볼 수 있는 곳이다. 가지와 토마토 크림, 고르곤졸라, 채소와 카레, 아스파라거스와 베이컨 등 5가지의 기본 메뉴가 있으며 계절에 따라 변동된다. 샐러드는 650엔, 바게트를 추가하면 720엔이다.

📍 도큐토요코선 지유가오카自由が丘역 정면 출구에서 도보 3분
🕐 11:30-20:00(요일에 따라 다름), 수요일 휴무
🏠 東京都目黒区自由が丘1-25-2 1F

지유가오카 BEST 디저트

몽상클레르 | 디저트 | Mont St Clair

일본 최고의 천재 파티시에라 불리는 츠지구치 히로노부가 운영하는 곳으로, 지유가오카에서 가장 인기 있는 매장이다. 하나의 아이템을 특화시켜 초콜릿 전문점, 롤케이크 전문점, 화과자점 등 특색 있는 숍을 연이어 오픈하고 있는 여러 매장의 시초가 된 곳이다. 인기 케이크는 1996년 콩쿠르 우승 작품인 세라비セラヴィ(820엔)로 화이트무스의 맛이 끝내준다.

📍 도큐토요코선 지유가오카自由が丘역 정면 출구에서 도보 10분

🕐 11:00-18:00, 수요일 휴무

🏠 東京都目黒区自由が丘2-22-4

지유가오카 롤야

| 롤케이크 | **Jiyugaoka Rollya** 自由が丘ロール屋

츠지구치의 롤케이크 전문점으로, 이곳의 롤케이크는 종류에 따라 다른 스펀지 케이크를 사용해 색다른 맛을 내는 것으로 유명하다. 단맛을 최소화하고 재료의 맛을 살린 케이크는 은은하게 풍기는 달걀 향이 고소하다. 테이크 아웃만 가능하다.

📍 도큐토요코선 지유가오카自由が丘역 정면 출구에서 도보 5분
🕐 11:00-18:00, 수요일, 세 번째 화요일 휴무
🏠 東京都目黒区自由が丘1-23-2

파티세리 파리세비유

| 디저트 | **Patisserie Paris S'eveille** パティスリー・パリ セヴェイユ

지유가오카의 수많은 디저트 전문점 중에서도 단연 돋보이는 프랑스 과자점으로, 파리에서 유학한 파티시에가 본고장의 맛을 그대로 옮겨왔다. 케이크를 자르면 초콜릿이 주르륵 흘러내리는 초콜릿 케이크 퐁당 쇼콜라フォンダンショコラ와 오렌지 맛이 상큼한 미제라부르ミゼラブル가 인기.

📍 도큐토요코선 지유가오카自由が丘역 정면 출구에서 도보 3분
🕐 11:00-19:00, 비정기 휴무
🏠 東京都目黒区自由が丘2-14-5 館山ビル1F

몽블랑

| 디저트 | **自由が丘 モンブラン**

1933년 오픈한 디저트 가게로 일본 최초로 몽블랑을 선보인 곳으로도 유명하다. 창업 이래 지금까지 한결같은 맛을 지키고 있는 몽블랑은 880엔으로 노란 밤 크림 위에 몽블랑 정상의 만년설을 형상화한 하얀 머랭이 올려져 있다. 몽블랑 외에도 에클레어, 생크림 케이크 등 달콤한 디저트가 쇼케이스 안을 가득 채우고 있다.

📍 도큐토요코선 지유가오카自由が丘역 정면 출구에서 도보 4분
🕐 10:00-18:00, 화요일 휴무, 비정기 휴무
🏠 東京都目黒区自由が丘1-25-13 岩立ビル1F

自由が丘 지유가오카

몽상클레르

지유가오카
가쿠엔 고등학교

바게트 래빗

지유가오카 롤야

라 비타 지유가오카

쿠마노 신사

지유가오카 공원

코소우안

리제트 카페 앤 부티크

산타 도리 サンタ通り

모모 내추럴

포테이토크림

몽블랑

투데이즈 스페셜

피터래빗가든카페

밀크랜드홋카이도

더 랩 도쿄

이데숍

루피시아

체크앤스트라이프

뽀빠이카메라

하라 도너츠

덜튼

스위츠 포레스트

Fullel With

쿠오카

타지마 베이커리

도큐스토어

애프터눈 티

카메야만넨도

지유가오카
自由が丘

마리크레르도리

파티세리 파리세비유

플리퍼즈

베이크 치즈 타르트

도큐오이마치선

무인양품

트레인치

KICHIJOJI

吉祥寺　기치조지

시모키타자와, 지유가오카와 함께 젊은이들에게 사랑받는 기치조지는 시
모키타자와의 서민적 분위기와 지유가오카의 자유로움이 어우러져 골목
골목 새로운 도쿄를 만날 수 있는 곳이다. 역을 중심으로 공원 출구와 중앙
출구로 나뉘는데, 공원 출구를 나서면 지브리 미술관이 자리한 이노카시라
공원에서 휴식을 취할 수 있다. 또한 상점가 쪽으로는 파르코, 도큐, 로프트
등의 백화점과 대형 쇼핑몰이 모여 있어 쇼핑하기 편리하다. 역 하나를 사
이에 둔 양쪽 거리의 분위기가 사뭇 다른 점이 재미있는 동네다. 커피 한 잔
과 함께 공원을 산책해보자. 기분 좋은 도쿄를 만날 수 있을 것이다.

• 기치조지에서 꼭 해야 할 일 •

지브리의 세계로 떠나는 여행
토토로와 센과 치히로 팬이라면
방문해야 할 지브리 박물관

쉬어 가기 좋은 이노카시라 공원
영화나 드라마에 자주 등장했던
예쁜 이노카시라 공원 걸어보기

취향대로 골라가는 카레 맛집
마메조, 리틀 스파이스 등 다양한
카레 맛집에서 카레 도전!

마가렛 호웰 카페에서 차 한잔
MHL 에코백으로 유명한 마가렛
호웰의 숍앤카페 둘러보기

모든 소품이 탐나는 잡화점
북유럽의 일상 소품과 깔끔한 스
타일의 잡화가 가득한 산크 구경

매력적인 골목, 하모니카 요코초
100여 개의 상점, 음식점이 있는
골목 하모니카 요코초 탐방

• 찾아가기 •

가까운 역 | JR기치조지역에서 이동하며 공원 출구로 나가면 이노카시라 공원이 있고 북쪽 출구 쪽에는 카레 맛집이 모여 있다.

이용 노선 | JR열차는 추오선, 소부선이 다니고 시부야까지 연결되는 게이오 이노카시라선도 지나고 있다.

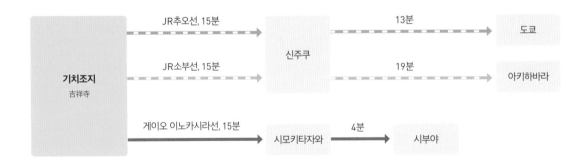

이노카시라 공원 | 공원 | Inokashira Park 井の頭公園

일본 영화나 드라마에 자주 등장하는 공원으로, 전설적인 드라마 <사랑한다고 말해줘愛していると言ってくれ>의 촬영 장소였고, 츠지 히토나리의 소설 <사랑 후에 오는 것들>에서 주인공이 매일 달리던 공원도 이곳이다. 봄이면 벚꽃이 흐드러지게 피고 여름이면 녹음이 우거지며 가을에는 단풍이 예쁜 곳이다. 공원 한쪽에는 지브리 미술관이 자리해 미술관 방문객이 많이 찾는 곳이기도 하다.

📍 JR추오선 기치조지吉祥寺역 공원 출구(남쪽 출구)에서 도보 5분
🕐 연중무휴(보트 09:30-16:50, 12-2월은 매주 수요일 휴무)
¥ 무료   🏠 東京都武蔵野市御殿山1-18-31

사토우 | 멘치카츠 | SATOU

멘치카츠 하나로 기치조지를 평정한 스테이크 하우스. 다진 고기에 잘게 썬 양파를 섞어 빵가루를 입혀 튀긴 멘치카츠를 사려는 사람들이 항상 늘어서 있어, 지도 없이도 쉽게 찾을 수 있을 정도다. 멘치카츠는 1개에 270엔, 5개 이상 살 경우 1개에 250엔. 2층은 스테이크 하우스로 미슐랭 별을 단 레스토랑이 부럽지 않을 정도의 맛을 자랑한다. 스테이크와 샐러드, 미소시루, 밥, 음료수까지 포함된 런치 정식은 그램 수에 따라 1500-4000엔 선이다.

📍 JR추오선 기치조지吉祥寺역 북쪽 출구에서 도보 1분
🕐 멘치카츠 10:30-19:00 / 레스토랑 11:00-14:30, 17:00-20:30, 연초 휴무
🏠 東京都武蔵野市吉祥寺本町1-1-8

이세야 | 꼬치구이 | Iseya いせや公園店

1928년에 오픈한 닭꼬치 전문점으로, 꼬치는 종류에 관계없이 1개에 100엔이어서 저렴한 가격이 마음에 쏙 든다. 꼬치구이 4개가 나오는 믹스 야키토리(400엔)에 차가운 맥주 한 잔을 들이켜면 행복이 멀지 않게 느껴진다. 오후 3시만 넘어도 가득 차는 기치조지의 오래된 명소로 본점, 공원점, 북쪽 출구점까지 세 곳의 점포가 있다.

📍 JR추오선 기치조지吉祥寺역 공원 출구(남쪽 출구)에서 도보 4분
🕐 12:00-22:00, 월요일 휴무
🏠 東京都武蔵野市吉祥寺南町1-15-8(공원점)

아브릴 | 실 | AVRIL

교토에서 시작해 지금은 오사카와 도쿄에 지점을 둔 털실 전문점이다. 골목길의 단독주택을 개조해 만든 숍에 들어서면 다양한 소재와 질감의 실이 벽을 메우고 있어 인상적이다. 종류도 질감도 다른 여러 색깔의 실과 털실을 300종류 이상 갖추고 있다. 관련 책자는 물론 뜨개질 도구, 초보자를 위한 단품 키트도 구비되어 있다. 1층은 숍, 2층은 강습을 받는 공간이다.

📍 JR추오선 기치조지吉祥寺역 북쪽 출구에서 도보 7분
🕐 10:00-18:30, 수요일 휴무
🏠 東京都武蔵野市吉祥寺本町3-10-3 エスカイア吉祥寺1F6号

밍밍 | 교자 | Minmin みんみん

하모니카 요코초에서 40년 넘게 교자를 팔고 있는 곳으로, 하루에 수천 개를 직접 만들어 판매한다는 교자는 쫀득쫀득한 만두피에 양배추, 부추를 듬뿍 넣은 만두소의 어울림이 절묘하다. 물을 듬뿍 넣고 찌다가 참기름을 발라서 구워주는 것이 포인트다. 한입 베어 물면 입안에 육즙이 가득 퍼진다. 국물과 함께 주는 바지락 볶음밥(820엔)도 인기.

📍 JR추오선 기치조지吉祥寺역 북쪽 출구에서 도보 7분
🕐 11:30-20:30, 월·목요일 휴무
🏠 東京都武蔵野市吉祥寺本町1-1-9

하라 도너츠

| 도넛 | **Hara Donuts** はらドーナッツ

두유와 콩비지를 주재료로 하는 하라 도너츠는 느끼하지 않고, 단맛이 부담스럽지 않은 건강한 맛이다. 버터와 우유가 들어가지 않아서 우리가 생각하는 도넛 맛과는 차이가 있지만, 담백하고 포실포실한 느낌의 빵을 좋아한다면 꼭 한번 맛보도록 하자. 기본 도넛 이외에도 시금치, 고구마, 당근 등 채소 도넛도 있다.

♀ JR추오선 기치조지吉祥寺역 공원 출구 (남쪽 출구)에서 도보 8분

⊕ 10:00-19:00, 비정기 휴무

⌂ 東京都武蔵野市吉祥寺本町4-13-15

고양이 카페 테마리의 집

| 카페 | **Cat Café Temarino Uchi** てまりのおうち

카페를 대표하는 고양이인 테마리의 이름을 따서 '테마리의 집'이라고 이름 붙인 카페 입구에 들어서면 마치 동화 속에 들어온 듯한 느낌이 든다. 카페 곳곳에서 고양이를 볼 수 있고 좌식 테이블에 편안하게 앉아서 고양이들과 시간을 보낼 수 있다. 입장료를 내면 시간에 제한 없이 머물 수 있다.

♀ JR추오선 기치조지吉祥寺역 북쪽 출구에서 도보 5분

⊕ 10:00-21:00, 비정기 휴무

¥ 입장료 평일 1540엔, 토·일요일, 공휴일 1980엔, 저녁 19:00 이후 평일 1100엔, 토·일요일, 공휴일 1320엔

⌂ 東京都武蔵野市吉祥寺本町2-13-14 3F

마가렛 호웰 숍 앤 카페

| 숍&카페 | **Margaret Howell SHOP & CAFÉ**

내추럴한 프렌치 스타일에 격식 있는 영국식 스타일이 적절하게 혼합된 브랜드 마가렛 호웰의 숍 앤 카페. 우리에게는 MHL 에코백으로 더 유명한 곳이기도 하다. 1층 카페에서는 모던 브리티시 느낌의 음식을 맛볼 수 있으며, 2층 숍에는 마가렛 호웰 컬렉션과 직접 셀렉트한 하우스 홀드 굿즈도 다양하게 갖추고 있다.

♀ JR추오선 기치조지吉祥寺역 북쪽 출구에서 도보 8분

⊕ 11:00-19:00, 비정기 휴무

⌂ 東京都武蔵野市吉祥寺本町3-7-14

산크

| 소품 | **cinq**

그래픽 디자이너 부부가 운영하는 편집숍으로, 북유럽의 일상 소품과 깔끔한 스타일의 잡화가 가득한 곳이다. 산크를 대표하는 소품, 하나밖에 없는 소품, 예전에 판매했던 소품으로 선별한 잡화들을 정리한 《산크의 책サンクの本》을 펴낼 정도로 산크의 소품에 관한 주인의 관심과 사랑은 각별하다.

♀ JR추오선 기치조지吉祥寺역 북쪽 출구에서 도보 7분

⊕ 11:00-19:00, 비정기 휴무

⌂ 東京都武蔵野市吉祥寺本町 2-28-3 グリーニィ吉祥寺1F

토니스 피자

| 피자 | **Tony's Pizza**

1968년 요요기에서 오픈, 그 후 기치조지로 이전해서 50년 넘게 영업하고 있는 피자집이다. 피자 1인분, 935엔으로 2조각이 나오는데, 흘러내릴 정도로 치즈가 듬뿍 얹어져 있다. 메뉴 중 고기와 야채가 토핑 된 믹스 피자가 가장 인기. 미국 감성이 물씬 묻어나는 소박한 실내 인테리어가 인상적이다.

♀ JR추오선 기치조지吉祥寺역 남쪽 출구에서 도보 4분

⊕ 11:00-21:00, 월요일 휴무, 비정기 휴무

⌂ 東京都武蔵野市吉祥寺南町1-6-9

핫티프낫 기치조지노 오우치

| 카페 | **Hattifnatt Kichijoji**

그림 동화책을 현실로 옮겨온 듯한 Cafe Hattifnatt은 옛 민가를 개조해 만든 카페로 일본 그림책 작가 마리니 몬티니マリーニ・モンティーニ의 귀여운 일러스트가 카페 벽면과 내부를 가득 채우고 있으며 작은 소품들부터 음료, 음식까지 모두 사랑스러움이 넘친다.

♀ JR추오선 기치조지吉祥寺역 북쪽 출구에서 도보 8분

⊕ 11:00-21:00, 월요일, 세 번째 화요일 휴무

⌂ 東京都武蔵野市吉祥寺南町2-22-1

KICHIJOJI SPECIAL

카레의 거리, 기치조지

혼자 사는 젊은 사람들이 많은 기치조지는 한 끼를 간단하고 만족스럽게 먹을 수 있는 카레가 인기를 끌면서 '카레의 거리'라고 불리기 시작했다.
40년 가까이 이어온 카레 맛집부터 독특하고 새로운 스타일의 카레집까지 기치조지의 소울 푸드인 카레 집들을 소개한다.

마메조 Mamezou まめ蔵

기치조지의 유명한 카레집 중에서도 가장 오래된 곳으로, 1978년에 오픈했다. 야채 카레를 비롯해 버섯, 닭고기, 돼지고기, 쇠고기 등 여러 종류의 카레가 있으며 인기 있는 메뉴는 가지, 방울토마토, 콩, 삶은 달걀이 토핑되어 있는 스페셜 카레(1130엔)로, 고기의 종류를 선택할 수 있다. 한국어 메뉴도 있다.

📍 JR추오선 기치조지吉祥寺역 북쪽 출구에서 도보 6분
🕐 11:00-21:00, 비정기 휴무
🏠 東京都武蔵野市吉祥寺本町2-18-15

사보우 무사시노분코 茶房 武蔵野文庫

복고풍 느낌이 물씬 풍기는 카페로 1985년에 오픈했다. 커다란 감자와 닭고기가 들어간 치킨 카레 단 한 종류만 판매하는데 카레라이스1100엔, 곱빼기는 100엔 추가, 미니 사이즈チビ는 100엔 할인, 샐러드와 음료가 포함된 세트 메뉴는 1100엔이다. 차분한 분위기의 카페에서 클래식 음악을 들으며 풍미 가득한 카레라이스를 먹으면 기분이 한결 좋아진다.

📍 JR추오선 기치조지吉祥寺역 북쪽 출구에서 도보 5분
🕐 10:00-21:00, 월·화요일 휴무
🏠 東京都武蔵野市吉祥寺本町2-13-4

쿠구츠소 Kugutsusou くぐつ草

1979년에 오픈한 카페로, 계단을 따라 지하로 내려가면 유럽풍의 실내를 만날 수 있다. 식사 메뉴가 다양하게 갖추어져 있는데, 그중 가장 인기 있는 메뉴는 쿠구츠소 카레 세트(1980엔)다. 쇠고기 카레에 건포도를 예쁘게 올린 밥과 샐러드 그리고 커피나 홍차가 포함되어 있다. 카레는 오래 끓여내 감칠맛이 난다. 오믈렛과 카레가 함께 나오는 오므 카레(1400엔)도 인기.

📍 JR추오선 기치조지吉祥寺역 북쪽 출구에서 도보 4분
🕐 10:00-22:00, 연중무휴
🏠 武蔵野市吉祥寺本町1-7-7 島田ビルB1F

리틀스파이스 Little Spice カレー食堂 リトル・スパイス

카운터석 10석 정도밖에 안되는 작은 곳이지만 카레의 격전지인 기치조지에서 당당하게 인기 1위를 차지하고 있다. 메뉴는 카레 6종류로 인도와 아시아풍 카레를 전문으로 하며, 키마 카레(1080엔)와 치킨크림카레(1100엔)가 인기다. 혼자서도 부담 없이 찾을 수 있어 더 좋다.

📍 JR추오선 기치조지吉祥寺역 북쪽 출구에서 도보 6분
🕐 17:30-21:00(토·일요일, 공휴일 16:30-21:00), 비정기 휴무
🏠 東京都武蔵野市吉祥寺本町2-14-1 山田ビル2F

吉祥寺 기치조지

산크 베이커리 단디종

리틀스파이스 36사브로

하라 도너츠

사보우 무사시노분코
고양이카페 테마리의 집

도큐
백화점

로프트

Coppice 기치조지

아브릴
키노쿠니야

마가렛호웰
숍앤카페

마메조

모모 내추럴

요도바시카메라

쿠구츠소 사토우 교자밍밍

유니클로 PARCO 하모니카 키친

엘브레스 하모니카요코초

JR추오선

기치조지
吉祥寺

핫티프낫 기치조지노
오우치 방면

코가네이 공원,
에도도쿄 타테모노엔 방면

미타카역 방면

돈키호테

토니스 피자

이노카시라공원

이세야

미타카노 모리
지브리 방면

이노카시라 호수

이노카시라코엔역 방면

SHIMOKITAZAWA

下北沢 시모키타자와

전통적인 번화가인 신주쿠, 시부야와는 다른 색깔을 가지고 있는 시모키타자와는 골목 곳곳에 자리한 극장과 라이브하우스로 인디밴드와 배우 지망생이 모여드는 자유롭고 개방적인 젊은이들의 거리다. 역을 중심으로 북쪽과 남쪽, 두 지역으로 나뉘며 북쪽 출구로는 스타일리한 빈티지숍과 잡화점, 카페가 즐비하고, 음식점이 있는 남쪽 상점가는 서민적인 북적거림을 느낄 수 있어 여행의 재미를 더한다. 흥미로운 동네인 시모키타자와는 골목골목을 잘 살피면서 다녀야 그 진가를 알 수 있다.

------------------------------ THINGS TO DO ------------------------------

• 시모키타자와에서 꼭 해야 할 일 •

브런치 맛집 찾아가기
브런치로 유명한 선데이 브런치 카페에서 기분 좋은 식사

도쿄에서 손꼽히는 소바 맛집
정원이 딸려 있어 운치 있는 소바집 다신소안에서 점심 식사

라이브 공연 즐기기
매일 저녁 라이브공연이 열리는 모나 레코드에서 공연 감상

모양도 예쁜 일본식 빙수 먹기
시모키티차엔 오오야마에서 달콤한 일본식 빙수 맛보기

· 찾아가기 ·

가까운 역 | 오다와라선 또는 이노카시라선 시모키타자와역 주변으로 숍과 레스토랑이 모여 있다.

이용 노선 | 신주쿠까지는 오다큐 오다와라선, 시부야까지는 게이오 이노카시라선으로 연결된다.

기치조지 ──게이오 이노카시라선, 15분──▶ 시모키타자와 下北沢 ──오다큐 오다와라선, 7분──▶ 신주쿠
시모키타자와 下北沢 ──4분──▶ 시부야

선데이 브런치 | 카페 | Sunday Brunch

통유리창을 통해 들어오는 따뜻한 햇살을 즐기며 프렌치 토스트를 맛보는 여유를 느낄 수 있는 특별한 곳이다. 달콤한 시럽에 푹 적신 후 구워내 겉은 바삭하고 속은 부드러운 프렌치 토스트는 종류에 따라 1650~1870엔이며 브런치 세트는 미니 샐러드, 파스타에 케이크와 차가 제공되고 2420엔이다.

- 📍 이노카시라선 시모키타자와下北沢역 북쪽 출구에서 도보 3분
- 🕐 11:00~19:30, 연중무휴
- 🏠 東京都世田谷区北沢2-29-2 フェニキアビル 2F

하시리 스시 | 스시 | はしり下北沢

샌프란시스코에서 3년 연속 미슐랭 1스타를 획득한 스시 카이세키 레스토랑 하시리의 도쿄 시모키타 지점으로 캐주얼한 공간에서 스시 코스 요리를 선보인다. 스시 오마카세 코스 1만 1000엔. 또한 120종류가 넘는 와인을 갖추고 있어 스시와 어울리는 와인을 소믈리에가 직접 페어링 해주는 점도 특별하다.

- 📍 이노카시라선 시모키타자와下北沢역 동쪽 출구에서 도보 5분
- 🕐 17:30~21:30, 수요일, 두 번째, 네 번째 목요일 휴무
- 🏠 東京都世田谷区北沢3-19-20 reload 1-6

시로히게노 슈크림 공방 | 슈크림 | 白髭のシュークリーム工房

미야자키 하야오 감독의 친척이 운영하는 자그마한 가게로 귀엽게 방긋 웃는 토토로 슈크림을 만날 수 있다. 커스터드, 스트로베리, 초콜릿 등 다양한 크림이 꽉 찬 슈크림은 1개 600~640엔. 지브리 스튜디오의 공식 공방으로 오직 이곳에서만 토토로 슈크림을 구입할 수 있어 기념 촬영으로 방문하는 사람들이 많다.

- 📍 이노카시라선 시모키타자와下北沢역 서쪽 출구(남측)에서 도보 10분 오다큐선 세타가야다이타世田谷代田역 서쪽 출구에서 도보 3분
- 🕐 10:00~19:00, 화요일 휴무
- 🏠 東京都世田谷区代田5-3-1 1F

운 나나 쿨 | 속옷 | ウンナナクール Une Nana Cool

속옷 브랜드 와코루가 젊은 감각으로 만들어낸 세컨드 브랜드로, 소녀 감성을 자극하는 귀여운 스타일의 속옷 전문점. 디스플레이되어 있는 깜찍한 속옷 때문에 저절로 발길이 멈추게 되는 곳으로, 파스텔 색상을 기본으로 한 부드러운 컬러의 예쁜 속옷이 가득하다. 팬티 1300엔, 브래지어 2500-3500엔 정도로 가격도 합리적이다. 속옷뿐 아니라 잠옷, 양말 등 다양한 아이템이 있다.

📍 이노카시라선 시모키타자와下北沢역 북쪽 출구에서 도보 1분
🕐 11:00-20:00, 비정기 휴무   🏠 東京都世田谷区北沢2-25-7 T&Tビル

미칸 시모키타

| 복합상업시설 | ミカン下北

이노카시라선 고가 아랫부분과 그 일대에 들어선 복합상업시설로 개성 있는 숍과 레스토랑이 입점해 있다. 특히 토요백화점 별관에는 다양한 빈티지 잡화점이 있어 세상에서 하나뿐인 물건을 찾는 재미가 있다. 츠타야, 브루클린 로스팅 컴퍼니 등 유명 매장도 있다.

📍 이노카시라선 시모키타자와下北沢역에서 도보 1분
🕐 09:00-22:00(매장마다 다름)
🏠 東京都世田谷区北沢2-11-15ほか

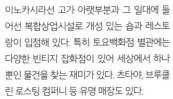

나스오야지

| 카레 | Nasu Oyaji 茄子おやじ

맛있는 음식점이 많기로 유명한 시모키타자와에서도 이름을 떨칠 만큼 유명한 카레집이다. 가지 아저씨라는 주인의 별명을 가게 이름으로 내걸었는데, 대로변에서 조금 떨어진 골목 안에 위치한 이곳이 이렇게 유명해진 건 자극적인 맛이 아닌 집에서 늘 먹을 수 있는 편안한 맛이기 때문이다. 치킨, 채소, 버섯, 쇠고기 등의 재료를 모두 넣은 나스오야지 스페셜茄子おやじスペシャル(1500엔)이 인기.

📍 이노카시라선 시모키타자와下北沢역 남쪽 출구에서 도보 5분
🕐 12:00-22:00, 비정기 휴무
🏠 東京都世田谷区代沢5-36-8 アルファビル 1F

모나 레코드

| 카페 | mona records モナレコード

일본 가정식을 맛볼 수 있는 음악 식당과 매일 저녁 라이브 공연이 열리는 공연장이 함께 있는 특별한 장소다. 인디밴드의 거점인 시모키타자와를 찾았다면 2층 카페에서 저녁을 먹고 3층에서 공연을 즐기는 경험을 추천한다. 티켓 가격은 공연에 따라 2000-4000엔까지 다양하다.

📍 이노카시라선 시모키타자와下北沢역 남쪽 출구에서 도보 2분, 이나빌딩 2, 3층
🕐 15:00-24:00, 토·일요일, 공휴일 10:00-24:00, 비정기 휴무
🏠 東京都世田谷区北沢2-13-5 伊奈ビル 2F&3F

플리퍼즈

| 팬케이크 | FLIPPER'S

시모키타자와에서 최고의 인기를 자랑하는 팬케이크 카페로, 곁들이는 재료에 따라 달콤한 디저트부터 식사 대용으로도 충분한 다양한 스타일의 팬케이크를 만날 수 있다. 시부야, 지유가오카에도 지점이 있다.

📍 이노카시라선 시모키타자와下北沢역 북쪽 출구에서 도보 2분

🕐 11:00-20:00, 비정기 휴무

🏠 東京都世田谷区北沢2-26-20 1F

와플 카페 오란지

| 와플 | waffle café ORANG

한입 베어 물 때 느껴지는 바삭바삭한 촉감과 부드럽게 퍼지는 맛으로 극찬을 받고 있는 와플을 맛볼 수 있는 카페로, 일본의 와플 마니아들이 선정한 시모키타자와 최고의 와플 카페이기도 하다. 메이플 시럽만 곁들인 '플레인 와플', 계절별 신선한 과일을 얹어주는 '프루츠 와플' 등 어느 것을 먹어도 실망하지 않는다.

📍 이노카시라선 시모키타자와下北沢역 북쪽 출구에서 도보 1분

🕐 11:00-20:00, 1월 1일 휴무

🏠 東京都世田谷区北沢2-26-21 エルフェアシティ下北沢 1F

히로키

| 오코노미야키 | HIROKI

〈고독한 미식가〉에 소개되며 더 유명해진 곳이다. 모든 재료를 섞어서 구워내는 간사이풍 오코노미야키와는 달리 이곳은 한 층 한 층 켜켜이 쌓아 구워내는 히로시마풍 오코노미야키로, 굽는 모습을 지켜보는 것만으로도 재미있다. 새우, 오징어, 관자, 시소가 들어간 오코노미야키(2365엔)가 최고 인기. 면은 우동과 소바 중 선택할 수 있으며 한국어 메뉴가 있어서 편리하다.

📍 이노카시라선 시모키타자와下北沢역 남쪽 출구에서 도보 3분

🕐 12:00-21:30, 연중무휴

🏠 東京都世田谷区北沢2-14-14 ハニー下北沢 1F

로지우라 커리 사무라이

| 수프카레 | Rojiura Curry SAMURAI 路地裏カリィ侍

홋카이도 수프카레의 명가 사무라이의 첫 도쿄 지점으로, 주문은 메뉴를 먼저 고른 후 수프의 맛과 매운 정도, 토핑을 선택하는데 선택 사항에 따라서 추가 요금이 있을 수도 있다. 가장 인기 있는 메뉴는 치킨과 하루 분의 채소 20종류(1650엔)며 치킨은 바삭한 맛과 부드러운 맛 중 선택할 수 있다. 홋카이도까지 가지 않아도 홋카이도에서 유명한 수프카레집의 카레 맛을 즐길 수 있어서 좋다.

📍 이노카시라선 시모키타자와下北沢역 북쪽 출구에서 도보 5분

🕐 11:00-15:30, 17:30-21:30, 비정기 휴무

🏠 東京都世田谷区北沢3-31-14

시모키타차엔 오오야마

| 빙수 | Shimokita Chaenooyama しもきた茶苑大山

1층은 시모키타차엔 오오야마의 차를 판매하는 숍, 2층은 카페로 일본 전통차와 디저트 그리고 여름이면 빙수를 판매했는데, 지금은 빙수가 워낙 유명해져서 1년 내내 빙수를 판매하고 있다. 다양한 메뉴 중 가장 인기 있는 것은 말차 라테 빙수抹茶ラテかき氷(864엔)로 조금 늦게 가면 다 팔려서 맛을 볼 수 없는 경우도 종종 있다.

📍 이노카시라선 시모키타자와下北沢역 동쪽 출구에서 도보 2분

🕐 숍 09:00-19:00, 카페 14:00-18:00, 수요일 휴무

🏠 東京都世田谷区北沢3-19-20 reload1-11

183

고토쿠지

| 사찰 | 大谿山 豪徳寺

복을 부르는 고양이 마네키네코招き猫의 발상지로 알려진 절로, 경내 곳곳에서 복 고양이를 발견할 수 있다. 특히 쇼후쿠덴招福殿 옆에는 크고 작은 복 고양이가 빽빽하게 늘어서 있으며, 소원을 적는 에마絵馬에도 귀여운 복 고양이가 그려져 있다. 녹음이 우거진 넓은 경내는 여유로운 시간을 보내기에도 그만이다.

📍 도큐세타가야선 미야노사카宮の坂역에서 도보 5분, 오다큐선 고토쿠지豪徳寺역에서 도보 15분

🕐 06:00~17:00

🏠 東京都世田谷区豪徳寺2-24-7

下北沢 시모키타자와

🍴 로지우라 커리 사무라이 방면

이치반가이 一番街

🍴 하시리 스시
시모키타차엔 오오야마

위고 🛍🍴 선데이 브런치

플리퍼즈 🍴

와플 카페 오란지 🍴

오다큐 오다와라선

🛍 토요 백화점
운 나나 쿨

게이오 이노카시라선

🛍 무인양품

🛍 빌리지뱅가드

시모키타자와
下北沢 🚉

혼다극장 ●

차 자 와 도 리
茶沢通り

게이오 이노카시라선

🛍 미칸 시모키타

🍴 모나레코드
🍴 이치란
🍴 히로키

미 나 미 구 치 상 점 가 南口商店街

🍴 시로히게노 슈크림
공방 방면

나스오야지 🍴

🍴 다신소안 방면
🍴 코자사스시 방면

KAGURAZAKA

神楽坂　카구라자카

이다바시飯田橋역과 카구라자카神楽坂역을 이어주는 야트막한 언덕길의 카구라자카 거리는 도쿄의 대표적인 옛 거리 중 하나다. 예부터 문인들의 거점이 되었던 곳이어서 오랜 역사를 자랑하는 출판사와 원고지를 판매하던 문구점 등 옛 느낌이 물씬 풍기는 상점을 쉽게 찾아볼 수 있다. 뒷골목으로 들어가면 메이지 시대부터 운영되어온 요정, 전통 음식을 즐길 수 있는 식당도 볼 수 있으며 한쪽으로는 현대적 상점과 카페가 공존해 독특한 매력을 풍긴다.

• 카구라자카에서 꼭 해야 할 일 •

운치 있는 돌길 걸어보기
돌이 깔려 있는 명소 거리 효고요코초를 산책하고 인증샷 찍기

깜찍한 페코짱야키 먹어보기
제과 브랜드 후지야숍에서 마스코트 페코짱 모양 과자 먹기

아코메야 도쿄 돌아보기
쌀에 관한 모든 것이 있는 라이프스타일 숍 돌아보기

도쿄 속 파리, 크레이프 맛집
프랑스 출신 셰프가 운영하는 르브르타뉴의 정통 크레이프 맛보기

아카기 신사 걸어보기
전통과 모던함이 조화를 이룬 아카기 신사와 명물 카페 방문

야경이 아름다운 수상 레스토랑
각종 드라마의 배경으로 유명한 수상 레스토랑에서 식사

• 찾아가기 •

가까운 역 | 지하철 카구라자카역 또는 JR이다바시역에서 이동할 수 있다.

이용 노선 | 이다바시역은 JR소부선과 지하철 도쿄메트로 유라쿠초선, 난보쿠선, 토자이선이 모두 운행한다. 지하철 카구라자카역은 도쿄메트로 토자이선을 이용한다

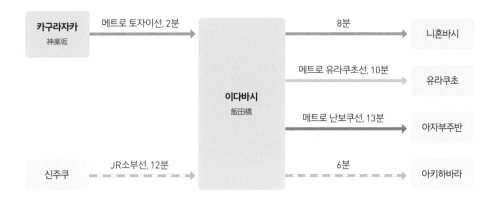

앙스티튜트 프랑세 도쿄(구. 도쿄 일불 학원)

| 어학원 | **Institut Français Tokyo** 東京日仏学院

1952년 '도쿄 일불 학원'으로 설립된 일본과 프랑스 문화 교류를 위한 시설로 2012년 앙스티튜트 프랑세 도쿄로 이름이 바뀌었다. 관내 도서관, 서점, 프렌치 레스토랑, 카페 등의 시설은 외부인도 이용할 수 있으며, 르 코르뷔지에Le Corbusier로부터 사사한 사카쿠라 준조坂倉準三가 설계한 이국적인 건축물을 보기 위해 많은 이들이 찾는다. 카구라자카 주변으로 많은 프렌치 레스토랑, 베이커리들이 모여들어 리틀 프렌치라는 별명을 얻게 된 것도 바로 이 일불 어학원 덕분이다.

📍 JR이다바시飯田橋역 서쪽 출구에서 도보 7분2분
🕐 09:30-13:30, 14:30-19:30(요일에 따라 다름), 월요일 휴무
🏠 東京都新宿区市谷船河原町15

캐널 카페

| 카페 | **CANAL CAFÉ**

야경이 끝내주는 수상 레스토랑으로, 각종 드라마의 배경이 되면서 더 유명해졌다. 강이 보이는 테라스석에서 차를 마실 수 있는 데크사이드는 셀프서비스로 운영되며 커피와 케이크, 간단한 식사를 즐길 수 있다. 테라스석에서 커피와 케이크를 즐겨보자. 행복한 기분이 든다.

📍 JR이다바시飯田橋역 서쪽 출구에서 도보 2분
🕐 11:30-21:00(일요일, 공휴일 11:30-21:30), 비정기 휴무
🏠 東京都新宿区神楽坂1-9

효고요코초 | 명소 거리 | 兵庫横町

돌이 깔린 길과 전통 음식점이 늘어선 거리가 고풍스러운 분위기를 풍기는 골목길로, TV나 영화에 자주 등장한다. 영화나 문학계 사람들이 글을 쓰기 위해 주로 찾아 '출세 여관'이라고 불리는 '료칸 와카나'가 유명하며, 길 양쪽으로는 일반 주택을 개조한 요리집이 많다. 드라마 <친애하는 아버님께>에 등장해 유명 관광지로 자리 잡았다.

📍 JR이다바시飯田橋역 서쪽 출구에서 도보 5분
🕐 24시간 개방
🏠 東京都新宿区神楽坂4-2周辺

벳테이 토리자야 | 우동 | 別亭 鳥茶屋

일본 정서가 넘치는 카구라자카의 아타미유 계단熱海湯階段 사이에 자리한 우동 전문점이다. 대표 메뉴는 오야코동(親子丼, 980~1340엔)과 우동 스키(うどんすき, 1750엔). 특히 조개, 새우, 닭고기에 갖은 채소가 들어간 국물과 두툼한 면발의 우동 스키가 스테디셀러이며, 전화로 예약이 가능하다.

📍 JR이다바시飯田橋역 서쪽 출구에서 도보 5분
🕐 11:30-14:00, 17:00-21:00, 월요일 휴무, 연말연시 휴무
🏠 東京都新宿区神楽坂3-6
☎ +81-3-3260-6661

후지야

| 베이커리 | **Fujiya** 不二家

일본 제과기업 후지야의 마스코트로 유명한 페코짱야키를 만날 수 있는 유일한 곳이다. 일본에만 천 여 개의 점포가 있지만 페코짱야키 ペコちゃん焼き(190-250엔)는 이곳 카구라자카점에서만 판매한다. 팥, 초콜릿, 커스터드 크림, 치즈의 4종류가 있으며 계절에 따라 새로운 맛이 추가되기도 한다.

- 📍 JR이다바시飯田橋역 서쪽 출구에서 도보 2분
- 🕐 10:00-20:00, 비정기 휴무
- 🏠 東京都新宿区神楽坂1-12

르 브르타뉴

| 크레페 | **Le Bretagne**

1996년에 프랑스 브르타뉴 출신의 셰프가 문을 연 이래 프랑스 정통 크레페, 갈레트와 함께 사과주인 시드르를 함께 즐길 수 있어 많은 이들의 사랑을 받는 카구라자카 정통 프랑스 크레프리다. 식사로도 좋은 갈레트ガレット는 하나에 2000엔선, 크레페는 1000엔 전후며 시드르 シードル(700엔~)와 궁합이 잘 맞는다.

- 📍 JR이다바시飯田橋역 서쪽 출구에서 도보 4분
- 🕐 11:30-22:00, 연중무휴
- 🏠 東京都新宿区神楽坂4-2

마카나이 코스메

| 천연 화장품 | **Makanai Cosmetics** まかないこすめ

천연 재료를 사용한 오가닉 화장품 전문점이다. 가장 인기 있는 제품은 100퍼센트 곤약을 사용한 샤워 스펀지인 코오리 콘냐쿠 스펀지 凍りこんにゃくスポンジ(1100엔)이다. 보습성이 높은 곤약의 특성 때문에 민감성 피부나 아기에게도 안심하고 사용할 수 있다고.

- 📍 JR이다바시飯田橋역 서쪽 출구에서 도보 5분
- 🕐 10:30-20:00(일요일, 공휴일 11:00-19:00), 비정기 휴무
- 🏠 東京都新宿区神楽坂3-1

아카기 신사 | 명소 | **Akagi Shrine** 赤城神社

좋은 인연, 예술, 학문 성취, 화재 예방 등을 기원하는 '이와츠츠오노미코토'라는 신을 모신 곳으로, 전통과 모던함이 조화를 이루어 고즈넉한 분위기를 자아낸다. 신사 내에 자리한 아카기 카페는 유명 건축가 쿠마 켄고가 디자인해 전통과 모던함을 잘 조화시켜 오픈과 동시에 주목 받은 곳이기도 하다. 정통 이탈리언 셰프가 선보이는 여러 가지 식사 메뉴는 물론, 눈도 입도 즐거운 디저트까지 다양해서 신사 방문 후 즐기기에 좋다.

- 📍 토자이선 카구라자카神楽坂역 1번 출구에서 도보 3분
- 🕐 **카페** 11:30-17:00, 화요일 휴무, 비정기 휴무
- 🏠 東京都新宿区赤城元町1-10

아코메야 도쿄 인 라 카쿠 | 라이프스타일 숍 | AKOMEYA TOKYO in la kagu

일본인의 주식인 밥을 주제로 한 식품과 잡화를 취급하는 라이프스타일 숍으로 가장 큰 특징은 전국 각지에서 엄선한 쌀을 원하는 대로 블랜딩 해서 구매할 수 있다는 것이다. 물론 가격이 비싼 편이어서 선뜻 구매는 힘들지만, 포장도 예쁘게 해주어서 선물로도 좋다. 1층에는 쌀과 관련된 식품, 잡화 등을 판매하는 마켓과 갓 지은 쌀로 만든 아코메야 정식을 먹을 수 있는 식당, 말차 라테, 말차 진저에일 등의 오리지널 메뉴를 갖춘 카페가 있고, 2층에는 화장품을 비롯한 생활 잡화, 의류 등을 판매하는 숍이 있다.

📍 토자이선 카구라자카神楽坂역 2번 출구에서 도보 1분   🕐 11:00-20:00, 비정기 휴무   🏠 東京都新宿区矢来町67

오 메르베이유 드 프레드

| 디저트 | Aux Merveilleux de Fred

1997년 프랑스에서 오픈한 베이커리 오 메르베이유의 일본 매장으로 밖에서도 눈에 확 띄는 샹들리에로 더 유명한 곳이다. 1층에는 쇼케이스와 통유리 너머로 빵을 만드는 모습을 볼 수 있는 주방이, 2~3층에는 카페 공간이 있다. 이곳에 가면 머랭과 생크림으로 만든 과자인 메르베이유(1개 390엔)는 꼭 맛보도록 하자. 맛은 총 6가지가 있다.

📍 토자이선 카구라자카神楽坂역 2번 출구에서 도보 2분

🕐 09:00-19:00, 비정기 휴무

🏠 東京都新宿区矢来町107-2

아카 아마 커피

| 카페 | Akha Ama Coffee Kagurazaka

주택가 골목에 자리한 분위기 있는 카페로 태국 북부 산악 지대에서 직접 공수해오는 희귀 원두로 만든 맛있는 커피를 맛볼 수 있다. 커피와 잘 어울리는 당근 케이크도 유명해서 제법 인기가 많은 곳으로 항상 사람들이 가득하다. 한가롭게 시간을 보내고 싶다면 평일 오전에 방문하자.

📍 토자이선 카구라자카神楽坂역 1a 출구에서 도보 3분

🕐 08:00-19:00, 비정기 휴무

🏠 東京都新宿区赤城元町1-25

류호

| 중화요리 | 龍朋 The Lahmen

현지 지역 주민들의 사랑을 받는 중화요리 집으로 오랜 역사를 느낄 수 있는 외관과 정겨운 실내 분위기가 인상적이다. 대부분 볶음밥(チャーハン, 900엔)을 주문한다는 볶음밥 맛집이며 그 외에도 라멘, 마파 덮밥, 중화 덮밥 등의 메뉴도 인기이다.

📍 토자이선 카구라자카神楽坂역 2번 출구에서 도보 1분

🕐 11:00-22:00, 일요일, 공휴일 휴무

🏠 東京都新宿区矢来町123 第一矢来ビルB1F

카구라자카 마츠리

| 축제 | 神楽坂祭り

7월 마지막 주 목~토요일까지 4일간 카구라자카 일대에서 열리는 축제로 1부(수·목요일)에서는 젠코쿠지善國寺 주변에서 열리는 야타이를, 2부(금·토요일)에서는 카쿠라자카 일대에서 펼쳐지는 전통 춤 퍼레이드 아와오도리阿波踊り大会를 즐길 수 있다. 색색의 의상을 입고 신나는 전통 악기 장단에 맞춰 춤을 추며 행진하는 모습이 볼만하다.

📍 카구라자카 일대

🕐 **1부 호오즈키이치**ほおずき市 7월 마지막주 수·목요일 17:00-21:00,
2부 아와오도리阿波踊り大会 7월 마지막주 금·토요일 19:00-21:00

NIPPORI

日暮里　닛포리

벚꽃으로 유명한 야나카 공원묘지를 중심으로 70개가 넘는 사찰이 흩어져 있는 이 지역은 얼마 전까지만 해도 평범한 사찰 마을 정도로 알려져 있었지만, 몇 년 전부터 개성 있는 갤러리와 카페 등이 하나둘씩 들어서면서 도쿄의 인기 지역으로 급부상하고 있다. 사찰 특유의 차분한 분위기와 갤러리를 찾는 사람들의 여유로움이 더해져 다른 지역과 차별화된 매력적인 거리가 되었다. 쇼핑 상점이나 볼거리는 적지만 혼자만의 여행이나 산책을 즐기는 사람이라면 충분히 좋아할 만하다.

• 닛포리에서 꼭 해야 할 일 •

보고 먹는 재미 야나카긴자
다양한 볼거리와 먹거리가 가득
한 상점거리 야나카긴자

고양이 천국 야나카 골목 산책
고양이 테마 디저트를 맛보고, 산
책하는 고양이와 인사하기

민가 개조 카페의 타마고산도
70년 이상 전통의 카야바 커피에
서 달걀 샌드위치 맛보기

도쿄 10대 신사, 네즈 신사
국가중요문화재이자 도쿄 10대
신사로 꼽히는 네즈 신사 방문

오층탑이 유명한 텐노지
오층탑과 8미터 불상으로 알려진
고즈넉한 사찰 텐노지 산책

시원한 맥주 한잔 야나카 비어홀
오래된 민가를 개조한 야나카 비
어홀에서 다양한 맥주 맛보기

• 찾아가기 •

가까운 역 | 대부분의 스폿은 JR닛포리역에서 이동하며 지하철 센다기역이나 네즈역도 도보권에 있다.

이용 노선 | 닛포리역은 신주쿠, 시부야, 도쿄역을 지나는 JR야마노테선으로 갈 수 있다. 나리타공항-닛포리 간은 스카이라이너, 게이세이본선이 운행, 환승 없이 한 번에 이동할 수 있다.

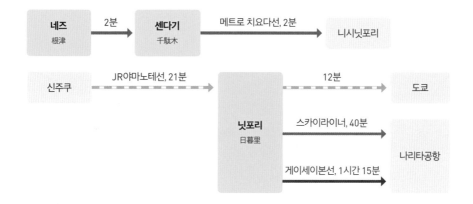

텐노지 | 사찰 | Tennoji Temple 天王寺

높이 8미터의 석가여래상과 지금은 흔적만 남아 있는 오층탑이 유명한 사찰이다. 1645년에 세워진 오층탑은 화재로 여러 번 소실되었다가 재건되었는데, 마지막으로 1957년에 불륜을 비관한 남녀가 분신자살을 하면서 탑에 불이 옮겨 붙어 소실되었다. 귀중한 문화재의 소실이라는 점 때문에 사회적 이슈와 비난을 받았던 이 사건은 고우다 로한幸田露伴의 소설 <오층탑>의 모티브가 되기도 했다.

📍 JR닛포리日暮里역 남쪽 출구에서 도보 2분
🕐 연중무휴   ¥ 무료
🏠 東京都台東区谷中7-14-8

타이헤이세이빵
| 베이커리 | Taiheiseipan 大平製パン

핫도그 번의 일본식 명칭인 코페빵コッペパン 사이에 여러 가지 재료를 넣어 간식이나 한 끼 식사로 즐겨 먹는 추억의 음식이 대표메뉴인 빵집이다. 크림치즈, 각종 잼, 야키소바뿐 아니라 소시지, 명란 튀김 등의 재료를 빵에 넣은 다양한 코페빵이 있으니 입맛에 맞는 빵을 골라보자.

📍 치요다선 센다기千駄木역 1번 출구에서 도보 5분
🕐 08:00-19:00, 카페 08:00-18:00, 월요일 휴무, 비정기 휴무
🏠 東京都文京区千駄木2-44-1 刈谷店舗

스카이 더 바스하우스
| 미술관 | SCAI THE BATHHOUSE

200년 역사의 목욕탕 '카시와유'를 개조해서 문을 연 현대 미술관으로, 기와지붕에 연통이 우뚝 솟아 있는 모습이 재미있는 곳이다. 전시장 안에 들어서면 높은 천장과 햇살이 가득 들어와 자연광이 살아 있는 독특한 전시 공간이 눈길을 끈다. 일본 아티스트를 해외에 소개하고, 일본에서는 아직 알려지지 않은 해외의 뛰어난 작가를 일본에 소개하는 곳이어서 더 의미가 있다.

📍 JR닛포리日暮里역 남쪽 출구에서 도보 10분
🕐 12:00-18:00, 일·월요일, 공휴일, 전시물 교체 기간 휴관
¥ 무료
@ www.scaithebathhouse.com
🏠 東京都台東区谷中 6-1-23 柏湯跡

네즈신사
| 신사 | 根津神社

도쿄 10대 신사 중 하나로, 1706년 완성 후 지금까지 잘 보전되어온 본당 및 신사 건물들은 국가중요문화재로 지정되어 있다. 본당 옆으로 상업 번창의 신인 이나리稲荷신을 모시고 있는 오토메이나리乙女稲荷신사까지 이어지는 붉은 도리이鳥居 터널이 인상적이다. 신사 옆에 있는 츠츠지엔つつじ苑은 철쭉시즌인 4월-5월 초만 오픈하는 약 6600제곱미터의 정원으로 100여종에 달하는 3천 그루의 철쭉이 피어나 장관을 이룬다.

📍 치요다선 네즈根津역 1번 출구에서 5분
🕐 06:00-17:00(시즌에 따라 변동 있음), 연중무휴
¥ 경내 무료(츠츠지엔つつじ苑 200엔, 초등학생 이하 무료)
🏠 東京都文京区根津1-28-9

이세타츠

| 전통 소품 | **Isetatsu いせ辰 谷中本店**

1000여 종류 이상의 치요가미千代紙(꽃무늬 등 화려한 문양의 일본 색종이)를 판매하는 일본 종이 전문점이다. 사계절의 계절감이 살아 있는 무늬, 유머 감각이 묻어나는 문자도안 등 한 장 한 장의 종이마다 에도 시대의 멋과 풍치가 그대로 살아 있다. 다양한 치요가미와 문구, 소품 등은 기념품으로도 손색없다.

📍 치요다선 센다기千駄木역 1번 출구에서 도보 5분
🕐 10:00-18:00, 연중무휴
🏠 東京都台東区谷中2-18-9

야나카레이엔

| 묘지 | **Yanaka Cemetery 谷中霊園**

우에노 전쟁으로 피해를 입은 텐노지 경내를 공원묘지로 새로 조성한 곳이다. 15대 쇼군 도쿠가와 요시노부德川慶喜의 무덤부터 소설가 겸 극작가 시시 분로쿠獅子文六, 천재 화가 요코야마 다이칸横山大観 등의 무덤이 있어 더 유명하다. 묘지지만 공원 같은 분위기로 조성되어 산책을 즐기는 주민들과 데이트를 즐기는 커플이 많다. 봄이면 만개한 벚꽃이 장관을 이룬다.

📍 JR닛포리日暮里역 남쪽 출구에서 도보 6분
🕐 연중무휴
¥ 무료
🏠 東京都台東区谷中7-5-24

아사쿠라조소관 | 미술관 |

Asakura Museum of Sculpture 朝倉彫塑館

근대 일본 조소계의 리더였던 아사쿠라 후미오朝倉文夫의 아틀리에 겸 자택이었던 곳으로, 국가 명승지로 지정되었다. 작가가 사망 후 약 4년간의 보수공사 후 2013년 10월에 재오픈했다. 아사쿠라 후미오의 선이 굵은 조형 작품을 볼 수 있으며 멋진 안뜰 정원도 인상적이다.

📍 JR닛포리日暮里역 서쪽 출구에서 도보 5분
🕐 09:30-16:30, 월·목요일, 연말연시, 전시물 교체 기간 휴관
¥ 성인 500엔, 초·중·고등학생 250엔
@ www.taitocity.net/zaidan/asakura
🏠 東京都台東区谷中7-18-10

카야바 커피

| 카페 | **Kayaba Coffee カヤバ珈琲**

1938년부터 70여 년간 옛 시대의 맛과 풍미를 지닌 찻집이자 야나카 예술인들의 쉼터로 사랑 받았다가 2006년에 문을 닫았던 카야바 커피가 야나카 주민들의 도움으로 2009년 9월 다시 문을 열었다. 타이쇼 시대 건물의 외관과 쇼와 시대의 간판, 의자, 식기 등을 남겨두어 예전 분위기를 느낄 수 있으며 2층 공간에는 다다미도 깔려 있다. 창립 당시부터 인기 메뉴였던 달걀 샌드위치たまごサンド(1300엔)는 꼭 맛보도록 하자.

📍 JR닛포리日暮里역 남쪽 출구에서 도보 10분
🕐 10:00-17:00(토·일요일, 공휴일 09:00-18:00), 월요일 휴무
🏠 東京都台東区谷中6-1-29

야나카긴자

| 시장 거리 | Yanaka Ginza 谷中ぎんざ

닛포리역에서 유야케단단夕やけだんだん이라는 계단을 내려가면 나오는 상점 거리. 다양한 종류의 사탕을 파는 고토노아메後藤の飴, 인기 만점의 멘치카츠를 파는 니쿠노스즈키肉のすずき, 후지산 용암 가마에 빵을 구워내는 빵집 아토무明富夢 등 개성 만점의 오래된 상점들을 볼 수 있다. 동네 재래시장 같은 친근한 느낌의 장소다.

- 📍 치요다선 센다기千駄木역 2번 출구에서 5분/JR닛포리日暮里역 북쪽 출구에서 도보 5분
- 🕐 매장마다 다름
- 🏠 東京都台東区谷中3-13-1

조묘인

| 사원 | 浄名院

칸에이지寛永寺에 있던 36개의 탑두塔頭 중 하나. 1876년부터 중생 구제를 목적으로 8만 4000개의 지장을 세우기 시작해 현재 경내에는 4만 개가 넘는 지장이 늘어서 있다. 음력 8월 15일(쥬고야十五夜)의 공양에서 받은 지폐를 조금씩 뜯어서 21일간 마시면 천식이나 기침에 효험이 있다는 이야기가 전해 내려온다.

- 📍 JR닛포리日暮里역 남쪽 출구에서 도보 9분
- 🕐 09:00-17:00, 수요일 휴무
- ¥ 무료
- 🏠 東京都台東区上野桜木2-6-4

오시올리브

| 식료품 | OshiOlive

일본 최초의 소금과 올리브 전문 매장으로, '올리브 컨시어지'라는 명칭의 매장 직원이 유럽 각지에서 공수한 올리브와 소금, 발사믹 식초뿐 아니라 일본 국내산의 독특한 식재료들을 소개한다. '우에노사쿠라기아타리' 내에 위치.

- 📍 JR닛포리日暮里역 남쪽 출구에서 도보 8분
- 🕐 10:30-18:30, 월요일 11:00-15:00, 비정기 휴무
- 🏠 東京都台東区上野 桜木2-15-6あたり 2-1F

야나카비어홀

| 맥주 | Yanaka Beer Hall 谷中ビアホール

오래된 민가 3채를 리노베이트한 '우에노사쿠라기아타리上野桜木あたり'에 있는 수제 맥주집. 고민가의 레트로한 분위기 속에서 야나카비어홀 오리지널 라거, IPA, 화이트 에일 등 다양한 맥주를 즐길 수 있다. 여러 종류의 맥주를 한 번에 즐길 수 있는 테이스팅 세트(1200엔)로 맛을 본 후 입맛에 맞는 맥주를 마시면 좋다.

- 📍 JR닛포리日暮里역 남쪽 출구에서 도보 8분
- 🕐 11:00-20:00, 월요일 휴무
- 🏠 東京都台東区上野桜木2-15-6 上野桜木あたり1-1F

NIPPORI SPECIAL

고양이를 찾아 떠나는 야나카 골목 산책

좁고 미로 같은 골목 사이사이 유유히 산책하는 수많은 고양이를 만날 수 있는 야나카.
고양이를 소재로 한 간판이나 장식품, 귀여운 카페와 갤러리가 있어 고양이 천국으로 불린다.

야나카의 복 고양이 7마리 | 관광지 | 谷中の「七福猫」

2009년 도쿄 예술대학의 학생들이 고양이 거리로 유명한 야나카 긴자에 7마리의 복 고양이 오브제를 만들었다. 거리와 간판 위, 카페 입구 등에 살포시 자리한 복 고양이는 이제 상점가의 마스코트가 되었다. 야나카 긴자에 간다면 여기저기 숨어있는 7마리의 복 고양이를 찾아보자.

📍 JR닛포리日暮里역 북쪽 출구에서 도보 5분, 야나카 긴자 거리

Neko Action | 잡화 | ねこあくしょん

야나카 긴자로 이어지는 계단인 유야케단단夕焼けだんだん을 내려가기 전에 자리한 잡화점이다. 문구, 액세서리, 주방 잡화 등의 다양한 제품은 모두 귀여운 고양이를 담고 있다. 자그마한 가게 안에서 보물 찾기 하듯 귀여운 고양이 굿즈를 찾는 재미가 있는 곳이다.

📍 JR닛포리日暮里역 북쪽 출구에서 도보 5분, 유야케단단夕焼けだんだん 위
🕐 11:00-18:00, 월요일 휴무
🏠 東京都荒川区西日暮里3-10-5

갤러리 네코마치 | 전시관 | Gallery Necomachi ギャラリー猫町

고양이를 테마로 한 작품만 소개하는 전시관이다. 야나카의 한적한 주택가에 있는 단독주택을 그대로 활용한 아늑한 느낌의 전시 공간에서 도예, 회화, 조각, 사진 등 고양이를 테마로 한 다양한 작품을 만나볼 수 있다.

📍 JR닛포리日暮里역 남쪽 출구에서 도보 10분
🕐 11:00-18:00, 월~수요일 휴관
¥ 무료   @ gallery.necomachi.com
🏠 東京都台東区谷中2-6-24

고양이를 찾아 떠나는 야나카 골목 산책

야나카 싯포야 | 도넛 | Yanaka Shippo-ya やなかしっぽや

'싯포しっぽ(꼬리)'라는 상호명에서도 알 수 듯이, 고양이 꼬리 모양의 귀여운 도넛을 판매하는 곳이다. 대표메뉴는 오픈 이래 지금까지 부동의 1위인 토라とら로, 화이트 초콜릿으로 줄무늬 고양이 꼬리 모양을 만들어 구워낸 코코아 맛 도넛이다. 가격은 100-160엔. 여름에는 고양이 얼굴이 그려진 전병을 올린 아이스크림도 판매한다.

📍 치요다선 센다기千駄木역 2번 출구에서 5분
　　JR닛포리日暮里역 북쪽 출구에서 도보 5분
🕐 11:00-18:00(토·일, 공휴일 10:00-19:00), 비정기 휴무
🏠 東京都台東区谷中3-11-12

카페 네코에몬 | 카페 | Café Nekoemon カフェ猫衛門

90년 된 고민가를 개조한 카페이자 마네키네코 전문점 야나카도의 자매점으로, 바로 옆에 있다. 카페이름에 네코猫(고양이)를 내세웠듯 치즈케이크, 몽블랑, 에클레어 등 모든 메뉴에 귀여운 고양이 모양이 데코되어 있다. 이곳에서는 하얀 마네키네코에 다양한 색을 칠할 수 있는 경험도 가능하니, 차와 디저트를 즐기며 여유롭게 나만의 마네키네코를 만들어보는 것도 추천한다.

📍 치요다선 센다기千駄木역 1번 출구에서 6분
　　JR닛포리日暮里역 남쪽 출구에서 도보 10분
🕐 11:00-18:00, 월요일 휴무　🏠 東京都台東区谷中5-4-2

야나카도 | 복 고양이 | Kaiun Yanakado 開運 谷中堂

마네키네코招き猫(복고양이)의 오리지널 수제품을 판매하는 마네키네코 전문샵이다. 생일별로 선택할 수 있는 생일 복고양이 등 다양한 포즈와 표정을 가진 복고양이를 만날 수 있다. 복고양이를 테마로 한 지갑, 손수건, 에코백 등 다양한 잡화도 판매하고 있다.

📍 치요다선 센다기千駄木역 1번 출구에서 6분 / JR닛포리日暮里역 남쪽 출구에서 도보 10분
🕐 10:30-17:30, 연말연시, 월요일 휴무　🏠 東京都台東区谷中5-4-3

日暮里 닛포리

↑ 🚉 🦋 니시닛포리역 방면

쿄오지 ●

🐾 Neko Action

JR닛포리 🚉
日暮里

게이세이본선

JR야마노테선

🏛 야나카 긴자
🐾 야나카 싯포야

📮 우체국

🏛 아사쿠라조소관

🏛 텐노지

🏛 센다기
千駄木

● 다이엔지

🏛 이세타츠

🏛 야나카레이엔

야나카도 🐾🐾 카페 네코에몬

🐾 갤러리 네코마치

야나카 비어홀 🍴
오시올리브 🛍
● 우에노사쿠라기아타리

🍴 타이헤이세이 빵

조묘인

스카이 더 바스하우스 🏛

📮 우체국

🍴 카야바커피

🏛 네즈신사

도쿄메트로 치요다선

🏛 네즈
根津

우에노 공원 📷

🐾 고양이 테마 숍 & 음식점

우에노 동물원 📷

🚉 🦋 우에노역 방면 ↘

UENO

上野 우에노

우에노는 JR선을 비롯한 6개 노선 이상이 집중되는 교통의 중심지다. 역
서쪽으로 넓게 자리 잡은 우에노 공원에는 일본 최초의 동물원인 우에노
동물원, 도쿄도 미술관, 도쿄 문화회관, 국립 서양미술관, 국립 과학박물관,
도쿄 국립박물관 등 문화시설이 집중되어 있고 계절마다 모습을 바꾸는 아
름다운 경관으로 시민들의 휴식 공간이 되고 있다. 우에노역 남쪽으로는
우리나라의 남대문 시장과 같은 '아메요코 쇼텐가이'가 있다. 제2차 세계대
전 직후 암시장으로 시작된 이곳에는 500개 이상의 점포가 들어서 있는데,
생필품에서 고급 수입품까지 다양한 상품이 저렴한 가격으로 거래되어 언
제나 사람들로 북적인다.

• 우에노에서 꼭 해야 할 일 •

판다가 있는 우에노 동물원
일본 최초의 동물원인 우에노 동물원에서 판다와 만나기

귀여운 판다모양 디저트 즐기기
도넛, 식빵, 화과자 등 판다를 소재로 한 다양한 디저트 즐기기

연못이 있는 우에노 공원 산책
연못과 분수가 있는 우에노 공원 산책 후 스타벅스에서 휴식

우에노 3대 돈가스로 식사
도쿄 내에서도 손꼽는 돈가스 맛집, 호라이야와 이센혼텐, 폰다혼켄

없는 게 없는 아메요코 쇼텐가이
세계 각국의 음식 재료를 구할 수 있는 아메요코 쇼텐가이 구경

오므라이스 명가 타이메이켄
우에노 역과 연결된 오랜 전통의 오므라이스 전문점 타이메이켄

• 찾아가기 •

가까운 역 | 대부분의 스폿은 JR우에노역에서 이동할 수 있다.

이용 노선 | 우에노역은 JR야마노테선, 지하철은 도쿄메트로 긴자선과 히비야선을 이용해 갈 수 있다. 우에노역과 도보로 5분 거리에 있는 게이세이선 우에노역에서는 나리타공항까지 스카이라이너, 게이세이본선이 운행되고 있다.

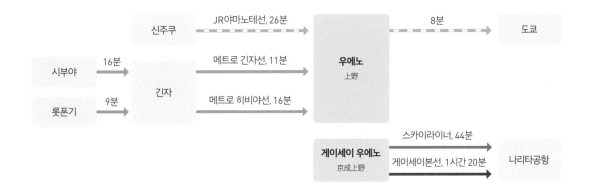

우에노 공원
| 공원 | 上野恩賜公園

일본에서 가장 오래된 공원으로 1873년에 조성되었다. 단순한 공원이 아닌 문화 공간으로 많은 이들의 사랑을 받고 있다. 넓은 공원 안에는 각종 절과 신사, 동물원, 박물관, 미술관 등이 있어 주말이면 공원을 찾는 사람들의 발걸음이 끊이지 않으며 특히 봄이면 벚꽃이 만개해 꽃구경을 나온 사람들로 북새통을 이룬다. 공원 내 스타벅스가 있어 산책을 하다 잠시 들러 쉬어 가기 좋다.

📍 JR우에노上野역 공원 출구에서 도보 2분
🕐 05:00-23:00 ¥ 무료
🏠 東京都台東区上野公園·池之端3

우에노 동물원
| 동물원 | 上野動物園

1882년에 개장한 일본 최초의 동물원. 동원東園과 서원西園으로 나뉘며 그 사이는 모노레일이 운행되고 있다. 동원에는 자연환경을 그대로 재현해놓은 고릴라 숲과 호랑이 숲이 볼 만하며, 서원에는 직접 순한 초식동물을 만져볼 수 있는 어린이 동물원이 있다.

📍 JR우에노上野역 공원 출구에서 도보 8분
🕐 09:30-17:00, 월요일, 12월 29일~1월 1일 휴원
¥ 성인 600엔, 중학생 200엔(중학생 미만 무료), 65세 이상 300엔
🏠 東京都台東区上野公園9-83

도쿄 국립박물관
| 박물관 | 東京国立博物館

1872년에 세워진 일본 최대 박물관으로, 일본을 비롯해 동양 미술품 및 고고학 관련 유물을 10만 점 이상 소장하고 있으며 국보급 중요 문화재도 다량 보유하고 있다.

📍 JR우에노上野역 공원 출구에서 도보 10분
🕐 09:30-17:00, 월요일, 연말연시(12월 26일~1월 1일) 휴관(임시 휴관 있음)
¥ 성인 1000엔, 대학생 500엔, 만 18세 미만, 만 70세 이상 무료(특별전은 추가 요금 발생)
@ www.tnm.jp
🏠 東京都台東区上野公園13-9

국립 서양미술관
| 미술관 | 国立西洋美術館

루벤스를 비롯한 여러 화가의 종교화를 중심으로 마네, 르느와르, 모네, 반 고흐 등의 유명 프랑스 회화도 만나볼 수 있다. 정원에는〈생각하는 사람〉 등 로댕의 작품도 있으니 꼭 한 번 들러보자.

📍 JR우에노上野역 공원 출구에서 도보 1분
🕐 09:30-17:30, 월요일, 12월 28일~1월 1일 휴관(임시 휴관 있음)
¥ 성인 500엔, 대학생 250엔, 만 18세 미만, 만 65세 이상 무료
@ www.nmwa.go.jp
🏠 東京都台東区上野公園7-7

하나조노 이나리신사
| 신사 | Hanazono Inari Shrine 花園稲荷神社

우에노 공원上野恩賜公園 내에 있는 붉은색 도리이로 만든 터널이 인상적인 신사다. 이나리 신사는 일본에서는 풍요와 재물의 신사인데, 우에노 하나조노 이나리 신사는 좋은 인연을 맺게 해주는 곳으로도 유명해 찾는 이들이 많다.

📍 JR우에노上野역 공원 출구에서 도보 3분
🏠 東京都台東区上野公園4-17

인쇼테이
| 가이세키 | Innsyoutei 韻松亭

우에노 공원과 함께 그 역사가 시작된 일본 전통 코스요리 가이세키 전문 레스토랑으로, 창업 당시의 건물을 그대로 사용해 운치가 있다. 예쁘게 잘 차려진 가이세키 요리를 점심메뉴 1690엔부터 즐길 수 있어 사람들의 발길이 끊이지 않는다.

📍 JR우에노上野역 공원 출구에서 도보 3분
🕐 **런치** 11:00-15:00 **디너** 17:00-21:00, 비정기 휴무
🏠 東京都台東区上野公園4-59

타이메이켄 | 오므라이스 |

Taimeiken ecute 洋食や 三代目 たいめいけん

니혼바시에서 1931년부터 이어져 내려오는 오므라이스 전문점의 우에노 지점. 폭신폭신한 오믈렛과 케첩 소스, 정통 데미그라스 소스가 어우러진 오므라이스가 대표 메뉴다. 역 개찰구 내에 위치해 찾아가기도 쉽다.

- 📍 JR우에노上野역 내 ecute 3층
- 🕐 07:00-23:00, 연중무휴
- 🏠 東京都台東区上野7-1-1 エキュート上野3F

큐이와사키 테이엔

| 정원 | **Kyu-Iwasaki-tei Gardens 旧岩崎邸庭園**

1896년 영국인 건축가가 지은 미쯔비시 창립자인 이와사키 히사야의 저택으로, 현재는 서양관과 당구실, 일본관만 남아 있다. 1961년 중요 문화재로 지정된 건축물은 내부까지 들여다볼 수 있어 더 매력적이다.

- 📍 치요다선 유시마湯島역 1번 출구에서 도보 3분
- 🕐 09:00-17:00, 연말연시(12월 29일-1월 1일) 휴무
- ¥ 성인 400엔, 65세 이상 200엔, 초등학생 이하 무료
- 🏠 東京都台東区池之端1

우에노 프론티어 타워

| 복합상업시설 | **UENO FRONTIER TOWER**

23층의 복합상업 건물로, 지하 1층에는 마츠자카야 백화점, 1-6층에는 패션, 라이프 스타일 잡화를 판매하는 파르코야PARCO_ya, 7-10층에는 TOHO 시네마가 있다.

- 📍 긴자선 우에노히로코지上野広小路역에서 연결
- 🕐 10:00-20:00, 6층 레스토랑 11:00-23:00, 비정기 휴무
- 🏠 東京都台東区上野3-24-6

시노바즈이케

| 연못 | **Shinobazu Pond 不忍池**

우에노 공원을 상징하는 연못으로, 넓은 연못가에 벚꽃나무가 가득해서 봄이면 만개한 벚꽃으로 장관을 이루고, 여름이면 물이 보이지 않을 정도로 호수를 가득 채우는 연꽃잎이 볼 만하다. 떨어지는 낙엽이 운치를 더해주는 가을의 연못도 좋지만 겨울에는 노숙자가 많아 권하고 싶지 않다.

- 📍 JR우에노上野역 시노바즈 출구에서 도보 5분
- 🕐 05:00-23:00 ¥ 무료
- 🏠 東京都台東区上野公園内

아메요코 쇼텐가이

| 시장 | **Ameyoko Market アメ横商店街**

우에노上野역과 오카치마치御徒町역 사이의 야마노테선 선로를 따라 형성된 시장으로, 제2차 세계대전 이후 미군 부대에서 흘러나온 미제 상품을 파는 암시장에서 시작되었다. 아메요코 센터 지하의 식품 마켓에서는 인도 피클이나 향신료, 타이 소스, 중국 조미료 등 세계각국의 음식 재료를 구입할 수 있다.

- 📍 JR우에노上野역 중앙 출구에서 도보 5분
- 🕐 10:00-19:00(매장마다 다름)
- 🏠 東京都台東区上野4-7

UENO SPECIAL

우에노의 3대 돈가스

돈가스 음식점의 성지로도 불리는 우에노. 그중에서도 우에노 3대 돈가스 가게로 꼽히는 3곳은 오랜 전통과 뛰어난 맛을 자랑한다.

호라이야 Horaiya 蓬莱屋

포장마차로 시작해서 인기를 얻어 지금의 가게를 오픈한 곳으로, 다른 돈가스와는 비교가 안 될 정도로 두꺼운 고기를 겉은 바삭하고 안은 부드럽게 튀겨낸 솜씨가 놀랍다. 문을 연 순간부터 손님이 끊이지 않아 줄을 서야 한다. 히레가츠테이쇼쿠ひれかつ定食(3500엔)가 인기.

📍 긴자선 우에노히로코지上野広小路역 1번 출구에서 도보 1분

🕐 11:30-14:30 (토·일요일, 공휴일 11:30-14:30, 17:00-20:30), 수요일 휴무

🏠 東京都台東区上野3-28-5

폰다혼케 ぽん多本家

1905년에 창업, 4대에 걸쳐 운영해온 노포다. 이곳의 대표 메뉴는 로스가츠인 가츠레츠カツレツ(3850엔)로, 저온의 기름에 10분 이상 튀겨내어서 튀김옷이 갈색이 아닌 흰색에 가까우며, 오랜 시간 튀겨냈음에도 겉은 바삭하고 안은 촉촉해 절묘한 맛의 조화를 이룬다. 이곳의 모든 메뉴는 밥과 국 없이 모두 단품으로만 주문할 수 있다는 것이 특이하다.

📍 긴자선 우에노히로코지上野広小路역 A1 출구에서 도보 1분

🕐 11:00-14:00, 16:30-20:00(일요일, 공휴일 16:30-20:00), 월요일 휴무

🏠 東京都台東区上野3-23-3

이센혼텐 Isen Honten 井泉本店

1930년에 문을 연 돈가스집으로, 돈가스 격전지인 우에노에서도 밀리지 않는 곳이다. '젓가락으로도 자를 수 있을 정도로 부드럽다'라는 캐치프레이즈를 내걸 정도로 부드러운 고기 질을 자랑하며, 미소시루 대신 돈지루豚汁(돼지 뼈를 고아 만든 국물)를 곁들인다. 히레가츠테이쇼쿠ヒレかつ定食(2000엔) 이외에도 가츠동かつ丼(1500엔), 가츠산도かつサンド(6개, 1000엔) 등의 메뉴가 있다.

📍 긴자선 우에노히로코지上野広小路역 A4 출구에서 도보 1분

🕐 11:30-20:50, 수요일 휴무

🏠 東京都文京区湯島3-40-3

우에노에만 있는 판다 모양 먹거리

우에노 동물원의 간판 스타인 판다 덕분에 우에노에는
각종 판다와 관련된 물품과 먹거리가 많다. 판다 애호가들의 눈과 입을 사로 잡을 판다 모양 먹거리들을 소개한다.

시레토코 도너츠의 판다 도너츠 シレトコ ドーナツ

홋카이도산 베이커리인 시레토코 팩토리의 우에노역 지점에서는 귀여운 판다가 링 속에서 웃고 있는 도넛을 만날 수 있다.

- 📍 JR우에노上野역 ecute 3층
- 🕐 08:00-22:00(요일에 따라 다름)
- 🏠 東京都台東区上野7-1-1 エキュート上野3F

후나와舟和의 수제 판다마

일본 전역에 화과자로 유명한 후나와舟和에서 만드는 우에노 한정 수제 판다마는 우에노역에 위치한 ecute 우에노에서만 구매할 수 있는 앙금으로 만든 화과자다. 귀여운 남녀 판다 한 쌍을 구입할 수 있다.

- 📍 JR우에노上野역 ecute 3층 미야게카센みやげ菓撰 내
- 🕐 08:00-22:00(요일에 따라 다름)
- 🏠 東京都台東区上野7-1-1 エキュート上野3Fみやげ菓撰

이즈미야泉屋의 판다 쿠키

일본에서 처음 쿠키를 만든 과자점이다. 귀여운 판다가 그려진 통에 개별 포장된 7종류의 쿠키가 28개 들어있는 1박스가 1404엔.

- 📍 JR우에노上野역에서 도보 10분, 마츠자카야 우에노점 본관 1층
- 🕐 08:00-20:00, 비정기 휴무
- 🏠 東京都台東区上野3-29-5

안데르센의 판다빵 アンデルセン パンダ

도쿄의 유명 베이커리 안데르센에서 코코아로 모양을 낸 판다 얼굴의 우유 식빵을 비롯해 판다 모양의 다양한 빵을 선보여 인기를 끌고 있다.

- 📍 JR우에노上野역 중앙 개찰구 앞 아트레우에노Atré Ueno 1층
- 🕐 07:30-22:00
- 🏠 東京都台東区上野7-1-1 アトレ上野七番街 1F

上野 우에노

도쿄 국립 박물관 헤이세이관

도쿄 국립 박물관

국제 어린이 도서관

호류지 보물전시관

국립 과학 박물관

타이메이켄

미야게카센

시레토코 팩토리

도쿄도 미술관

스타벅스

국립 서양 미술관

우에노동물원

게이세이본선

도쿄 스카이트리
셔틀버스 정류장

우에노 에큐트
(ecute)

우에노공원

JR우에노
上野

우에노 토쇼구

이즈에이 우메가와테이

세이요켄

하나조노 이나리 신사

인쇼테이

안데르센

우에노모리 사쿠라 테라스

Atre

시노바즈도리 不忍通り

게이세이우에노
京成上野

요도바시카메라

마루이 백화점

JR야마노테선

도쿄메트로 치요다선

시타마치 풍속자료관

시노바즈이케

아메요코 아메 요 코 쇼 테 가 이

JR야마노테선

쇼와도리 昭和通り

도쿄메트로 긴자선

도쿄대학병원

도쿄메트로 치요다선

우에노오카치마치
上野御徒町

우에노히로코지
上野広小路

마츠자카야 백화점

JR오카치마치
御徒町

호라이야

큐이와사키테이엔

카스가도리 春日通り

돈키호테

이센혼텐

우에노 프론티어 타워

토에이 오에도선

유시마
湯島

우사기야 카페

폰다혼케

유시마텐진

우사기야

ASAKUSA

浅草　아사쿠사

스미다강 서안에 자리한 아사쿠사는 도쿄의 가장 오래된 사찰인 센소지浅
草寺를 중심으로 하는 대표적인 번화가였지만, 지금은 에도 시대의 분위기
를 보존한 관광지로 더 유명하다. 센소지의 가장 바깥쪽 문인 카미나리몬雷
門에서 정문인 호조몬宝蔵門까지 이어지는 나카미세 거리 양쪽으로는 에도
시대 분위기를 풍기는 100여 개의 전통 기념품점이 늘어서 있어 언제나 관
광객들로 붐빈다. 또한 산자 마츠리, 스미다강의 불꽃놀이, 하코이타 등 다
양한 전통 행사가 열리는 장소이기도 하다.

· 아사쿠사에서 꼭 해야 할 일 ·

도쿄 대표 사찰 센소지
도쿄에서 가장 오래된 사찰이자
관광명소 센소지 둘러보기

카미나리몬에서 인증 사진 촬영
아사쿠사의 상징인 붉은 색의 문
카미나리몬에서 사진 촬영

나카미세를 걸으며 군것질 하기
100여 개 상점이 늘어선 상점거
리 나카미세에서 군것질 하기

부드러운 맛의 명물 푸딩
진하면서 부드러운 아사쿠사 실
크 푸딩의 푸딩 맛보기

도쿄 랜드마크 스카이트리
도쿄 대표 랜드마크 스카이트리
의 전망대와 쇼핑가 방문

조리기구 천국 갓파바시 도구거리
식기, 조리기구 전문 상점이 모여
있는 갓파바시 도구거리에서 쇼핑

· 찾아가기 ·

가까운 역 | 대부분의 스폿은 지하철 아사쿠사역에서 도보로 이동할 수
있으며 스카이트리로 갈 때는 오시아게역이나 토부선 도쿄스카이트리역
을 이용한다.
이용 노선 | 아사쿠사역은 지하철 도쿄메트로 긴자선과 토에이 아사쿠
사선이 지나며 스카이트리와 가까운 도쿄스카이트리역까지는 토부스
카이트리라인으로 갈 수 있다. 오시아게역은 지하철 도쿄메트로 한조몬
선, 토에이 아사쿠사선으로 연결된다.

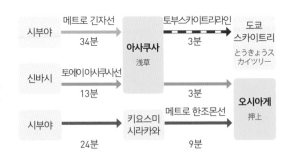

시부야 — 메트로 긴자선 34분 → **아사쿠사 浅草** — 토부스카이트리라인 3분 → **도쿄 스카이트리** とうきょうス カイツリー

신바시 — 토에이아사쿠사선 13분 → **아사쿠사 浅草**

아사쿠사 — 3분 → **오시아게 押上**

시부야 — 24분 → 키요스미 시라카와 — 메트로 한조몬선 9분 → **오시아게 押上**

돌아보기 TIP

메구린 버스 | 아사쿠사, 우에노, 닛포리 등이 속해 있는 다이토
구 지역을 순환하는 버스 메구린めぐりん은 5개의 노선으로 운행
한다. 시간표와 노선도는 케이세이 버스 홈페이지에서 확인할 수
있다. 교통카드인 Suica와 Pasmo로도 탑승할 수 있고, 요금 1
회 100엔.

홈페이지 www.keiseibus.co.jp/special/megurin.html

인포메이션 센터 | 카미나리몬 맞은 편에 위치하고 있는 아사쿠
사 투어리스트 인포메이션 센터는 한국인 직원이 상주해 있고 한
국어 노선도와 팜플렛 및 자세한 여행정보를 얻을 수 있다.

센소지 | 사찰 | 浅草寺

도쿄에서 가장 오래된 사찰로, 아사쿠사 관음이 유명하다. 이 관음상에 얽힌 전설은 628년으로 거슬러 올라간다. 스미다강에서 고기잡이를 하던 어부 형제가 우연히 관음상을 건져 올렸는데, 이 관음상을 강에 돌려보내도 계속 그들에게 되돌아왔다고 한다. 그 후 이 관음상을 기리기 위한 절을 세웠고, 아사쿠사 관음사浅草観音寺라고 불리게 되었다. 현재 본당에 안치되어 있는 관음상은 교토의 승려가 관음상 모형을 만든 것이며, 진짜 관음상은 일반에게 공개되지 않는다. 본당 외에 센소지에서 주목할 만한 곳은 본당 동쪽에 위치한 선명한 주홍빛의 5층 탑. 예로부터 센소지와 이 일대를 그린 그림에서 빠지지 않는 아사쿠사의 랜드마크이다. 942년 처음 세워졌으나 소실, 이후 1648년부터 수차례의 재건을 걸쳐 1973년 현재의 모습으로 완공되었다.

📍 긴자선 아사쿠사浅草역 1번 출구에서 도보 5분　🕐 배관 24시간(각 제당 06:00-17:00, 10~3월 06:30-17:00)
💴 무료　🏠 東京都台東区浅草2-3-1

카미나리몬 | 사찰문 | Kaminarimon 雷門

아사쿠사의 상징이라고도 할 수 있는 카미나리몬은 센소지의 가장 바깥쪽 문으로, 정식 명칭은 '후라이진몬風雷神門(천둥의 문)'이다. 그 이름에 걸맞게 오른쪽에는 바람 신상, 왼쪽에는 번개 신상이 안치되어 있다. 942년에 평화와 풍작을 기원하며 지어진 후 여러 번 화재로 소실되었다가 다시 재건되었으며, 현재의 카미나리몬은 1960년에 재건한 것이다. 중앙에 걸려 있는 높이 4미터, 무게 670킬로그램의 붉은 제등은 관광객들의 기념 촬영 장소로 각광받고 있다.

📍 긴자선 아사쿠사浅草역 1번 출구에서 도보 3분

나카미세 | 상점거리 | Nakamise 仲見世

카미나리몬에서부터 호조몬까지 300미터 가량 쭉 뻗어 있는 쇼핑 거리로, 과자나 인형, 기모노, 부채 등을 파는 100여 개의 상점이 늘어서 있다. 에도 시대에 점점 늘어나는 센소지의 방문객을 위해 근처 상인들에게 절 가까운 곳에 점포를 열 수 있는 특권을 주었는데, 메이지유신 후 상가를 다시 지으면서 현재의 나카미세가 시작되었다. 수백 년 전통의 과자점, 전통 공예품점 등이 줄지어 있어 외국인 관광객이 가장 즐겨 찾는 곳이다.

📍 긴자선 아사쿠사浅草역 1번 출구에서 도보 3분 　 ⏱ 10:00-20:00(점포에 따라 다름)

1

키무라야 닌교야키 혼포
| 과자 | 木村家人形焼本舗

창업 100년의 전통 있는 닌교야키(인형 모양의 과자) 전문점. 최상급 팥만 고집해서 구워낸 닌교야키는 달콤하면서도 깊은 맛이 난다. 비둘기, 카미나리몬, 고주노토 모양의 과자는 선물용으로도 좋다. 단팥 닌교야키 7개 500엔.

⏱ 09:30-18:30, 연중무휴
🏠 東京都台東区浅草2-3-1

2

아사쿠사노 오하시야상
| 젓가락 | 浅草のお箸やさん

일상생활에서 쉽게 사용할 수 있는 제품부터 고가의 고급 제품까지 다양한 젓가락을 판매한다. 귀여운 젓가락 받침대도 있어 선물용으로도 그만이다.

⏱ 10:00-17:30, 비정기 휴무
🏠 東京都台東区浅草1-32-4

3

닌교노 무사시야
| 복고양이 | 人形のむさしや

복과 행운을 가져다준다는 마네키네코(복고양이) 전문점. 가게 안에 들어서면 가지각색의 고양이 인형들이 가득하다. 기념품이나 선물로 구입하기에 좋다.

⏱ 10:00-19:00, 연중무휴
🏠 東京都台東区浅草1-20-1

4

아사쿠사 키비당고 아즈마
| 당고 | 浅草きびだんごあづま

나카미세에 들어서면 긴 줄이 늘어서 있는 곳으로 쫀득한 찰떡 꼬치에 고소하고 달콤한 콩가루 묻혀주는 키비당고きびだんご를 판매한다. 1인분(5개)에 400엔.

⏱ 09:00-17:00, 연중무휴
🏠 東京都台東区浅草1-18-1

커피천국 | 팬케이크 | 珈琲 天国

1970년대의 다방을 연상시키는 곳으로 만화 <그녀는 거짓말을 너무 사랑해 カノジョは嘘を愛しすぎてる>에서 주인공이 좋아하는 팬케이크집으로 소개되어 더 유명해진 곳이다. '천국'이라는 글자가 각인된 두툼하고 따끈한 팬케이크가 유명하며 빵 양쪽으로 길쭉하게 나와 있는 소시지가 먹음직스러운 핫도그도 유명하다.

📍 츠쿠바 익스프레스 아사쿠사浅草역 A1 출구에서 도보 5분
🕐 12:00-18:30, 화요일 휴무
🏠 東京都台東区浅草1-41-9

요시카미 | 양식 | Yoshikami ヨシカミ

소박하고 정성스러운 일본 스타일의 양식집으로, '너무 맛있어서 미안하다'는 캐치프레이즈로도 유명하다. 1951년 10개 좌석으로 시작한 이곳은 지금은 아사쿠사 최고의 맛집으로 자리 잡았고, 오픈 전부터 줄을 서서 기다릴 정도도. 인기 메뉴는 최고급 쇠고기를 데미그라스 소스와 함께 끓여낸 비프 스튜(3000엔).

📍 츠쿠바 익스프레스 아사쿠사浅草역 A1 출구에서 도보 5분
🕐 11:30-21:30, 목요일 휴무
🏠 東京都台東区浅草1-41-4

마루고토 닛폰 | 쇼핑몰 | Marugoto Nippon まるごとにっぽん

'일본 지역 소개 포털 사이트'라는 콘셉트로 일본 각지의 술, 과자, 식품, 생활용품 등을 엄선하여 선보이고 있다. 일본 전국에서 셀렉트 된 2500여 개의 상품을 한자리에서 쇼핑할 수 있다.

📍 긴자선 아사쿠사浅草역 1번 출구에서 도보 10분
🕐 11:00-20:00(매장마다 다름), 비정기 휴무
🏠 東京都台東区浅草2-6-7 東京楽天地浅草ビル1F

카게츠도우 | 멜론빵 | Asakusa Kagetudo 花月堂

하루에 3000개가 팔린다는 점보 멜론빵으로 유명한 곳이다. 1945년 오픈 이래 방송에도 여러 번 소개되었을 정도로 유명한 곳이어서 종종 긴 줄을 서게 되고, 오후 4시 전후로는 매진되는 경우도 많다. 점보 멜론빵은 1개 280엔이며, 주문 시 바로 먹을지 나중에 먹을지를 물어보는데, 바로 먹을 경우에는 따뜻한 빵을, 아니면 한 김 식힌 빵을 준다.

📍 긴자선 아사쿠사浅草역 1번 출구에서 도보 2분(본점은 도보 15분)
🕐 09:00-16:00(멜론빵 소진 시 영업종료), 비정기 휴무
🏠 東京都台東区浅草1-18-11(카미나리몬 지점雷門店)
　 * 2024년 여름까지 리노베이트로 인한 임시 휴업

아사쿠사 실크 푸딩 | 푸딩 | 浅草シルクプリン

부드러운 우유 맛이 그대로 느껴지는 아사쿠사 실크 푸딩. 평소 푸딩을 좋아하지 않는 사람도 한 번 맛보면 진하고 부드러운 맛에 푹 빠져들게 된다. 바닐라 맛의 실크 푸딩 이외에도 초코 맛, 딸기 맛, 파인 & 코코넛 맛 등 여러 가지 종류가 있다. 시루쿠 푸링シルクプリン은 한 병에 530엔.

📍 긴자선 아사쿠사浅草역 1번 출구에서 도보 2분

🕐 11:00-21:00, 비정기 휴무

🏠 東京都台東区浅草1-4-11

아사쿠사소메타로 | 오코노미야키 | 浅草染太郎

1938년에 문을 열어 지금까지 운영되는 맛집으로, 세월의 흔적이 그대로 묻어나는 목조 가옥의 마룻바닥에 앉아서 구워 먹는 오코노미야키 맛이 일품이다. 오코노미 야키는 토핑에 따라 800-1700엔 정도이다. 영어 메뉴가 있어 편리하다.

📍 긴자선 아사쿠사浅草역 1번 출구에서 도보 10분

🕐 12:00-22:30, 비정기 휴무

🏠 東京都台東区西浅草2-2-2

아사쿠사멘치 | 멘치카츠 | Asakusa Menchi 浅草メンチ

최상의 고기 반죽에 고운 입자의 빵가루를 묻혀 바삭하게 튀겨낸 멘치 카츠로 유명한 집. 한입 베어 물면 풍부한 육즙이 흘러나와 일품이다.

📍 긴자선 아사쿠사浅草역 1번 출구에서 도보 3분

🕐 10:00-19:00, 연중무휴

🏠 東京都台東区浅草2-3-3

갓파바시 도구거리 | 상점거리 | かっぱ橋道具街

메이지 시대 말기(약 180년 전)부터 상인들이 하나둘씩 모여들어 식기, 조리 기구 등 다양한 물건을 팔기 시작한 것이 갓파바시 도구거리의 시작이다. 현재는 200여 개 상점이 800미터 거리에 늘어서 있으며 다양한 조리 기구와 식기 등을 팔고 있다. 우리나라에서는 구하기 힘든 특이한 모양의 과자 틀과 독특한 조리 기구, 신기할 만큼 똑같이 만든 음식 모형 등이 있어 요리에 관심 있는 사람들이 꼭 찾는 필수 코스가 되었다. 일요일, 공휴일에는 문을 닫는 상점이 많으므로 평일에 이용하는 것이 좋다.

📍 긴자선 타와라마치田原町역 3번 출구에서 도보 5분

🕐 09:00-17:00, 휴무일은 매장마다 다름

🏠 東京都台東区西浅草1-4-6

야도로쿠 | 오니기리 | おにぎり浅草宿六

1954년 문을 연 도쿄에서 가장 오래된 오니기리 전문점으로 가마솥에 지은 밥에 일본 각지에서 공수해온 연어, 명란젓, 우엉, 다시마 등 최고의 재료를 넣어 만든 오니기리를 맛볼 수 있다. 속이 꽉 찬 오니기리는 1개 389~770엔. 미슐랭 빕구르망에 오르면서 워낙 인기로 오픈런이 필수이다.

📍 긴자선 아사쿠사浅草역 6번 출구에서 도보 12분   🕐 11:30-14:00, 17:00-20:00(화·수요일 11:30-14:00), 일요일 휴무
🏠 東京都台東区浅草3-9-10

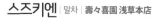

스즈키엔 | 말차 | 壽々喜園 浅草本店

시즈오카의 녹차 디저트 팩토리 나나야와 콜라보 한 '세계에서 제일 진한 말차 젤라토'를 만날 수 있는 녹차 아이스크림 맛집이다. 7단계로 구분된 녹차 젤라토 외에도 호지 차, 현미차 젤라토도 있으며 싱글 콘 470엔, 더블 콘 590엔이다. 다만 가장 진한 7단계 녹차 젤라토는 싱글 콘이 680엔.

📍 긴자선 아사쿠사浅草역 6번 출구에서 도보 9분
🕐 11:00-17:00, 비정기 휴무
🏠 東京都台東区浅草3-4-3

안데스 마토바 | 베이커리 | ホームベーカリーあんですMatoba

센소지 뒤편에 자리한 베이커리로 수십 년 동안 20여 종이 넘는 팥빵을 포함해 80여 종의 빵을 판매하고 있다. 부드러운 앙금, 팥알이 살아 있는 앙금, 완두콩 앙금, 흰색 완두콩 앙금 등 다양한 팥빵을 만날 수 있다. 계절 한정 팥빵도 있으니, 팥빵을 좋아한다면 꼭 들러 보자.

📍 긴자선 아사쿠사浅草역 6번 출구에서 도보 8분
🕐 07:30-18:30, 일요일, 공휴일 휴무
🏠 東京都台東区浅草3-3-2

하나야시키 | 유원지 | 浅草花やしき

1853년에 오픈한 일본에서 가장 오래된 유원지로, 일본 내 가장 오래된 롤러코스터를 비롯해 25가지의 어트랙션과 숍, 레스토랑이 있다. 레트로 감성의 유원지 분위기를 느껴보고 싶다면 또는 아이와 함께 하는 여행이라면 들러볼 만하다.

📍 긴자선 아사쿠사浅草역 6번 출구에서 도보 8분
🕐 10:00-18:00, 2, 4번째 화요일, 비정기 휴원
¥ 성인(중학생 이상) 1200엔, 어린이(5세~초등학생) 600엔, 0~4세 무료
🏠 東京都台東区浅草2-28-1

차차 코보 후타츠메 | 디저트 | 茶々工房ふたつめ

최근 일본 SNS 속 화제의 말차 몽블랑(抹茶モンブラン, 1400엔)을 만날 수 있는 곳이다. 직접 만든 팥앙금, 녹차 크림, 마스카포네가 꽉꽉 들어찬 콘 위에 실타래 같은 말차 크림을 주문과 함께 그 자리에서 바로 올려 준다. 기계에서 국수 가락처럼 나오는 말차 크림을 올려줄 땐 너도나도 핸드폰 카메라를 들이밀게 된다.

📍 긴자선 아사쿠사浅草역 6번 출구에서 도보 3분
🕐 11:00-18:00, 비정기 휴무
🏠 東京都台東区浅草1-37-6 1F

돈가스 토야마 | 돈가스 | とんかつ とお山

2종류의 빵가루를 사용한 튀김옷을 입혀 자체적으로 블렌딩한 기름으로 바삭하게 튀겨낸 돈가스 전문점이다. 이 집의 특징은 다양한 소스로 톡 쏘는 맛이 강한 줄기 와사비와 대나무 숯으로 만든 검은 소금黒塩 등 돈가스 맛을 더욱 풍부하게 해주는 소스가 준비되어 있다.

📍 긴자선 아사쿠사浅草역 6번 출구에서 도보 1분
🕐 11:00-21:30, 연중무휴
🏠 東京都台東区花川戸1-6-8 廣野ビル1F

카노야 | 우동 | 手打ちうどん叶屋

아사쿠사 센소지 바로 앞에 자리한 우동집으로 매일 직접 뽑아내는 수타면으로 유명하다. 카케우동, 키츠네(유부) 우동, 카레 우동, 텐푸라(튀김) 우동 등 다양한 종류의 우동이 있으며 영어 메뉴가 있어 편리하다. 우동은 750~980엔. 우동과 덮밥을 선택할 수 있는 콤보 세트えらべるセット도 있다(1250엔).

📍 긴자선 아사쿠사浅草역 6번 출구에서 도보 3분
🕐 11:00-21:00, 수요일 휴무
🏠 東京都台東区浅草1-37-12

스카이트리

도쿄 스카이트리 | 전망대 | TOKYO SKY TREE

도쿄의 새로운 랜드마크 스카이트리는 높이 634미터로, 세계에서 가장 높은 철탑이자 전파탑으로 기네스북에 이름을 올리고 있다. 과거 도쿄타워를 이용하던 NHK를 비롯한 주요 방송사들이 주변 고층 건물이 늘어나면서 전파 장애가 잦아지자 스카이트리 완공 후인 2013년부터 스카이트리를 방송용 송출탑으로 사용하고 있다. 스카이트리는 은은한 푸른빛을 띠는 흰색으로 스카이트리만을 위해 만들어진 오리지널 컬러인 '스카이트리 화이트'를 사용했다. 지상 350미터의 전망대 전망데크(덴보데크), 지상 450미터의 도쿄에서 가장 높은 전망대인 전망회랑(덴보회랑)에서 탁 트인 전망을 즐길 수 있다. 쇼핑을 즐길 수 있는 소라마치, 스미다 수족관, 플라네타륨 '텐쿠' 등 다양한 시설이 있다.

📍 토부스카이트리라인 도쿄스카이트리とうきょうスカイツリー역에서 도보 5분 / 한조몬선, 아사쿠사선 오시아게押上역에서 도보 5분
🕐 08:00-22:00(스미다강 불꽃놀이, 연말연시 등 특정 일은 변동 있음)
@ www.tokyo-skytree.jp/kr
🏠 東京都墨田区押上1-1-2

634

450   450m
      전망회랑

350   350m
      전망테크

      4층 매표소

      2·3층 소라마치

      1층 스카이트리숍

350m 전망데크	450m 전망회랑
도쿄에서 가장 높은 전망대로 튜브형 유리로 된 복도를 따라가다 보면 마치 공중을 산책하고 있는 듯한 느낌이 든다.	5미터가 넘는 대형 유리 너머로 도쿄 도심은 물론 날씨가 좋은 날에는 멀리 후지산까지 조망할 수 있다.

티켓 종류		18세 이상	12-17세	6-11세
세트권 전망데크 +전망회랑	평일	3100엔	2350엔	1450엔
	주말, 공휴일	3400엔	2550엔	1550엔
전망데크	평일	2100엔	1550엔	950엔
	주말, 공휴일	2300엔	1650엔	1000엔

* 인터넷으로 미리 티켓을 구입하는 것이 저렴하며, 구입은 이용 예정일 30일 전부터 가능하다.
* 인터넷으로 구입한 경우, 예약 및 결제 완료 후 발행된 QR코드가 표시된 인쇄물을 프린트하여 지참하거나, QR코드를 핸드폰에 저장해서 가지고 가야 한다.
* 당일 티켓은 입장 당일 4층 매표소에서 구입하면 되는데, 혼잡할 경우 세트권 판매를 중지하는 경우가 있으니 참고하자.

도쿄 소라마치

| 쇼핑몰 | **TOKYO Solamachi**

스카이트리와 함께 오픈한 대형 쇼핑몰로 패션, 인테리어, 잡화, 레스토랑 등 300여 개의 숍이 한곳에 모여 있어 스카이트리 관광 후 쇼핑과 휴식을 즐기기에 편리하다. 웨스트야드 3층 소라마치 테라스의 푸드 코트에서는 일식, 양식, 중식, 디저트 등 다양한 식사를 즐길 수 있으며, 이스트야드 1층에 위치한 소라마치 쇼텐가이에는 120미터의 통로에 식품, 잡화, 카페 등이 있다. 웨스트야드와 타워야드 2층에는 지역 마트 콘셉트의 푸드마르셰가 있어 신선 식품, 일식과 양식 반찬거리, 선물용 아이템 등을 판매하고 있다.

🕐 **숍** 10:00-21:00, **레스토랑** 11:00-23:00, 비정기 휴무(매장마다 다름)

@ www.tokyo-solamachi.jp

소라마치 추천 다이닝

토모라쿠노우63℃

| 아이스크림 | 東毛酪農63℃

가게 이름처럼 63℃의 저온에서 30분간 살균한 신선한 우유를 사용해 만든 소프트 아이스크림 전문점. 밀크, 커피, 딸기, 녹차 등 아이스크림과 함께 콘도 와플, 바다소금, 검은 깨 3가지 중에서 선택할 수 있으며 목장에서 가져온 신선한 우유도 맛볼 수 있다.

📍 도쿄소라마치 4층 이스트야드 9번지 일본 기념품

🕐 10:00-20:00

쿠아아이나

| 햄버거 | KUA'AINA

슬로푸드 햄버거 전문점으로 고기를 숯불로 굽고, 치즈는 5종류 중에서 선택할 수 있으며, 베이컨이나 파인애플도 자유롭게 토핑 할 수 있다. 마지막으로 좋아하는 소스를 고르면 완성. 바삭하게 구운 베이컨을 얹은 베이컨 버거(1490엔)가 인기.

📍 도쿄 소라마치 1층 이스트야드 9번지 소라마치 상점가

🕐 10:00-22:00

긴자텐류

| 중화요리 | 銀座天龍

70여 년의 역사를 자랑하는 긴자의 중화 요리점 텐류가 소라마치에도 지점을 오픈했다. 마늘을 사용하지 않고 만든 15cm 길이의 야키교자(8개, 1100엔)가 대표 메뉴로 겉은 바삭하고 속은 촉촉한 만두도 맛도 좋다.

📍 도쿄소라마치 6층 이스트야드 10번지 소라마치다이닝

🕐 11:00-23:00

회전스시 토리톤

| 스시 | 転寿し トリトン

홋카이도에서 온 회전스시 전문점으로, 도쿄에는 소라마치에 첫 지점을 오픈했다. 오징어, 조개 등 대부분의 재료가 신선하고 좋은 데다 가성비도 뛰어나 일부러 찾아오는 사람이 많다.

📍 도쿄소라마치 6층 이스트야드 12번지 소라마치다이닝

🕐 11:00-23:00

浅草 아사쿠사

마이바스켓토

갓파바시 도구거리

아사쿠사도리 浅草通り

히가시 혼간지

타와라마치
田原町

아사쿠사소메타로

키쿠스이도리 菊水通り

고쿠사이도리 国際通り

츠쿠바익스프레스

아사쿠사
浅草

도쿄메트로 긴자선

돈가스주로쿠

ROX

ROX

기모노렌털 와고

요시카미
커피천국

스즈요시

마루고토 닛폰
푸글렌 아사쿠사

가미나리몬도리 雷門通り

훗피거리

하나야시키

카게츠도우 본점

아사쿠사 실크푸딩

차차 코보 후타츠메

카미나리몬

카게츠도우

아사쿠사 멘치

카노야

이마한 혼텐

나카미세

키무라야 닌교야키 혼포

아사쿠사노오하시야상

닌교노 무사시야

센소지

스즈키엔

아사쿠사키비당고아즈마

아사쿠사
浅草

카미야바

아사쿠사 신사

안데스마토바

수상 버스 승선장

에도도리 江戸通り

돈가스토야마

아즈마바시

아사쿠사
우나테츠

토에이 아사쿠사선

토부 스카이트리라인

도쿄 스카이트리
스미다 공원 방면

KURAMAE

蔵前　쿠라마에

아사쿠사에서 걸어서 갈 수 있는 도쿄 변두리 지역인 쿠라마에는 최근 새롭게 주목 받고 있는 지역 중 하나다. 체인이나 프랜차이즈, 화려한 가게는 좀처럼 찾아 볼 수 없는 곳으로, 소박하고 조용한 골목 구석 구석 개성 있는 카페와 잡화점이 있어 걷는 재미와 동시에 편안함과 여유를 느낄 수 있는 곳이다.

THINGS TO DO

· 쿠라마에에서 꼭 해야 할 일 ·

숯불에 구워주는 맛있는 식빵
펠리칸 카페에서 숯불에 구워주는 식빵 샌드위치 맛보기

예쁘고 신기한 마스킹테이프 가득
마스킹 테이프의 대표 브랜드 "mt"의 오프라인 숍에서 쇼핑

나만의 노트를 만드는 문구점
50년 역사의 문구점 카키모리에서 나만의 노트를 만들어보기

· 찾아가기 ·

가까운 역 | 쿠라마에역 주변에 카페, 레스토랑이 모여 있으며 아사쿠사까지는 도보로 10~15분 정도 소요된다.

이용 노선 | 쿠라마에역은 토에이 오에도선과 토에이 아사쿠사선이 지난다.

펠리칸카페

| 카페 | **Pelican Café ペリカンカフェ**

식빵과 롤빵 2종류의 빵만 만들어 판매하는 쿠라마에의 오래된 인기 베이커리 펠리칸에서 운영하는 카페로, 펠리칸에서 구워낸 빵을 숯불에 토스트해서 내어 놓는 토스트세트가 인기다. 다양한 샌드위치 메뉴도 있다.

📍 오에도선 쿠라마에蔵前역 A5 출구에서 도보 3분

🕐 09:00-17:00, 일요일, 공휴일, 연말연시 휴무

🏠 東京都台東区寿3-9-11 1F

단델리온 초콜릿 팩토리 앤카페

| 카페 | **Dandelion Chocolate Factory and Cafe**

샌프란시스코에서 시작된 초콜릿 전문 브랜드의 최초 해외지점으로, 카카오 원두 선별부터 초콜릿을 만드는 모든 공정을 수작업으로 한다. 1층은 초콜릿 공장과 판매점, 2층은 카페와 워크숍 스페이스가 있으며 예약하면 초콜릿 공장 견학 투어도 가능하다.

📍 아사쿠사선 쿠라마에蔵前역 A3 출구에서 도보 2분

🕐 10:00-19:00, 비정기 휴무

🏠 東京都台東区蔵前4-14-6

나카무라 티 라이프 스토어

| 차 | **NAKAMURA TEA LIFE STORE**

일본 시즈오카현에서 100년 동안 차 농장을 운영해온 나카무라 가족이 쿠라마에에 문을 연 일본차 전문점이다. 무농약 재배로 만들어진 유기농 차를 고집하며, 매년 4,5월에 수확한 찻잎을 최대한 신선하게 관리해 일년 내내 최상의 퀄리티의 차를 즐길 수 있다.

🏠 아사쿠사선 쿠라마에蔵前역 A3 출구에서 도보 4분

🕐 12:00-19:00, 월요일 휴무

🏠 東京都台東区蔵前4-20-4

콘센트

| 잡화 | **KONCENT**

감각적인 디자인 제품이 있는 세련된 잡화점. 오리지널 브랜드 +d를 비롯해 다양한 디자이너와 기업이 협력하여 만들어 낸 제품을 셀렉트해 놓아서 한참을 돌아볼 수 있을 정도로 상품이 다양하다.

🏠 오에도선 아사쿠사浅草역 A2a 출구에서 도보 2분

🕐 11:00-19:00

🏠 東京都台東区駒形2-6-10

유와에루

| 일식·이자카야 | **Yuwaeru 結わえる 本店**

점심에는 국과 반찬이 함께 나오는 현미 밥 정식을 판매하고 저녁이면 술집으로 변신하는 레스토랑. 바로 옆에는 쿠라마에에서 가장 인기 있는 숙소인 누이 호스텔이 자리하고 있다.

- 📍 아사쿠사선 쿠라마에蔵前역 A2 출구에서 도보 2분
- 🕐 **런치** 11:30-14:30, **디너** 17:30-22:00(토요일, 공휴일 17:00-21:00), 일요일, 비정기 휴무
- 🏠 東京都台東区蔵前2-14-14

카키모리 | 문구 | カキモリ

세상에 하나밖에 없는 나만의 노트를 만들 수 있는 문구점. 표지와 내지, 장식품들을 골라 직접 커스터마이징한 나만의 노트를 만들 수 있을 뿐 아니라, 다양한 펜과 잉크, 개성 있는 문구용품들이 가득한 50년 이상의 역사를 가진 문구점이다. 노트 한 권을 만드는 데에는 대략 30분이 소요된다.

- 📍 아사쿠사선 쿠라마에蔵前역 A1 출구에서 도보 8분
- 🕐 12:00-18:00, 월요일 휴무
- 🏠 東京都台東区三筋1-6-2

엠티랩 | 마스킹테이프 | mt lab.

디자인 마스킹 테이프의 대표 브랜드인 "mt"가 만든 오프라인숍. 이곳에는 한정판 마스킹 테이프 아이템은 물론 특이한 마스킹 테이프를 다양하게 볼 수 있으며, 관련 전시회와 마스킹 테이프를 원하는 폭으로 직접 재단해볼 수 있는 이벤트도 열고 있다.

- 📍 오에도선 쿠라마에蔵前역 A5 출구에서 도보 1분
- 🕐 10:00-12:00, 13:00-19:00, 비정기 휴무
- 🏠 東京都台東区寿3-14-5

McLean -old burger stand- | 햄버거 |
マクレーン オールドバーガースタンド

아메리칸 스타일 버거를 먹을 수 있는 햄버거 전문점이다. 인기 메뉴는 고기 패티에 오리지널 야채 튀김과 함께 츠유 소스를 이용한 쿠라마에 덴푸라 버거(蔵前天麩羅バーガー, 1890엔). 이 밖에도 아보카도 치즈 버거, 그릴드 베지털튼 버거 등 다양한 버거 메뉴가 있다(1670~2520엔).

- 📍 오에도선 쿠라마에蔵前역 A7 출구에서 도보 1분
- 🕐 11:30-20:30, 월요일 휴무
- 🏠 東京都台東区駒形2-2-10 ファンライフ駒形 1~2F

요가시 레몬 파이 | 베이커리 |
洋菓子レモンパイ

레몬 파이로 유명한 베이커리로 초콜릿, 치즈, 생크림 등 다양한 케이크를 판매한다. 화려한 기교 없는 투박한 모양의 케이크지만 그 맛만큼은 보장할 수 있다.

- 📍 긴자선 타와라마치田原町역 2번 출구에서 도보 1분
- 🕐 12:00-15:00, 일·월요일 휴무
- 🏠 東京都台東区寿2-4-6

카메라 | 카페 |
CAMERA

CAMERA는 라틴어로 "작은 방"이라는 뜻으로, 부부가 함께 꾸려나가는 작은 카페다. 내부에는 수제 가죽제품 브랜드 'numeri'와 수제 과자 'CAMERA BAKE'의 브랜드숍도 있어서 차를 한잔 마시면서 핸드메이드 가죽 제품을 구경하고, 홈메이드 쿠키를 함께 맛보는 것도 여행을 더욱 즐겁게 해준다.

- 📍 토에이 오에도선 쿠라마에蔵前역 A5 출구에서 도보 5분
- 🕐 11:00-17:00, 월요일 휴무
- 🏠 東京都台東区蔵前4-21-8 岡松ビル1F

도구야 노보리 | 잡화 | 道具屋ノボリ

스태프들이 실제로 사용해 보고 마음에 든 물건들을 모아놓은 생활 잡화점으로 컵, 도자기, 그릇, 수저 등 좋은 디자인에 합리적인 가격으로 일상에서 쉽게 사용할 수 있는 물건들이 가득하다.

📍 오에도선 쿠라마에蔵前역 A5 출구에서 도보 1분　🕐 11:00-18:00, 비정기 휴무　🏠 東京都台東区寿3-7-1 寿町フラワーホーム1F

GINZA
銀座　긴자

1612년 은화를 만들던 조폐국이 이곳에 들어서면서 '긴자'라는 이름이 붙게 되었는데, 조폐국이 이전한 지금은 쇼핑의 중심지로 발전해 가장 고급스럽고 패셔너블한 쇼핑가가 되었다. 1가에서 8가까지의 긴자 거리에는 1만 개가 넘는 상점과 레스토랑, 오피스가 들어서 있으며 일본의 전통 예능 가부키를 공연하는 '가부키자'가 있어 많은 관광객이 찾는 도쿄의 전통적 관광 지역이기도 하다. 세계 각국의 유명 브랜드 매장과 긴 역사를 지닌 노포들이 공존해 현대적인 세련미와 전통의 아름다움이 조화를 이루는 곳이다.

· 긴자에서 꼭 해야 할 일 ·

긴자 신 명소 긴자 식스
도쿄 대표 쇼핑몰로 떠오른 긴자
식스와 츠타야 돌아보기

도쿄 문구점하면 이곳! 이토야
긴자에 있는 12층 규모의 대형 문
구점 이토야에서 문구 쇼핑하기

천황도 즐겨 먹은 단팥빵
150년 역사의 키무라야에서 천
황도 즐겨 먹은 단팥빵 맛보기

간자 오므라이스 맛집에서 점심
돈가스와 오므라이스로 유명한
렌가테이 또는 킷사유에서 점심
식사

유니크한 제품 가득, 편집숍
꼼데가르송의 디자이너가 디렉팅
한 도버 스트리트 긴자에서 쇼핑

일본에서 가장 오래된 카페
존 레논과 오노 요코도 사랑한 전
통있는 카페 파울리스타 가보기

· 찾아가기 ·

가까운 역 | 긴자 지역의 주요 명소는 지하철 긴자역에서 이동할 수 있으
며 지하철 긴자잇초메역, JR신바시역, JR유라쿠초역도 도보권 내에 있다.

이용 노선 | 긴자역은 지하철 도쿄메트로 긴자선, 마루노우치선, 히비야선
의 3개의 노선이 지나고 있다.

돌아보기 TIP

에어포트 버스 도쿄-나리타 | 나리타공항에서 긴자역, 도쿄
역까지 한번에 연결하는 고속버스인 에어포트 버스 도쿄-
나리타Airport Bus TYO-NRT를 이용하면 보다 편안하게 공항
을 오갈 수 있다. 예약 없이 이용할 수 있으며, 요금은 편도
1300엔. 시간표 확인은 홈페이지 tyo-nrt.com/kr

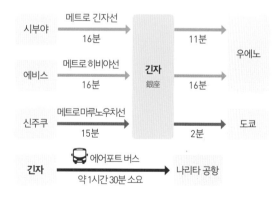

가부키자 | 극장 | **Kabuki-za 歌舞伎座**

1889년에 생긴 가부키 전용 극장으로, 위풍당당하고 화려한 현재 건물
은 1951년에 재건된 것이다. 가부키는 일본의 전통 뮤지컬과 같은 종합
예술로, 보통 4-5시간 정도 공연하며, 공연에 따라 매진되는 경우가 있
으므로 티켓을 미리 구입해놓도록 하자. 저렴한 요금으로 짧은 시간에
가부키의 분위기를 느끼고 싶은 사람은 단막(약 50분 정도의 공연)만
관람할 수 있는 티켓을 구입하는 것이 좋은데, 영어로 줄거리나 배역 설
명을 들을 수 있는 이어폰 가이드 서비스가 제공되지 않는다는 점이 아
쉽다. 단막 공연 티켓은 예약이 불가능하며 가부키자 왼쪽에 마련된 히

── 가부키 歌舞伎

에도 시대 서민의 예능으로 시작되어 약 400년간 전통을 이어
오고 있는 대중 예술이다. 가부키라는 말은 원래 가타무쿠傾く
(好色하다)라는 뜻이다. 근세 초기 고료御靈会라는 종교 행사와
후류오도리風流踊라고 부르는 예능이 유행했는데, 그것을 바탕
으로 이즈모노 오쿠니出雲阿國라는 여자가 교토에서 가무를 시
작한 것에서 비롯되었다. 그 후 우여곡절 끝에 여장女裝한 남자
가 연극을 하는 지금의 형태로 변형되었다. 노能, 교겐狂言 등이
일본 귀족과 무사 계급의 예능이었다면 가부키는 대중 속에서
뿌리내린 대중의 연극이다. 그래서 가부키 배우는 대중의 절대
적 인기를 얻게 되었고, 집안 대대로 이어지는 권위 있는 직업
이 되었다.

토마쿠미세키一幕見席의 전용 티켓 창구에서 구입할 수 있다. 일본어를
몰라도 화려한 의상과 연출이 꽤 볼 만하다.

📍 히비야선, 아사쿠사선 히가시긴자東銀座역 3번 출구에서 바로
🕐 11:00부터(공연에 따라 시간 차이가 있음)
¥ 좌석에 따라 4000-2만 엔, 단막 1000-2000엔(공연에 따라 다름)
@ www.kabuki-za.co.jp
🏠 東京都中央区銀座4-12-15

긴자 키무라야 | 베이커리 카페 | **銀座木村屋 銀座本店**

천황도 이곳의 단팥빵을 즐겨 먹는다고 해서 더 유명해진 집으로, 창업
147년 전통의 일본 최초의 서양식 빵집이다. 당시 일본에는 이스트가
없어서 술의 효모를 발효시켜 사용한 것이 키무라야 빵 맛의 비결이라
고 한다. 사쿠라앙팡桜あんぱん(162엔), 치즈크림앙팡チーズクリームあん
ぱん(184엔)이 인기.

📍 도쿄메트로 긴자선, 히비야선, 마루노우치선 긴자銀座역 A9 출구에서
   바로
🕐 10:00-21:00, 연말연시 휴무
🏠 東京都中央区銀座4-5-7

킷사유 | 카페·레스토랑 | **Kissa You 喫茶YOU**

오므라이스와 커피가 유명한 레트로한 분위기의 카페 레스토랑. 가부키
자 옆에 위치해 있어 오랜 시간을 가부키 배우들과 함께 해 온 집이다.
크리미한 오믈렛을 얹어 주는 오므라이스가 인기로 런치 오므라이스 세
트가 1500엔. 전석이 흡연석이므로 담배 연기에 민감하다면 주의가 필
요하다.

📍 히비야선, 아사쿠사선 히가시긴자東銀座역 5번 출구에서 도보 1분
🕐 11:00-16:30, 연말연시 휴무
🏠 東京都中央区銀座4-13-17 高野ビル1F

긴자 식스

| 쇼핑몰 | GINZA SIX

'디올', '펜디', '셀린느' 등 세계적인 명품을 대거
유치해 화제가 된 럭셔리 지향의 복합 상업 시
설이다. 1~3층은 패션, 4~5층은 라이프스타일
과 패션을 주제로 숍이 들어서 있으며 6층에
는 츠타야 서점과 스타벅스, 레스토랑이 있다.
옥상 정원 GINZA SIX 가든은 도심 속 오아시
스 같은 공간으로 쇼핑을 하다 잠시 쉬어가기
좋다.

- 📍 긴자선, 히비야선 긴자銀座역 A2 출구에
  서 도보 2분
- 🕐 **숍** 10:30-20:30, **레스토랑** 11:00-23:00
  (매장마다 다름)
- 🏠 東京都中央区銀座6-10-1

와코

| 백화점 | 和光

긴자 4초메의 교차로에 위치한 백화점으로 시
계탑으로 더 유명한 긴자의 랜드마크이다. 1
층에는 일본 내에서 가장 많은 시계 종류를 자
랑하는 와코 워치 스퀘어가 있는 점이 가장 큰
특징이며, 긴자답게 시계뿐 아니라 보석류, 남
성 용품, 여성 용품 등 고급 제품만을 엄선해
놓았다.

- 📍 긴자선, 히비야선 긴자銀座역 B1 출구에
  서 직결, A9, A10 출구에서 도보 2분
- 🕐 11:00-19:00, 연말연시 휴무
- 🏠 東京都中央区銀座4-5-1

도버 스트리트마켓 긴자

| 편집숍 | Dover Street Market Ginza

꼼데가르송의 디자이너 카와쿠보 레이가 디
렉팅하는 콘셉트 스토어으로, 런던과 뉴욕에도
숍이 있다. 총 6층의 플로어에 꼼데가르송을
비롯해 프라다, 구찌, 슈프림, 스투시 등 패션
피플들이 좋아할 만한 다양한 브랜드가 입점
해 있다. 7층에는 프랑스 유기농 카페 로즈 베
이커리도 있다.

- 📍 긴자선, 히비야선, 긴자銀座역 A2 출구에
  서 도보 3분
- 🕐 11:00-20:30, 비정기 휴무
- 🏠 東京都中央区銀座6-9-5 西館1-6F

도큐 플라자 긴자

| 쇼핑몰 | Tokyu Plaza Ginza 東急プラザ 銀座

일본 전통 유리공예를 모티브로 한 독특한 외
관의 쇼핑몰 도큐 플라자 긴자는 롯데 면세점
을 비롯하여 패션과 잡화, 레스토랑 등 120개
가 넘는 점포가 모여 있어 관광과 쇼핑을 동시
에 즐길 수 있다. 탁 트인 전망의 루프탑 오픈
테라스에서 간단한 식사와 커피를 맛보며 쉬
어가기에도 좋다.

- 📍 긴자선, 히비야선, 긴자銀座역 C2 · C3 출
  구에서 도보 1분
- 🕐 **숍 및 카페** 11:00-21:00, **다이닝** 11:00-
  23:00 (매장마다 다름), 비정기 휴무
- 🏠 東京都中央区銀座5-2-1

라이카 긴자

| 카메라 | **LEICA GINZA ライカ銀座**

라이카 카메라의 도쿄 쇼룸으로, 세계 최초의 직영점이다. 기계식부터 최신 카메라까지 다양한 컬렉션을 갖추고 있으며 1층은 카메라 숍, 2층 갤러리에서는 유명 작가의 전시회가 열리며, 자유롭게 사진을 보면서 쉴 수 있는 공간으로 꾸며져 있다. 마니아들이 가장 좋아하는 것은 '라이카 알라카르트'로, 모니터 화면에서 비주얼을 확인하면서 자신만의 사양을 만들 수 있는 스페셜한 서비스다. 카메라 외장의 가죽과 끈을 에르메스가 제작한 카메라 에르메스도 인기다. A/S센터도 있다.

📍 긴자선, 히비야선, 긴자銀座역 C2 출구에서 도보 3분

🕐 11:00-19:00, 월요일 휴무

🏠 東京都中央区銀座6-4-1

미키모토

| 진주 | **MIKIMOTO**

세계 최초로 진주 양식에 성공한 미키모토가 런칭한 진주·보석 전문점으로, 세계 최고의 품질을 자부한다. 1-3층은 패션 주얼리 전문 플로어로, 비교적 캐주얼한 가격대를 선보이고, 4층은 고가의 진주 목걸이 상품이 전시되어 있다. 본점에서 도보 3분 거리의 Mikimoto2에서는 진주 성분이 함유된 미키모토 코스메틱 제품을 판매한다.

📍 긴자선, 히비야선 긴자銀座역 C8 출구에서 바로

🕐 11:00-19:00, 연중무휴

🏠 東京都中央区銀座4-5-5(미키모토 긴자 본점)

시세이도 팔러

| 레스토랑 | **Shiseido Parlour 資生堂パーラー**

일본을 대표하는 화장품 브랜드 시세이도에서 운영하는 미식 레스토랑, 카페 빌딩이다. 1층은 선물용으로 좋은 디저트 제품을 판매하는 시세이도 팔러숍이며, 3층의 살롱드카페에서는 예쁜 디저트 메뉴와 차를 즐길 수 있고, 4, 5층의 시세이도 팔러 레스토랑에서는 일본 스타일의 경양식을 맛볼 수 있다.

📍 JR신바시新橋역 긴자 출구에서 도보 5분

🕐 **1층 숍** 11:00-22:00, 연말연시 휴무 / **3층 카페** 11:30-21:00, 월요일 휴무 / **4, 5층 레스토랑** 11:30-21:30, 월요일 휴무

🏠 東京都中央区銀座8-8-3

하쿠힌칸 토이파크 | 장난감 |

Hakuhinkan Toy Park 博品館トイパーク

일본에서 가장 큰 완구점으로 기네스북에도 올라 있는 일본을 대표하는 장난감 가게다. 국내외의 인기 캐릭터 상품을 비롯해 전자 게임, 파티 용품 등 5만 점이 넘는 각종 장난감들이 가득하다. 1층에는 어른들도 재미있어 할 만한 아이디어 상품이 진열되어 있으며 토토로, 도라에몽, 프리큐어, 디즈니 등 어린이들이 좋아할 만한 캐릭터 상품은 2, 3층에 있다.

📍 JR신바시新橋역 긴자 출구에서 도보 3분

🕐 11:00-20:00, 연중무휴

🏠 東京都中央区銀座8-8-11

긴자 웨스트 긴자본점

| 립파이 | **銀座ウエスト銀座本店**

일본 립파이의 원조로 항상 손님으로 북적이는 서양 과자점. 인기 있는 건 역시 립파이(5개에 756엔)로 최고급 버터를 사용해 256겹으로 만들어서 아삭아삭 씹히는 맛과 달콤한 설탕 맛의 조화가 가히 환상적이다.

📍 긴자선, 히비야선 긴자銀座역 C2 출구에서 도보 5분

🕐 09:00-22:00(토 · 일요일, 공휴일 11:00-20:00), 연중무휴

🏠 東京都中央区銀座7-3-6

마리아쥬프레르

| 홍차 | **Mariage Frères**

홍차라고 하면 흔히 영국을 떠올리지만 이곳은 400년 이상의 전통을 자랑하는 프랑스 홍차 전문점이다. 1층에는 각각 500여 종의 차를 판매하고 2, 3층에는 차와 케이크, 간단한 런치 등을 즐길 수 있는 살롱드테サロンドテ가 있다. 지하 1층에는 차 박물관도 있다.

📍 긴자선, 히비야선 긴자銀座역 A1 출구에서 바로

🕐 **숍 & 차 박물관** 11:00-20:00, **티살롱** 11:30-20:00, 연중무휴

🏠 東京都中央区銀座5-6-6

분메이도

| 카스텔라 | **Bunmeido Cafe 文明堂**

후쿠사야福砂屋, 쇼오켄松翁軒과 함께 나가사키의 3대 카스텔라 브랜드로 유명한 이곳은 100년 전통의 카스텔라 전문점이다. 분메이도의 카스텔라는 설탕 대신 꿀을 사용해서 촉촉함과 부드러움이 남다르다. 긴자점까지 찾아갔다면 프렌치 토스트식으로 구워낸 프렌치 카스텔라를 먹어보자.

📍 긴자선, 히비야선 긴자銀座역 A2 출구에서 바로

🕐 11:00-21:00, 연말연시 휴무

🏠 東京都中央区銀座5-7-10イグジットメルサ1F

라 베톨라 다 오치아이

| 이탈리언 요리 | **LA BETTOLA da Ochiai**

긴자에서 좀 떨어진 곳에 자리하고 있어 찾아가기도, 예약해서 음식을 먹어보기도 쉽지 않다. 하지만 정말 맛있는 이탈리언 요리를 먹고 싶거나 여행 목적이 맛있는 음식을 먹는 데 있다면 놓치지 말아야 할 곳이다. 런치 메뉴는 2420엔부터 이며(평일 한정), 디너는 5500엔이다. 이탈리언 요리사를 다룬 드라마 〈밤비노〉의 요리 감수를 맡으면서 더 유명해졌다. 온라인 예약 www.la-bettola.co.jp

📍 유라쿠초선 긴자잇초메銀座一丁目역 10번 출구에서 도보 5분

🕐 11:30-14:00, 18:30-22:00, 일 · 월요일 휴무

🏠 東京都中央区銀座1-21-2

무기토 올리브

| 라멘 | **Mugi to Olive むぎとオリーブ**

간장을 베이스로 하는 쇼유 라멘 전문점으로, 먹을 때 올리브 유를 넣어서 보다 깊고 풍부한 맛을 즐길 수 있는 라멘으로 유명하다. 대합으로만 우려낸 국물의 히마구리 소바蛤SOBA(1500엔)와 닭고기 육수로 깔끔한 맛을 낸 토리 소바鶏SOBA(1300엔)가 인기.

📍 긴자선, 히비야선 긴자銀座역 A5 출구에서 도보 6분

🕐 11:00-15:30, 17:30-21:30, 수요일 휴무

🏠 東京都中央区銀座6-12-12 銀座ステラビル1F

식스 바이 오리엔탈 호텔

| 이탈리언 | **6th by ORIENTAL HOTEL**

1870년 창업, 일본에서 가장 오래된 호텔로 알려진 고베 오리엔탈 호텔에서 운영하는 레스토랑이다. 햄버거, 파스타 등 단품메뉴부터 런치세트 메뉴까지 다양한 식사 메뉴가 있으며 바스크 치즈케이크バスクチーズケーキ(1100엔)등 디저트 메뉴도 맛있다.

📍 JR유라쿠초有楽町역 히비야 출구에서 도보 1분

🕐 **런치** 11:00-14:30(토 · 일요일, 공휴일 15시까지), **카페** 11:00-17:00, **디너** 17:30-22:00, **바** 17:00-22:00, 비정기 휴무

🏠 東京都千代田区有楽町1-12-1 新有楽町ビル1F

GINZA SPECIAL

긴자의 인기 노포들

긴자 라이언 비어홀

| 비어홀 | ビヤホールライオン 銀座七丁目店

1934년 창업, 일본에서 현존하는 가장 오래된 비어홀이다. 레트로한 분위기, 오픈 당시부터 변함없이 고수해온 생맥주 맛으로 여전히 인기가 많다. 에비스, 시부야, 신주쿠 등 곳곳에 지점이 있다.

- 긴자선, 히비야선 긴자銀座역 A3 출구에서 도보 3분
- 11:15-15:00, 16:40-21:00, 일요일 휴무
- 東京都中央区銀座7-9-20

긴노토

| 양식 | 銀之塔

1955년 오픈한 스튜 전문점으로 창업 당시부터 지금까지 변하지 않는 맛으로 사랑받고 있다. 밥과 반찬이 함께 나오는 스튜는 2950엔, 스튜와 그라탱을 함께 맛볼 수 있는 미니세트는 4200엔이다.

- 히비야선, 아사쿠사선 히가시긴자東銀座역 5번 출구에서 도보 3분
- 11:30-20:00, 연말연시 휴무
- 東京都中央区銀座4-13-6

긴자미카와야

| 양식 | 銀座みかわや

1948년부터 긴자에 자리 잡은 레스토랑으로 일본에 본격적인 서양요리를 전한 곳이다. 새우 그라탱(3200엔)과 게살 맛 크로켓(3700엔)이 유명하다.

- 긴자선, 히비야선 긴자銀座역 A7 출구에서 도보 2분
- 11:00-21:00, 연말연시 휴무
- 東京都中央区銀座4-7-12 銀座三越新館 1F

치쿠요테이

| 장어 | 竹葉亭 銀座店

1866년 오픈한 장어요리 전문점 치쿠요테이의 긴자점으로 본점 역시 도보 10분 거리에 자리한다. 장어를 한 번 쪄낸 후, 특제 양념을 바르고 굽는 과정을 3번 반복하여 구워 내 장어의 부드러운 식감이 일품이다. 장어덮밥うなぎ丼은 3520엔.

- 긴자선, 히비야선 긴자銀座역 A5 출구에서 도보 1분
- 11:30-15:30, 16:30-21:30, 연말연시 휴무
- 東京都中央区銀座5-8-3

큐우베에

| 스시 | 久兵衛 銀座本店

1936년에 오픈한 도쿄에서 다섯 손가락 안에 드는 고급 스시집으로 유명인들도 즐겨 찾는 곳이다. 비교적 저렴한 가격에 맛볼 수 있는 런치 타임(8250~3만 3000엔)에는 쇼핑을 즐기러 긴자를 찾은 사람들로 항상 붐빈다.

- JR신바시新橋역 긴자 출구에서 도보 5분
- 11:30-14:00, 17:00-22:00, 일요일, 공휴일, 비정기 휴무
- 東京都中央区銀座8-7-6

타이메이안

| 일식 | そば軽食 泰明庵

1955년 오픈한 일식집으로 소바, 덮밥, 카레 등 수많은 메뉴가 있지만 가장 인기인 메뉴는 10월 말에서 3월 사이에만 먹을 수 있는 미나리 소바(せりかしわそば, 1300엔)이다. 향긋한 미나리가 듬뿍 들어간 소바로 미나리 카레 소바(1400엔)도 있다.

- 긴자선, 히비야선 긴자銀座역 C2 출구에서 도보 3분
- 11:30-21:00(토요일 11:30-15:00), 일요일 휴무
- 東京都中央区銀座6-3-14

후타바 즈시

| 스시 | 二葉鮨

1877년 오픈한 긴자에서 가장 오래된 스시집으로 고층 빌딩이 즐비한 긴자 거리에서 이곳만 시간의 흐름이 멈춘 듯한 외관과 실내 분위기를 지니고 있다. 밥에 단맛을 넣지 않아 재료 본연의 맛을 더욱 깊이 느낄 수 있는 것이 특징이다.

- 히비야선, 아사쿠사선 히가시긴자東銀座역 A2 출구에서 도보 1분
- 12:00-14:00, 17:00-21:30(토요일 12:00-14:00, 17:00-20:00), 일요일, 공휴일 휴무
- 東京都中央区銀座4-10-13

토리긴

| 일식 | 鳥ぎん 銀座本店

1951년 오픈, 가마솥 밥과 꼬치구이로 유명하다. 갓 지은 따끈따끈한 가마솥 밥은 1200~1450엔. 오픈 당시부터 고수해온 비법 소스를 발라 숯불에 구워 내는 꼬치구이는 210~390엔. 부담 없는 가격도 매력적이다.

- 긴자선, 히비야선 긴자銀座역 B5 출구에서 도보 1분
- 11:30-22:00, 연말연시 휴무
- 東京都中央区銀座5-5-7 ニューギンザビル6号館 B1F

긴자바이린

| 돈가스 | とんかつ銀座梅林 本店

1927년 오픈. 사과, 양파 등으로 걸쭉함과 단맛을 낸 지금의 돈가스 소스를 최초로 선보였으며, 빵에 돈가스를 끼운 히레카츠 샌드(1000엔)도 이곳이 원조다. 돈가스 정식은 2400~3400엔, 가츠돈カツ丼은 1300엔이다.

- 긴자선, 히비야선 긴자銀座역 A2 출구에서 도보 4분
- 11:30-20:00, 1월 1일 휴무
- 東京都中央区銀座7-8-1 銀座梅林ビルB1F

긴자 텐쿠니

| 텐동 | 銀座 天國

1885년 긴자에서 포장마차로 시작한 튀김 전문점으로 정성껏 만든 양념, 갓 튀긴 바삭한 튀김, 따끈따끈한 밥이 절묘하게 어우러진 텐동(튀김덮밥)이 유명하다. 텐동은 1980~3960엔이며, 런치 한정(15시까지) 텐동1500엔, 튀김 정식은 1600엔이다.

- 긴자선, 히비야선 긴자銀座역 A9 출구에서 도보 3분
- 11:30-22:00, 일요일 휴무
- 東京都中央区銀座8-11-3

트리콜로레 긴자

| 카페 | トリコロール 本店 GINZA Tricolore

1936년 오픈한 카페로 클래식하고 앤티크한 분위기로 과거로 시간 여행을 떠난 느낌이 드는 곳이다. 산미가 있는 핸드드립 커피와 애플파이, 에클레어가 특히 인기이다.

- 긴자선, 히비야선 긴자銀座역 A5 출구에서 도보 3분
- 08:00-17:30, 화요일 휴무
- 東京都中央区銀座5-9-17

마츠자키 쇼텐본점

| 화과자 | MATSUZAKI SHOTEN 本店

1804년 창업, 200년이 넘는 역사를 자랑하는 화과자 전문점이다. 지금까지 변하지 않는 전통방식으로 만드는 센베이, 전병 등 일본 화과자를 판매한다.

- 히비야선, 아사쿠사선 히가시긴자東銀座역 5번 출구에서 도보 1분
- 10:00-19:00, 비정기 휴무
- 東京都中央区銀座4-13-8 岩藤ビル1F

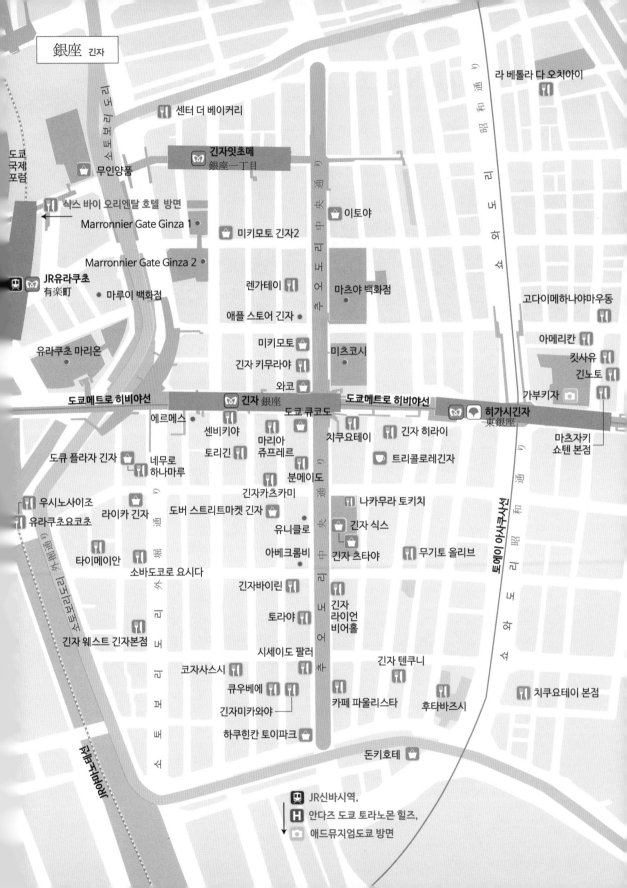

銀座 긴자

센터 더 베이커리

긴자잇초메
銀座一丁目

무인양품

식스 바이 오리엔탈 호텔 방면
Marronnier Gate Ginza 1

이토야

미키모토 긴자2

Marronnier Gate Ginza 2

JR유라쿠초
有楽町

렌가테이

마츠야 백화점

마루이 백화점

애플 스토어 긴자

라 베톨라 다 오치아이

고다이메하나야마우동

아메리칸

킷사유

긴노토

유라쿠초 마리온

미키모토

긴자 키무라야

미츠코시

와코

가부키자

도쿄메트로 히비야선

긴자 銀座

도쿄메트로 히비야선

히가시긴자
東銀座

에르메스

도쿄 큐코도

센비키야

치쿠요테이

긴자 히라이

마츠자키
쇼텐 본점

도큐 플라자 긴자

네무로
하나마루

토리긴

마리아
쥬프레르

트리콜로레긴자

라이카 긴자

분메이도

나카무라 토키치

우시노사이조

긴자카츠카미

유라쿠초요코초

도버 스트리트마켓 긴자

유니클로

긴자 식스

타이메이안

아베크롬비

긴자 츠타야

무기토 올리브

소바도코로 요시다

긴자바이린

긴자 웨스트 긴자본점

토라야

긴자
라이언
비어홀

시세이도 팔러

긴자 텐쿠니

코자샤스시

큐우베에

카페 파울리스타

후타바즈시

치쿠요테이 본점

긴자미카와야

하쿠힌칸 토이파크

돈키호테

JR신바시역,
안다즈 도쿄 토라노몬 힐즈,
애드뮤지엄도쿄 방면

도쿄
국제
포럼

AROUND GINZA | TSUKIJI

츠키지 장외시장

2018년부터 참치 경매와 도매 시장이 있어 도쿄의 부엌이라고 불리던 츠키지 시장이 토요스로 이전 후, 현재 츠키지에는 도매 시장 주변으로 형성되었던 장외시장만 남아있지만 지금도 다양한 전문 식당과 점포가 남아 있어, 관광객을 비롯한 많은 이들이 발길이 끊이지 않는다.

📍 오에도선 츠키지시조築地市場역, 히비야선 츠키지築地역   Tip 츠키지 내 식당은 예약은 받지 않으며, 현금 결제만 가능하다.

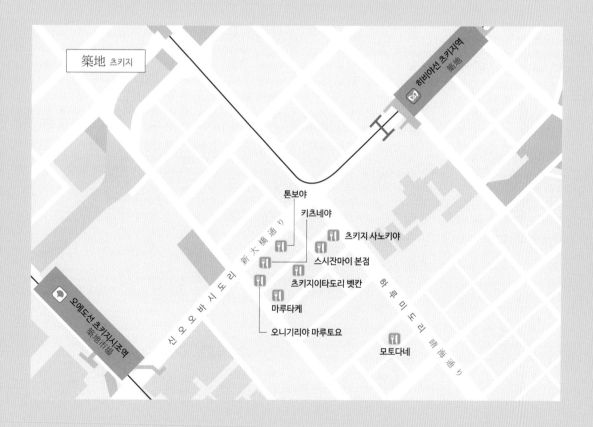

築地 츠키지

히비야선 츠키지역
築地

오에도선 츠키지시조역
築地市場

新大橋通り

신오오바시도리

하루미도리 晴海通り

톤보야
키츠네야
츠키지 사노키야
스시잔마이 본점
츠키지이타도리 벳칸
마루타케
오니기리야 마루토요
모토다네

마루타케 | 계란말이 | つきじ丸武

80년 이상의 역사를 가진 곳으로 창업 때부터 이어져 온 비법의 육수, 농장에서 직송되는 신선한 달걀로 숙련된 장인이 만들어 내는 폭신한 식감의 계란말이가 유명하다. 바로 만들어낸 커다란 계란말이 1조각에 150엔.

📍 오에도선 츠키지시조築地市場역 A1 출구에서 도보 3분

🕐 04:00-14:30, 수·일요일, 공휴일 휴무

🏠 東京都中央区築地4-10-10 築地場外

오니기리야 마루토요 | 오니기리 | おにぎり屋 丸豊

새우튀김, 장어, 연어 알 등의 속이 꽉 찬 커다란 수제 주먹밥이 유명하며, 주먹밥 이외에도 유부초밥, 마구로(참치) 김밥 등이 있다(200~600엔). 인기 메뉴는 반숙 계란이 통째로 들어간 바쿠텐(ばく天, 284엔). 편의점 주먹밥 2배 이상의 가격이지만 퀄리티는 비교할 수 없을 정도로 만족스럽다.

📍 오에도선 츠키지시조築地市場역 A1 출구에서 도보 3분

🕐 06:00-15:00, 수·일요일, 공휴일 휴무

🏠 東京都中央区築地4-9-9 築地場外

츠키지 사노키야 | 붕어빵 | 築地さのきや

츠키지에서는 붕어빵도 참치 모양으로 츠키지에 가면 한번 먹어볼 만한 재미있는 간식이다. 바삭한 식감에 팥소가 꽉꽉 들어찬 혼마구로本まぐろ는 1개 280엔, 같은 팥소이지만 더 쫀득하고 부드러운 식감의 추토로中とろ는 1개 330엔, 안에 커스터드가 들어간 키하다 마구로キハダマグロ는 1개 300엔이다.

📍 히비야선 츠키지築地역 1번 출구에서 도보 3분

🕐 08:00-15:00, 수·일요일, 공휴일 휴무

🏠 東京都中央区築地4-11-9

키츠네야 | 덮밥 | きつねや

술을 좋아하는 주인이 술안주로 곱창을 조린 것이 이 집의 곱창 덮밥의 시작이다. 짙은 적갈색의 핫초미소八丁味噌에 푹 조린 먹음직스러운 곱창을 흰쌀밥 위에 푸짐하게 올려주는 호르몬 돈(ホルモン丼, 900엔)이 대표 메뉴. 반숙 계란(50엔)을 추가해 짭조름한 곱창 조림과 함께 먹는 것이 더 맛있다. 항상 긴 줄이 있어 30분 정도 웨이팅은 각오해야 한다.

📍 히비야선 츠키지築地역 1번 출구에서 도보 3분

🕐 06:30-13:30, 수·일요일, 공휴일 휴무

🏠 東京都中央区築地4-9-12

톤보야 | 참치 스테이크 | とんぼや

꼬치에 두툼한 참치가 3덩어리 꽂혀 있는 참치 스테이크는 1개에 500엔, 생맥주와 세트는 1000엔이다. 근처에만 가도 참치 구이의 맛있는 냄새와 긴 웨이팅 줄로 쉽게 찾을 수 있다. 재료가 떨어지면 영업을 종료하므로 너무 늦지 않게 방문하는 것이 좋다.

- 📍 히비야선 츠키지築地역 1번 출구에서 도보 3분
- 🕐 08:00-13:00(재료 소진 시 영업종료), 목요일 휴무
- 🏠 東京都中央区築地4-9-15

모토다네 | 스시 | 本種

장외 시장의 한적한 골목에 있는 스시집으로 오후 1~2시면 모두 문을 닫는 츠키지에서 저녁시간까지 영업하는 많지 않은 곳 중 하나이다. 런치에는 사시미 정식(刺身定食, 2000엔), 니기리 1인분(にぎり1人前, 1800엔) 등 비교적 저렴한 가격에 질 좋은 회와 스시를 먹을 수 있다.

- 📍 히비야선 츠키지築地역 1번 출구에서 도보 6분
- 🕐 10:30-14:00, 17:30-21:00, 수요일 휴무
- 🏠 東京都中央区築地6-25-4

스시잔마이 본점 | 스시 | すしざんまい 本店

160종류 이상의 다양한 종류와 합리적인 가격으로 인기인 스시 체인점의 본점이다. 스시는 107~880엔. 종류가 너무 많아 선택이 힘들다면 매일매일 바뀌는 오늘의 추천本日のオススメ 중 선택하거나 세트 메뉴를 주문하면 된다. 세트는 1408엔부터이며, 참치만 모아 놓은 세트인 마구로 잔마이(まぐろざんまい, 4378엔)가 가장 인기이다.

- 📍 히비야선 츠키지築地역 1번 출구에서 도보 3분
- 🕐 24시간, 연중무휴
- 🏠 東京都中央区築地4-11-9

츠키지 이타도리 벳칸 | 스시 | 築地虎杖 別館

전국 각지에서 공수해온 신선한 해산물로 만든 스시를 먹을 수 있는 레스토랑으로 제철 재료로 만든 스시 7~11개가 함께 나오는 스시 세트는 3800~5300엔이며, 매일 재료가 바뀌는 오늘의 추천 해산물 덮밥(本質のおすすめ海鮮丼, 5800엔)도 맛있다.

- 📍 히비야선 츠키지築地역 1번 출구에서 도보 3분
- 🕐 07:00-20:00(수요일 10:00-15:00), 1월 1일 휴무
- 🏠 東京都中央区築地4-10-16 築地四丁目 町会ビル1F

KIYOSUMISHIRAKAWA

清澄白河　키요스미시라카와

스페셜 티가 주도하는 제3의 커피 바람이 불고 있는 도쿄에서 새로운 커피 동네로 떠오르고 있는 곳, 키요스미시라카와. 과거 목재창고로 쓰이던 건물들을 개조한 로스터리 카페들이 하나둘씩 들어서고 세계적으로 유명한 커피 체인인 블루보틀의 첫 해외 지점도 이곳에 둥지를 틀었다. 아파트와 주택, 오래된 사찰이 늘어선 한적한 동네에 커피 전문점과 키요스미 정원, 작지만 개성 있는 아트 갤러리가 어우러져 독특한 분위기를 자아낸다. 맛있는 한잔의 커피를 손에 들고 강을 따라 산책하며 여유를 만끽해보자.

--------------------------- THINGS TO DO ---------------------------

• 키요스미시라카와에서 꼭 해야 할 일 •

도쿄 커피 투어의 성지
블루보틀과 올프레스 에스프레소 등 유명 커피집 순례

키요스미 정원에서 느긋하게 휴식
넓은 연못이 있는 키요스미 정원에서 느긋하게 쉬어가기

후카가와 가마쇼에서 점심
에도시대부터 서민음식으로 유명한 후카가와 메시 먹어보기

Tokyo Bike
자전거 빌려타고 키요스미시라카와 돌아보기

• 찾아가기 •

가까운 역 | 지하철 키요스미시리카와역에서 이동한다.

이용 노선 | 지하철 도쿄메트로 한조몬선과 토에이 오에도선이 지난다.

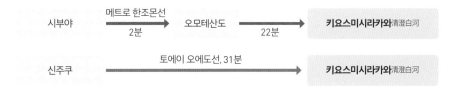

시부야 → 메트로 한조몬선 2분 → 오모테산도 → 22분 → **키요스미시라카와**清澄白河

신주쿠 → 토에이 오에도선, 31분 → **키요스미시라카와**清澄白河

키요스미 정원 | 공원 | 清澄庭園

일본 전역에서 가져온 암석과 거목, 정원수로 꾸며진 임천회유식정원으로, 메이지 시대를 대표하는 정원이자 도쿄 명승지로도 지정되어 있다. 3개의 섬이 떠있는 넓은 연못과 연못 속을 헤엄치는 잉어, 거북이의 모습을 보면서 느긋하게 쉬어갈 수 있다. 11월 중순부터 12월 초순에는 단풍 명소로도 각광받고 있다.

- 📍 한조몬선, 오에도선 키요스미시라카와清澄白河역 A3출구에서 도보 3분
- 🕐 09:00-17:00 (입장 16:30까지), 연말연시 휴무
- ¥ 입장료 150엔   🏠 東京都江東区清澄3-3-9

후카다소 | 카페 | fukadaso

지어진 지 50년이 넘은 아파트 겸 창고 건물을 리노베이션한 후카다소는 예전에 쓰던 회색의 투박한 창고의 모습 살린 독특한 외관으로 눈길을 끄는 곳이다. 높은 천장이 여유로운 느낌을 주는 카페에서는 커피(500엔) 등의 음료와 팬케이크(600엔) 같은 디저트를 제공한다.

- 📍 한조몬선, 오에도선 키요스미시라카와清澄白河역 A3출구에서 도보 5분
- 🕐 13:00-18:00 (금요일 13:00-21:30), 화·수요일 휴무, 비정기 휴무
- 🏠 東京都江東区平野1-9-7

코토리빵 | 베이커리 | コトリパン

가게 문을 열자마자 금방 빵이 품절되는 키요스미시라카와의 인기 빵집. 대부분의 빵 가격이 180-400엔으로 가성비가 뛰어나며 재료를 아낌없이 사용해 맛도 수준급이다.

- 📍 한조몬선, 오에도선 키요스미시라카와清澄白河역 A3출구에서 도보 8분
- 🕐 08:00-17:00, 월요일 휴무
- 🏠 東京都江東区福住2-7-21

후카가와 가마쇼 | 일식 | 深川釜匠

에도시대부터 사랑받아온 서민 음식 후카가와 메시深川めし를 전문으로
하는 일식집이다. 바지락과 표고버섯 육수로 밥을 지어 밥에 감칠맛이
배어 있는 후카가와 메시는 1190엔이며, 밥 위에 푸짐하게 바지락과 계
란 노른자가 올려진 후카가와 덮밥(深川丼ぶり, 1350엔)도 추천 메뉴.

📍 한조몬선, 오에도선 키요스미시라카와清澄白河역 A3, B2 출구에서
　도보 2분

🕐 11:00-22:00(화·목요일 11:00-15:00), 월요일 휴무

🏠 東京都江東区白河2-1-13

티폰드 | 홍차 | TEAPOND

유럽의 여느 티 전문점을 연상시키는 이국적인 외관의 티폰드는 약 50
종류의 홍차를 갖춘 홍차 전문점으로, 주전자나 티스푼, 슈가스틱 등 홍
차 도구들도 함께 판매한다. 소장하고 싶은 디자인의 오리지널 홍차 틴
케이스(1512엔부터)와 쉽게 밀크티를 만들 수 있는 밀크 티백(1200엔)
은 홍차를 좋아하는 이를 위한 선물로 안성맞춤이다.

📍 한조몬선, 오에도선 키요스미시라카와清澄白河역 A3출구에서 도보
　2분

🕐 11:00-19:00

🏠 東京都江東区白河1-1-11

오넬리넨 | 잡화 | onnellinen

일본인 작가가 만든 그릇이나 문구용품, 북유럽에서 가져온 인테리어
소품, 리넨 제품이 있는 작은 잡화점. 판매하는 물건의 수가 많지는 않지
만 상품이 그때그때 바뀌기 때문에 방문할 때마다 새로운 아이템을 만
날 수 있다는 장점이 있다.

📍 한조몬선, 오에도선 키요스미시라카와清澄白河역 A3출구에서 도보
　1분

🕐 11:00-18:00, 일·월요일 휴무

🏠 東京都江東区白河1-1-2

치즈노코에 | 치즈 | チーズのこえ

홋카이도산 우유로 만든 치즈와 와인, 홋카이도산 식재료를 판매하는
곳으로, 하얀색 바탕의 벽면에 홋카이도의 모양으로 창이 나 있어 골목
안쪽에 있지만 쉽게 알아볼 수 있다. 향료나 첨가물을 넣지 않고 만드는
깔끔한 맛의 소프트 아이스크림(440엔)도 별미.

📍 한조몬선, 오에도선 키요스미시라카와清澄白河역 A3출구에서 도보
　5분

🕐 11:00-19:00

🏠 東京都江東区平野1-7-7 第一近藤ビル 1F

이키 로스터리&이터리
| 카페 | iki Roastery & Eatery

스미다가와 강변 창고를 개조한 카페로 높은 천정의 탁 트인 공간의 실내가 인상적인 곳이다. 매장 내에 베이커리가 함께 있어 갓 구운 빵과 직접 로스팅 한 커피를 함께 즐길 수 있다. 날씨가 좋으면 테라스 석에서 보다 여유로운 시간을 만끽할 수 있다.

📍 한조몬선, 오에도선 키요스미시라카와清澄白河역 A1 출구에서 도보 5분
🕐 08:00-17:00, 수요일 휴무
🏠 東京都江東区常盤1-4-7

도쿄 바이크 | 렌털 | TOKYOBIKE TOKYO

전국적으로 다수의 매장이 있는 자전거 전문점으로, 자전거 Tokyobike의 구입 및 수리는 물론 렌털도 가능하다. 자전거 렌털료는 1일 2000엔이며, 홈페이지에서 예약도 가능하다(tokyobike.com/tokyobikerentals/). 날씨가 좋은 봄, 가을에는 자전거를 타고 키요스미시라카와 일대를 돌아보는 것을 추천한다.

📍 한조몬선, 오에도선 키요스미시라카와清澄白河역 B2 출구에서 도보 5분
🕐 11:00-18:00, 월·화요일 휴무
🏠 東京都江東区三好3-7-2

이키 로스터리&이터리

코나키 강　　　　　코나키 강

清澄白河 키요스미시라카와

키요스미시라카와
清澄白河

도쿄메트로 한조몬선

더 크림 오브 더 크롭 커피

오넬리넨

후카가와 가마쇼

티폰드

키요스미 정원

도쿄 바이크

후카다소

어라이즈 커피 엥탱글

코토리빵

치즈노코에

올프레스 에스프레소

블루보틀 커피 키요스미시라카와

토에이 오에도선

도쿄메트로 토자이선

몬젠나카초
門前仲町

KIYOSUMISHIRAKAWA

키요스미시라카와 커피 투어

맛은 물론 독특한 분위기까지, 어느 곳을 선택해도 만족스러운 도쿄의 대표 커피 동네 키요스미시라카와로 떠나는 향기로운 커피 투어.

블루보틀 커피 키요스미시라카와 Blue Bottle Coffee

미국 샌프란시스코에서 시작되어 '커피계의 애플'이라고 불리는 블루보틀의 최초 해외 지점이다. 한 잔씩 핸드 드립으로 내리는 커피가 대표 메뉴로, 부드럽게 감기는 맛과 향이 좋다.

- 📍 한조몬선, 오에도선 키요스미시라카와清澄白河역 A3출구에서 도보 10분
- 🕐 08:00-19:00, 연중무휴
- 🏠 東京都江東区平野1-4-8

올프레스 에스프레소 ALLPRESS ESPRESSO

뉴질랜드 커피 브랜드로, 입소문만으로 오스트레일리아를 거쳐 영국까지 진출한 실력파 커피점이다. 부드러운 스팀 밀크와 에스프레소가 조화를 이루는 플랫 화이트가 맛있으며 토스트, 베이글, 샐러드 등 간단한 식사도 가능하다. 목재 창고로 쓰이던 건물을 리뉴얼한 카페 분위기도 독특하다.

- 📍 한조몬선, 오에도선 키요스미시라카와清澄白河역 A3출구에서 도보 10분
- 🕐 08:00-17:00 (토·일요일, 공휴일 09:00-18:00), 연중무휴
- 🏠 東京都江東区平野3-7-2

어라이즈 커피 엥탱글 ARiSE Coffee Entangle

도쿄 유명 로스터리 'ARiSE COFFEE ROASTERS'에서 키요스미시라카와에 오픈한 2호점. 브라질, 도미니카, 에티오피아 등 여러 가지 원두 중에서 선택하면 바리스타가 눈앞에서 바로 커피를 내려준다. 드립 커피 450엔부터.

- 📍 한조몬선, 오에도선 키요스미시라카와清澄白河역 A3출구에서 도보 5분
- 🕐 09:30-18:00, 화요일 휴무
- 🏠 東京都江東区平野1-13-8

더 크림 오브 더 크롭 커피 The Cream of the Crop Coffee

지금의 키요스미시라카와 로스터리의 시작이 된 카페로, 로스팅한 최상급의 원두 판매가 중심이어서 내부에는 앉을 자리가 별로 없는 편이다. 4종류의 원두 중 선택할 수 있으며 커피 얼음을 넣어주는 아이스커피가 맛있다.

- 📍 한조몬선, 오에도선 키요스미시라카와清澄白河역 A3출구에서 도보 10분
- 🕐 10:00-18:00, 월요일 휴무
- 🏠 東京都江東区白河4-5-4

TOKYO & MARUNOUNCHI

東京駅 & 丸の内　도쿄역 & 마루노우치

일본 비즈니스의 심장부라고 할 수 있는 도쿄역 주변에는 대형 빌딩들이 들어선 마루노우치, 메이지 시대부터 국가행정의 중심지로 발전해온 카스미가세키, 그리고 황궁을 중심으로 한 넓은 공원이 있다. 일본을 대표하는 기업들의 본사가 밀집해 있는 마루노우치는 도쿄역과 연결된 식품 쇼핑몰 그란스타와 다이마루 백화점, 복합상업시설 KITTE 등을 통해 쇼핑의 명소로도 새롭게 주목 받고 있다. 또한 마루노우치 동쪽에 자리 잡고 있는 황궁의 아름다운 공원들과 히비야 공원, 카스미가세키의 관청 거리도 이 지역의 독특한 분위기에 한몫을 한다.

• 도쿄역에서 꼭 해야 할 일 •

도쿄 미드타운 히비야 즐기기
최신 트랜트 쇼핑과 공중 정원에서 여유로운 시간 만끽!

우체국의 변신! 쇼핑몰 KITTE
우체국을 쇼핑몰로 개조한 KITTE에서 쇼핑과 식사 즐기기

명품 버터 에시레로 만든 빵
도쿄 유일의 명품 버터 에시레 매장에서 크루아상과 케이크 맛보기

라멘 스트리트에서 점심 식사
일본 전국의 유명 라멘집 8곳을 모아놓은 라멘 스트리트에서 식사

유적지 도쿄 고쿄에서 기념촬영
천황일가가 살고 있는 도쿄 고쿄 주변 산책 또는 가이드투어

도쿄역 한정 디저트 구매하기
도쿄역 내 상점가와 지하 그란스타에서 도쿄역 한정 디저트 구매

• 찾아가기 •

가까운 역 | JR도쿄역에서 웬만한 주요 스폿을 찾아갈 수 있다. 그 밖에도 지하철 오테마치역, JR유라쿠초역에서도 도보로 이동할 수 있다.

이용 노선 | 도쿄역은 신칸센을 비롯해 JR열차는 야마노테선, 추오선, 게이요선이 지나며 지하철 도쿄메트로 마루노우치선도 운행하고 있다.

돌아보기 TIP

마루노우치 셔틀 | 오테마치, 마루노우치, 유라쿠초 지역을 연결하는 무료 순환버스 마루노우치 셔틀丸の内シャトル은 오전 10시부터 저녁 8시까지 15분 간격으로 2개의 루트로 운행되고 있다. 상세한 노선 루트 정보는 홈페이지 www.hinomaru-bus.co.jp/free-shuttle/marunouchi/에서 확인할 수 있다.

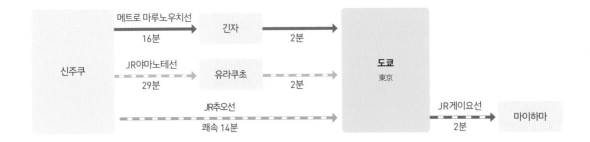

고쿄 | 황궁 | Imperial Palace 皇居

원래는 도쿠가와 막부의 성이었으나 19세기에 황실 가족이 들어오면서 황궁이 되었고 현재까지 천황 일가가 살고 있다. 원래의 황궁은 제2차 세계 대전 중 연합군의 폭격으로 파괴되었고, 지금의 건물은 1960년대에 다시 세워진 것이다. 기념 촬영의 배경으로 가장 인기 있는 곳은 황궁을 연결하는 다리인 니주바시와 감시탑. 1620년경에 완공된 에도성에 남아있는 가장 큰 성문인 사쿠라다몬, 고쿄가 한눈에 보이는 푸른 도심 속 쉼터 황거 외원도 놓치지 말자. 코쿄는 1년에 2번, 1월 2일과 천황탄생일인 2월 23일에만 일반에게 개방되며, 이때는 황실 가족들이 황궁 발코니에 모습을 드러낸다. 화~토요일 하루에 2번 진행되는 무료 가이드 투어는 미리 예약해야 한다.

📍 치요다선 니주바시마에二重橋前역 6번 출구에서 도보 10분

🕐 참관 투어 10:00, 13:30(18세 이상 대상, 예약 관련 자세한 내용은 sankan.kunaicho.go.jp 참고)

¥ 무료   🏠 東京都千代田区千代田1-1

고쿄 히가시 교엔 | 정원 |

The Imperial Palace East Gardens 皇居東御苑

천황이 살고 있는 황궁의 동쪽 정원 일부를 일반인에게 공개하고 있다. 이 공원에는 오오테몬大手門, 히라카와몬平川門, 키타하네바시몬北桔橋門이라는 세 곳의 출입구가 있다. 히가시 교엔 내의 유일한 일본식 정원 니노마루테이엔二の丸庭園에서는 일본 정원의 아름다움을 만끽할 수 있고, 에도 시대 유적인 돌담과 수로가 남아 있어 일본의 옛 정취를 느낄 수 있는 최고의 관광지로 손꼽힌다. 천황 부부가 기증한 회화와 공예품을 전시하고 있는 산노마루쇼조칸도 있어 다양한 즐거움을 느낄 수 있다.

📍 마루노우치선, 토자이선, 치요다선, 오테마치大手町역 C13a 출구에서 도보 5분

🕐 09:00-17:00(계절에 따라 시간 변동), 월·금요일(공휴일인 경우 다음 날), 12월 28일~1월 3일 휴무

¥ 무료

히비야 공원

| 공원 | Hibiya Park 日比谷公園

에도 막부 말기까지 귀족의 저택으로 사용되던 곳이자, 1903년 일반에게 공개되어 도쿄 시민의 휴식 공간으로 사랑 받아온 공원이다. 일본 최초의 서양식 정원인 이곳에는 200여 종의 나무와 화단이 아름답게 조성되어 근처에 있는 회사원과 공무원들이 휴식을 위해 많이 찾고 있다. 4월에는 진달래, 11월에는 국화가 아름답게 피며 겨울이면 아름다운 불빛으로 장식하는 일루미네이션 축제가 열리기도 한다.

- 📍 히비야선 히비야日比谷역 A10 출구에서 도보 2분
- 🕐 24시간 개방
- ¥ 무료
- 🏠 東京都千代田区日比谷公園

히비야 마츠모토로

| 레스토랑 | 日比谷 松本楼

히비야 공원 안에 있는 레스토랑으로, 공원과 함께 문을 열어 100년이 넘는 역사를 자랑한다. 문을 열 당시에는 마츠모토로에서 카레를 먹고 커피를 마시는 것이 엘리트 젊은이들의 상징이었다고 한다. 푸른 녹음으로 둘러싸여 있어 공원 산책 후 한가롭게 점심을 즐기기에 좋다. 하이카라 비프카레ハイカラビーフカレー (1250엔).

- 📍 히비야선 히비야日比谷역 A14 출구에서 도보 2분
- 🕐 11:00-21:00, 연중무휴
- 🏠 東京都千代田区日比谷公園1-2

도쿄 국제 포럼

| 복합 상업 시설 | 東京国際フォーラム

배를 모티브로 한 거대한 유리 홀이 유명한 건물로, 설계는 세계적 건축가 라파엘 비놀리Rafael Vinoly가 맡았다. 이벤트홀, 미술관, 레스토랑, 쇼핑 공간 등 다양한 시설이 있으며, 특히 7층의 무료 라운지에는 야경을 즐기려는 사람들의 발길이 끊이지 않는다. 조명이 들어오는 밤에는 마치 바다 위에 떠 있는 배처럼 보여 더욱 아름답다.

- 📍 JR유라쿠초有楽町역 국제 포럼 출구에서 도보 1분 / 유라쿠초선 유라쿠초有楽町역 D5 출구에서 연결
- 🕐 07:00-23:30, 연중무휴
- 🏠 東京都千代田区丸の内3-5-1

키테 | 쇼핑몰 | KITTE キッテ

일본 우편 주식회사에서 운영하는 곳으로 과거 도쿄 중앙 우체국으로 사용되었던 건물의 일부를 리뉴얼해서 만들었다. 지하 1층부터 지상 6층 규모로 세련된 잡화와 패션 등의 다양한 숍과 인기 회전 스시집 네무로 하나마루 등의 레스토랑까지 약 100여 개의 점포가 입점해 있다. 초록 잔디가 깔린 6층 옥상정원에서는 도쿄역 건물과 주변 시가지가 한눈에 들어온다.

Tax Free 23개의 면세 대상 숍이 있으며 같은 점포 내에서의 1일 구매 합계액이 5,400엔(세금 포함) 이상일 경우, 면세 가능하다.

📍 JR도쿄東京역 마루노우치 남쪽 출구에서 도보 1분   🕐 **숍** 11:00-21:00, **레스토랑** 11:00-23:00 (매장마다 다름)
🏠 東京都千代田区丸の内2-7-2

도쿄 미드타운 히비야 | 쇼핑몰 | 東京ミッドタウン日比谷

히비야 공원 맞은편에 위치한 복합 상업시설로 리빙, 패션, 라이프스타일 등 총 60개의 점포가 있다. 7개의 서로 다른 매장이 마을처럼 모여 있는 히비야 센트럴 마켓, 화장품 브랜드 THREE가 오픈한 리바이브 키친과 같이 신선한 감각의 상점과 레스토랑이 눈길을 끈다. 6층에는 공중 정원 파크뷰 가든이 있다.

📍 치요다선, 히비야선 히비야日比谷역 A11출구에서 연결   🕐 **숍** 11:00-21:00, **레스토랑** 11:00-23:00 (매장마다 다름)
🏠 東京都千代田区丸の内2-7-2

에쉬레 | 버터 | ECHIRE

《죽기 전에 꼭 먹어야 할 세계 음식 재료 1001》에 선정되고 미슐랭 스타 셰프 그리고 파티시에들에게 사랑 받고 있는 프랑스산 발효 버터인 에쉬레 버터의 전문매장. 에쉬레 버터 제품뿐만 아니라 에쉬레 버터를 사용한 빵과 과자도 판매한다. 특히 매일 한정된 갯수로 구워내는 크루아상과 깊고 진한 맛의 버터 크림 케이크(6480엔)는 오픈 시간에 맞춰 가야 구입할 수 있을 정도로 인기다.

📍 JR도쿄東京역 마루노우치 남쪽 출구에서 도보 5분, 마루노우치 브릭스퀘어 1층
🕐 10:00-19:00, 비정기 휴무
🏠 東京都千代田区丸の内2-6-1 丸の内ブリックスクエア1F

츠지한 | 덮밥 | 海鮮丼 つじ半

긴 줄에 끼어 오랜 기다림 끝에라도 꼭 먹어야 한다는 해산물 덮밥 전문점. 텐동 전문점 가네코한노스케金子之助와 라멘 전문점 츠지타つじ田가 콜라보레이션한 곳으로, 메뉴는 해산물 덮밥ぜいたく丼 한가지뿐이다. 토핑되는 재료 가짓수에 따라 가격은 1250엔, 1650엔, 2200엔, 3600엔으로 나뉜다.

📍 JR도쿄東京역 야에스지하가 22번 출구에서 도보 5분
🕐 11:00-15:00, 17:00-21:00 오봉(8월 중순), 연말연시 휴무
🏠 東京都中央区日本橋3-1-15

타니타 식당 | 레스토랑 | Tanita Shokudo タニタ食堂

체중계로 잘 알려진 회사 타니타에서 '일본을 건강하게 만들자'라는 취지로 오픈한 식당이다. 칼로리와 염분, 씹는 횟수까지 고려한 건강 식단으로 매일 바뀌는 메뉴와 일주일에 한 번 바뀌는 메뉴가 있다. 식사 전후에 체지방 측정과 식습관 상담도 받을 수 있어 선풍적 인기를 끌고 있다.

📍 히비야日比谷역 B4 출구와 연결, 마루노우치 국제빌딩 지하 1층
💴 **런치** 11:00-14:00 **계측 서비스** 11:00-14:00(평일 한정), 토·일요일, 공휴일, 연말연시 휴무
🏠 東京都千代田区丸の内3-1-1 丸の内国際ビルヂングB1F

포켓몬 센터 도쿄 DX | 캐릭터 | ポケモンセンタートウキョーDX

일본 최대 크기를 자랑하는 포켓몬 공식 숍으로 내부에 카페도 있다. 게임 소프트와 카드 게임, 다양한 오리지널 굿즈가 가득해 포켓몬 팬이라면 그냥 지나칠 수 없는 곳이다. 포켓몬 카페는 사전 예약제로 전화(+81-3-6262-3439) 혹은 메일(pokemon-cafe-cs@sld-inc.com)로 할 수 있다.

📍 JR도쿄東京역 야에스 북쪽 출구에서 도보 5분
💴 10:30-21:00, 비정기 휴무
🏠 東京都中央区日本橋2-11-2 日本橋高島屋S.C.東館 5F

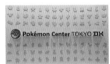

도쿄역 | 역 | 東京駅

수도 도쿄의 관문이라고 할 수 있는 터미널로, 도쿄 돔의 3.6배에 달하는 공간에 신칸선과 전철, 지하철 등이 연결되어 있어 하루에 4000여 대의 전철과 신칸선이 도쿄역을 이용한다. 메이지 시대를 대표하는 건축가 다츠노 킨고가 설계한 도쿄역사는 붉은 벽돌로 지어졌으며 암스테르담 중앙역을 모델로 하여 1914년에 완공되었다. 이후 1945년 도쿄 대공습 때 화재로 역사 대부분이 소실되었던 것을 축소 복원시켜서 사용하다가 2006년에 100년 전의 모습 그대로 복원해 현재는 그 시대와 똑같은 모습의 원형 돔을 유지하고 있다. 2003년에 국가 주요 문화재로 지정되었으며 각종 영화와 드라마의 배경으로 많이 등장해 사진 촬영 장소로도 인기가 많다. 역내에 레스토랑가, 쇼핑가 등 다양한 부대시설을 갖추고 있어 명실공히 일본 최고의 역이자, 도쿄의 상징적인 장소 중 하나다.

🏠 東京都千代田区丸の内1

오카시란도 | 과자 | 東京おかしランド

일본 최대 3대 제과업체, 가루비, 글리코, 모리나가가 함께 오픈한 안테나숍. 가루비 플러스에서는 방금 튀겨낸 포테이토와 지역한정 자가리코를 판매, 글리코야 키친에서는 직접 과자 만드는 과정 견학과 함께 전국 지역 한정 상품을 구입할 수 있으며, 모리나가 오카시야상에서는 도쿄역 한정 제품과, 오리지널 문구 등을 구입할 수 있다.

📍 JR도쿄東京역 지하 1층 개찰구 밖, 야에스 중앙 출구 쪽

🕐 09:00-21:00

에키벤야 마츠리 | 도시락 | Ekiben-ya Matsuri 駅弁屋 祭

일본 기차 여행에서 빼놓을 수 없는 즐거움인 '에키벤' 전문점이다. 에키벤은 기차에서 먹을 수 있는 '기차역 도시락'으로, 일본 전국 각지를 대표하는 170여 가지 도시락이 이곳에 모여 있다. 신칸선을 타고 근교로 여행을 떠날 때, 또는 기차를 타지 않더라도 다양한 에키벤을 구경하며 입맛대로 골라 지역 특산물을 맛보는 것도 여행에 재미를 더해준다.

📍 JR도쿄東京역 1층 개찰구 안, 센트럴 스트리트

🕐 05:30-23:00, 연중무휴

🏠 東京都千代田区丸の内1-9-1 セントラル ストリ

도쿄 라멘 스트리트 | 라멘 | 東京ラーメンストリート

'누구나 좋아하는 라멘을, 많은 사람들이 모여드는 도쿄역에서'라는 콘셉트로 일본 전국의 유명 라멘집 8곳을 한곳에 모아 놓았다. 아침 일찍부터 저녁 늦게까지 영업을 하기 때문에 도쿄역에서 다른 지역으로 이동하기 전에 간단히 식사를 하는 사람들이 많이 찾는다.

📍 JR도쿄東京역 야에스 남쪽 출구 지하 1층　🕐 10:00-23:00 (매장마다 다름)　🏠 東京都千代田区丸の内1-9-1 東京駅一番街 地下1F

로쿠린샤 | 츠케멘 | 六厘舎

깊고 진한 국물과 두꺼운 면발의 츠케멘을 유행시킨 곳. 갖은 재료를 넣고 오랜 시간과 공을 들여 끓여낸 진한 맛의 국물은 마지막 한 방울까지 남김없이 먹을 수 있을 정도다. 다른 집보다 조금 더 두꺼워 탱탱한 면발의 츠케멘이 대표메뉴(1040엔).

🕐 07:30-09:30, 10:30-23:00

소라노이로 | 라멘 | Soranoiro Nippon ソラノイロ NIPPON

카페처럼 예쁜 라멘 가게로, 여성 취향에 맞는 채소와 식물성 원료로 라멘을 만들고 있다. 라멘 종류는 2가지로, 보통의 중화 라멘과 소라노이로의 대표 메뉴인 베지 소바. 파프리카, 브로콜리, 양배추, 감자, 당근 등 다양한 채소를 넣어 만든 '베지 소바ベジソバ(930엔부터)는 낯선 라멘맛으로 호불호가 갈리는 편이다.

🕐 09:00-23:00, 연중무휴

도쿄 캐릭터 스트리트 | 캐릭터 | Character Street 東京キャラクターストリート

일본뿐 아니라 세계적으로 유명한 캐릭터들이 총망라된 곳. 후지TV, 닛테레, NHK 등 방송국 캐릭터숍은 물론, 리락쿠마, 돈구리 공화국, 스누피타운, 헬로키티를 비롯한 약 30개의 캐릭터 관련 숍이 모여 있으며 도쿄역 한정 판매 상품도 꽤 있어서 마니아들이 일부러 찾는다.

📍 JR도쿄東京역 야에스 북쪽 출구 지하 1층　🕐 10:00-20:30　🏠 東京都千代田区丸の内1-9-1 東京駅一番街 地下1F北通り

TOKYO & MARUNOUNCHI SPECIAL

도쿄역 디저트

도쿄여행의 관문이 되는 도쿄역에는 도쿄뿐만 아니라 일본 전역의 유명 디저트가 모두 모여 있다. 도쿄역 개찰구 내와 개찰구 밖에서 살 수 있는 인기 디저트와 도쿄역 한정 디저트를 엄선해보았다.

도쿄역 1층

🚶 출구 🛍 쇼핑

```
                      다이마루
                      도쿄        뉴욕 시티샌드
  🚶 [니혼바시 출구]                                          야에스 남쪽 출구
                                        야에스 중앙 출구      게이오스트리트
  🚶 [니혼바시 출구]          야에스 북쪽 출구                 슈가버터트리
                                                          도쿄 밀크치즈팩토리
                                          1F              프레스 버터샌드
                          에키벤야 마츠리      에큐트
                          도쿄앙팡 마메이치즈            뉴욕 퍼펙트 치즈

       🚶 [마루노우치 북쪽 출구]   🚶 [마루노우치 중앙 출구]   🚶 [마루노우치남 쪽 출구]
```

프레스 버터 샌드

| 디저트 | PRESS BUTTER SAND

뉴욕 퍼펙트 치즈와 더불어 도쿄역 대표 디저트로 꼽히는 프레스 버터 샌드는 2개의 네모난 쿠키 사이에 홋카이도산 버터로 만든 크림과 캐러멜이 들어간 디저트로 포장도 고급스러워 선물용으로 인기도 높다.

🕐 06:30-21:30
📍 JR도쿄東京역 개찰구 내 1층 마루노우치 남쪽 출구 근처

뉴욕 퍼펙트 치즈 | 디저트 |

NEWYORK PERFECT CHEESE

대표상품은 쿠크다스와 닮은 비스킷 랑그드샤 안에 고다 치즈와 크림, 치즈 초콜릿이 들어가 있는 디저트, 뉴욕 퍼펙트 치즈. 매일 조기에 품절될 만큼 도쿄사람들에게 사랑 받고 있다. 매장은 프레스 버터 샌드와 마주보고 있다.

🕐 08:00-22:00
📍 JR도쿄東京역 개찰구 내 1층 마루노우치 남쪽 출구 근처

뉴욕시티샌드

| 디저트 | N.Y.C SAND

문을 열기 전부터 긴 줄이 늘어설 만큼 인기 있는 디저트, 캐러멜 샌드를 판매하는 곳. 얇은 과자 안에 캐러멜이 발라져 있어 입 안에 넣는 순간 부드럽게 녹아 든다.

🕐 10:00-20:00
📍 JR도쿄東京역 개찰구 밖 1층 다이마루도쿄 1층

슈가버터트리

| 디저트 | シュガーバターの木

통밀, 호밀, 메귀리 등 엄선한 7개의 재료를 넣어 만든 반죽에 슈가와 버터를 발라 구운 쿠키 사이에 화이트 초콜릿을 샌드한 과자인 슈가버터트리가 대표 상품. 달콤한 초콜릿과 버터의 풍미가 뛰어난 조합을 보여준다.

🕐 06:30-21:30
📍 JR도쿄東京역 개찰구 내 1층 마루노우치 남쪽 출구 근처

도쿄 밀크치즈팩토리

| 디저트 | 東京ミルクチーズ工場

프랑스, 스페인 등 전세계에서 엄선한 우유와 소금, 벌꿀 등의 재료로 만든 쿠키 전문 브랜드. 우리나라에서도 도쿄 여행 선물로 유명하다. 솔트 &카망베르, 벌꿀&고르곤졸라 치즈, 포르치니&고다 치즈의 3가지 종류가 인기 상품.

🕐 08:00-22:00
📍 JR도쿄東京역 개찰구 내 1층 게이오스트리트Keiyo Street

도쿄앙팡 마메이치즈

| 팥빵 | 東京あんぱん 豆一豆

도쿄의 대표 팥빵 전문점 중 하나. 도쿄역 한정으로 판매되는 도쿄렌가팡東京レンガぱん은 도쿄역 마루노우치 역사의 붉은 벽돌 건물을 소재로 한 빵으로, 도쿄역이라고 쓰여진 빵 속에 팥과 휘핑크림이 2단으로 되어 들어 있다.

🕐 08:00-22:00, 일요일, 공휴일 08:00-21:30
📍 JR도쿄東京역 개찰구 내 1층 에큐트ecute

페어리케이크 페어 앤 밀크티

| 컵케이크 | Fairycake Fair and milk tea

일본 스타일로 조그맣게 만들어낸 컵케이크 전문점으로, 바닐라 빈즈를 잔뜩 넣은 귀여운 판다 모양의 바닐라 판다バニラパンダ(460엔)가 인기. 따뜻한 차와 함께 맛보면 더욱 좋다.

🕐 08:00-22:00(일요일, 공휴일 08:00-21:00)
📍 JR도쿄東京역 개찰구 내 지하 1층 그랑스타 도쿄GRANSTA TOKYO

東京駅&丸ノ内
도쿄역&마루노우치

야부소바

칸다 마츠야

도쿄메트로 한조몬선

토에이 미타선

도쿄메트로 치요다선

도쿄메트로 마루노우치선

JR야마노테선

JR츄오선

칸다
神田

타케바시
竹橋

히라카와몬

도쿄메트로 토자이선

호시노야 도쿄

JR소부선

미츠코시마에
三越前

만텐스시

고쿄 히가시 교엔

오오테몬

오테마치
大手町

미츠코시
니혼바시본점

고쿄

팰리스 호텔 도쿄

아만 도쿄

도쿄메트로 한조몬선

신마루
노우치
빌딩

도쿄메트로 토자이선

뉴욕시티샌드

다이마루

니혼바시
日本橋

토에이 미타선

마루노우치 빌딩

JR소부선

그란스타

에키벤야 마츠리

츠지한

니주바시마에
二重橋前

마루노우치
브릭스퀘어

키테

JR도쿄
東京

도쿄 캐릭터 스트리트

불가리 호텔 도쿄

포켓몬센터도쿄

에시레

만텐스시

오카시란도

로쿠린샤

소라노이로

고쿄가이엔

도쿄메트로 유라쿠초선

도쿄 국제 포럼

교바시
京橋

도쿄메트로 히비야선

타니타 식당

히비야 공원

더 페닌슐라
도쿄

히비야
日比谷

유라쿠초
有楽町

도쿄메트로 마루노우치선

히비야
마츠모토로

도쿄 미드타운
히비야

도쿄메트로 긴자선

도쿄메트로 긴자선

도쿄메트로 유라쿠초선

메트로 치요다선

긴자
銀座

ROPPONGI&AZABUJUBAN

六本木& 麻布十番 롯폰기 & 아자부주반

일본인보다 외국인의 모습을 더 많이 볼 수 있는 지역으로, 각국의 대사관들이 들어서 있고 그에 걸맞은 국제적 감각의 상점이 많은 곳이다. 롯폰기 힐즈와 미드타운 등의 복합 쇼핑몰과 미술관이 모여 있어 도쿄의 현대 아트를 대표하는 문화 중심지 역할도 하고 있다. 세계 각국의 문화가 공존하는 지역이다 보니 매년 각국의 전문 음식점 수가 점점 늘어나 지금은 세계 음식 집산지가 되었으며, 나이트클럽이나 하드록 카페 등 유명 바가 많아 밤이면 더 활기를 띠는 곳이기도 하다. 도쿄를 대표하는 미술관들을 순례하며 현대 아트를 감상하거나 세계적 셰프들의 디저트도 맛볼 수 있다.

· 롯폰기에서 꼭 해야 할 일 ·

필수 코스! 도쿄 미드타운
숍, 레스토랑, 미술관이 한데 있는
도쿄 미드타운에서 신나게 놀기

부시 대통령이 찾은 이자카야
부시 대통령이 찾았던 이자카야
곤파치에서 푸짐한 런치 코스

일본 최대 규모! 국립신미술관
일본 최대 규모이자 아름다운 건
축물로 유명한 국립신미술관 산책

토시 요로이즈카의 즉석 디저트
유명 파티시에가 오픈한 토시 요
로이즈카에서 고급 디저트 맛보기

도쿄 최고의 야경 도쿄 시티뷰
롯폰기 힐즈 전망대 도쿄 시티뷰
에서 파노라마 전망, 야경 감상

명실상부 도쿄의 랜드마크
여전히 도쿄를 대표하는 도쿄타
워에서 야경 즐기기

· 찾아가기 ·

가까운 역 | 도쿄 미드타운, 롯폰기 힐즈와 같은 주요 명소들은 지하철 롯폰
기역과 가깝고 지하철로 한 정거장 떨어진 아자부주반역에서도 도보로 이
동할 수 있다.

이용 노선 | 롯폰기역은 지하철 도쿄메트로 히비야선과 토에이 오에도선
이 운행한다.

돌아보기 TIP

치이버스 | 롯폰기힐즈를 중심으로 아자부주반, 오모테
산도역까지 연결하는 무료 커뮤니티 버스인 치이버스ち
いばす를 이용하면 롯폰기와 주변 지역을 돌아보는 데 도
움이 된다. 10개의 노선으로 운행되는 치이버스의 요금은
100엔이며 교통카드인 Suica, Pasmo로도 탑승할 수 있
다. 노선도 및 시간표 확인은 홈페이지 www.fujiexpress.
co.jp/chiibus/

신주쿠	토에이 오에도선, 9분 →				
		롯폰기	1분 → 아자부주반	18분 →	키요스미시라카 와
에비스	메트로 히비야선, 6분 →	六本木	麻布十番		

도쿄 미드타운 | 복합 상업 시설 |

Tokyo Midtown 東京ミッドタウン

광대한 녹지와 다양한 숍, 레스토랑, 오피스, 호텔, 미술관 등으로 구성된 복합 문화 공간. 쇼핑 지역인 '갤러리아Galleria', 카페와 베이커리, 상점 등이 있는 '플라자Plaza', 녹색의 휴식 공간을 제공하는 '그린 앤 파크Green & Park'의 3개 구역으로 나뉜다. 거기에 세계적으로 유명한 안도 타다오가 설계한 '21_21 디자인 사이트', 도쿄의 아트를 이끌어나가는 '산토리 미술관' 등 다양한 시설이 있어 온종일 돌아다녀도 모자랄 만큼 볼거리와 경험할 것이 많다.

📍 히비야선 롯폰기六本木역 4a 출구에서 지하 통로를 경유해 8번 출구에서 연결 / 오에도선 롯폰기六本木역 8번 출구에서 연결

🕐 **숍** 11:00-20:00 **레스토랑** 11:00-23:00(매장마다 다름), 연중무휴

🏠 東京都港区赤坂9-7-1

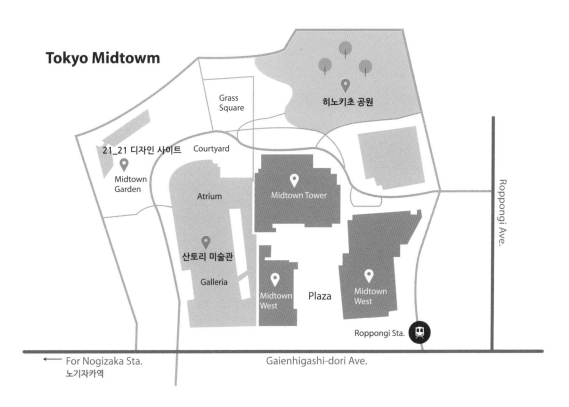

Tokyo Midtowm

Grass Square

히노키초 공원

21_21 디자인 사이트

Courtyard

Midtown Garden

Atrium

Midtown Tower

산토리 미술관

Galleria

Midtown West

Plaza

Midtown West

Roppongi Ave.

Roppongi Sta.

For Nogizaka Sta.
노기자카역

Gaienhigashi-dori Ave.

히노키초 공원 | 공원 | 檜町公園

에도시대 영주의 별저別邸였던 곳으로 히노키(노송나무)가 많이 심어져 있는 아름다운 정원으로 유명했던 곳이다. 공원이 된 지금도 커다란 연못을 둘러싼 일본식 정원이 남아 있으며, 산책로와 잔디밭이 잘 조성되어 시민들의 쉼터 역할을 하고 있다.

📍 히비야선, 오에도선 롯폰기六本木역 7번 출구에서 도보 4분　🕐 24시간　🏠 東京都港区赤坂9-7-9

21_21 디자인 사이트 | 전시관 | 21_21 DESIGN SHIGHT

안도 타다오가 설계를 맡고 이세이 미야케 디자인 문화 재단이 운영하는 디자인 전문 미술관으로, 일상과 주변 사물에 디자인적 관점을 적용해 기존의 개념을 뒤집는 새로운 디자인을 제시한다. 전시회 뿐 아니라 토크, 워크숍 등 흥미로운 프로그램도 진행한다.

📍 미드타운 가든 내

🕐 10:00-19:00, 화요일, 연말연시, 전시물 교체 기간 휴관

¥ 성인 1400엔, 대학생 800엔, 고등학생 500엔, 중학생 이하 무료

@ www.2121designsight.jp

산토리 미술관 | 미술관 | サントリー美術館

국립신미술관, 롯폰기힐즈의 모리 미술관과 함께 도쿄 아트의 트라이앵글을 이루는 미술관이다. 1961년 개관 이래 회화, 도자기, 유리공예 등 매력 넘치는 기획 전시회를 통해 '생활 속의 미'를 알려온 곳으로, 일본 전통의 미를 중심으로 한 다양한 기획 전시가 유명하다. 홈페이지에서 입장료 100엔 할인 쿠폰을 다운받을 수 있다.

📍 미드타운 갤러리아 3층

🕐 10:00-18:00(금· 토요일 10:00-20:00), 화요일, 연말연시, 전시물 교체 기간 휴관

¥ 전람회에 따라 다름, 중학생 이하 무료

@ www.suntory.co.jp/sma

딘 앤 델루카

| 수입 식료품 | DEAN & DELUCA

고급 수입 식재료 셀렉트숍으로, 보고, 만들고, 먹는 즐거움을 생각한다는 이곳의 모토가 무색하지 않을 만큼 다양한 치즈와 와인, 차와 잼 종류가 가득하다. 요리를 좋아한다면 그냥 지나칠 수 없는 매력적인 곳이다.

📍 미드타운 갤러리아 지하 1층

🕐 11:00-21:00, 연중 무휴

카야노야

| 일본 식재료 | 茅乃舎 東京ミッドタウン店

화학조미료를 일절 사용하지 않고 자연산 재료만으로 만든 육수, 카야노야 다시茅乃舎だし가 유명하다. 손쉽게 육수를 낼 수 있는 다시 외에도 천연재료 본연의 맛에 충실한 양념, 조미료, 드레싱 등을 구입할 수 있다. 옆에는 카야노야의 천연 양념으로 만든 식사를 맛볼 수 있는 레스토랑이 함께 있다.

📍 미드타운 갤러리아 지하 1층

🕐 11:00-21:00

토라야

| 화과자 | とらや

500년 역사를 내다보고 있는 일본 전통 과자점으로 '양갱의 잘린 단면에 보이는 팥이 밤에 하얗게 피어나는 매화꽃과 같다'는 1694년에 쓰여진 문헌에서 이름이 유래되었다고 한다. '요루노우매夜の梅(밤의 매화)'라는 팥 양갱이 유명하다. 카페에서는 앙미츠(あんみつ, 단팥죽, 1540엔)와 말차 오레(抹茶オレ, 1100엔) 같은 일식 디저트도 즐길 수 있다.

📍 미드타운 갤러리아 지하 1층

🕐 11:00-21:00, 1월 1일 휴무

히라다 목장

| 돈가스 | 平田牧場

목장에서 직접 운영하는 곳으로 최상의 컨디션에서 건강하게 키운 돼지고기를 사용해 만드는 돈가스 전문점이다. 레스토랑뿐만 아니라 매장도 있어 최고 품질의 돼지고기, 생햄, 소시지 등도 구입할 수 있다.

📍 미드타운 갤러리아 지하 1층

🕐 11:00-21:00, 1월 1일 휴무

나카가와 정칠 상점가

| 생활잡화 | 中川政七商店街

300년 이상의 전통을 가지고 있는 수공예 전문 나카가와 정칠 상점에서 운영하는 라이프스타일 편집숍으로, 일본의 색을 담은 세련된 디자인의 문구, 생활잡화, 기념품, 의류가 있다. 단순히 실용적인 도구가 아닌 사용하면서 점점 애착이 갈 수 있는 물건들로 가득하다.

📍 미드타운 갤러리아 지하 1층

🕐 11:00-21:00, 1월 1일 휴무

츠지한

| 덮밥 | 日本橋海鮮丼 つじ半

니혼바시의 인기 해산물 덮밥 츠지한의 도쿄 미드타운지점. 텐동 전문점 가네코한노스케숖子半之助와 라멘 전문점 츠지타つじ田가 콜라보레이션한 곳으로, 메뉴는 해산물 덮밥ぜいたく丼 한가지뿐이다. 토핑되는 재료 가짓수에 따라 가격은 1250엔, 1650엔, 2200엔, 3600엔으로 나뉜다. 긴자점에 비해 대기가 짧은 편이다.

📍 미드타운 갤러리아 지하 1층

🕐 11:00-21:00, 1월 1일 휴무

국립신미술관 | 미술관 | **国立新美術館**

일본 최대 규모의 미술관으로, 바람과 파도를 표현한 살아 움직이는 듯한 유리 건물이 인상적이다. 상설 전시 없이 6개 갤러리에서 늘 새로운 전시와 기획전을 볼 수 있으며 쉬어갈 수 있는 레스토랑, 카페도 갖춰져 있다.

📍 치요다선 노기자카乃木坂역 아오야마레이엔青山霊園 방면 6번 출구에서 직결
🕐 10:00-18:00, 화요일(공휴일인 경우 다음 날), 연말연시, 전시물 교체 기간 휴관
¥ 전시회에 따라 다름　@ www.nact.jp　🏠 東京都港区六本木7-22-2

이마카츠 | 돈가스 | **イマカツ 六本木本店**

오랜 웨이팅을 감수해야 하는 인기 돈가스 레스토랑으로 인기 메뉴는 닭 가슴살로 만든 명물 사사미 카츠 정식(名物ささみかつ膳, 1700엔)으로 닭 가슴살이라는 게 믿기지 않을 정도로 부드러운 식감과 맛이 놀랍다. 로스카츠 정식과 히레카츠 정식은 2300엔. 예약은 전화로만 가능하다.

📍 오에도선 롯폰기六本木역 7번 출구에서 도보 1분 / 히비야선 롯폰기六本木역 4a 출구에서 도보 5분
🕐 11:00-16:00, 18:00-22:30, 일요일 휴무
🏠 東京都港区六本木4-12-5 フェニキア ルクソス 1F
☎ +81-3-3408-1029

이루카 도쿄 | 라멘 | **入鹿TOKYO 六本木**

2023년 미슐랭 빕구르망으로 선정된 라멘집으로 트러플이 들어간 쇼유 라멘이 대표 메뉴다. 닭고기, 돼지고기, 새우, 조개를 넣어 끓인 감칠맛 나는 육수에 포르치니 버섯과 블랙 트러플의 향긋한 페이스트가 특징인 포르치니 쇼유 라멘ポルチーニ醬油ラーメン은 1400엔. 항상 긴 웨이팅을 각오해야 한다.

📍 오에도선 롯폰기六本木역 7번 출구에서 도보 2분 / 히비야선 롯폰기六本木역 4a 출구에서 도보 5분
🕐 11:00-21:00, 월요일 휴무
🏠 東京都港区六本木4-12-12 穂高ビル 1F

롯폰기힐즈 | 복합상업시설 | Roppongi Hills 六本木ヒルズ

호텔, 쇼핑몰, 공원 등을 통합한 도시 문화 복합 공간. 메인 빌딩인 모리타워 정문 앞에는 눈길을 사로잡는 거대한 거미 조형물 마망이 서 있다. 웨스트 워크, 힐사이드, 케야키자카, 메트로 햇, 노스타워의 다섯 곳으로 나뉘어진 쇼핑몰에는 200개가 넘는 숍과 레스토랑이 들어서 있다. 크리스마스 시즌에는 일루미네이션으로도 유명하다.

📍 히비야선 롯폰기六本木역 1C 출구에서 연결/ 오에도선 롯폰기六本木역 3번 출구에서 도보 4분

🕐 **숍** 11:00-20:00, **레스토랑** 11:00-23:00(매장마다 다름), 연중무휴   🏠 東京都港区六本木6-10-1

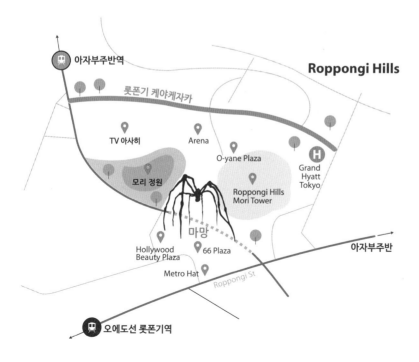

모리 미술관 | 미술관 | **Mori Art Museum** 森美術館

롯폰기힐즈 모리타워 53층에 있어 '천국에 가장 가까운 미술관'이라 불린다. 상설 전시가 없이 그때그때의 트렌드에 맞게 다양한 장르의 기획전이 열리기 때문에 언제 가도 새로운 작품을 만날 수 있다.

📍 롯폰기힐즈 모리타워 53층

🕐 10:00-22:00(화요일 10:00-17:00), 비정기 휴관

¥ 전시회에 따라 다름

@ www.mori.art.museum

도쿄 시티뷰 | 전망대 | 東京シティビュー

해발 250m의 롯폰기힐즈 모리타워 52층에 있는 실내 전망대. 도쿄 타워, 도쿄 스카이트리 등 도쿄의 대표 랜드마크는 물론 날씨가 좋을 때는 멀리 후지산까지 조망할 수 있다. 야경이 멋진 곳이므로 하루 일정의 마지막 코스로 계획하는 것을 추천한다.

📍 롯폰기힐즈 모리타워 52층

🕐 10:00-22:00, 연중무휴

¥ 성인 2000엔, 학생 1400엔, 어린이(4세~중학생) 800엔
   * 토·일요일, 공휴일에는 200엔 요금 인상

🏠 東京都港区六本木6-10-1 六本木ヒルズ森タワー52-53F

모리 정원 | 정원 | 毛利庭園

에도 시대 다이묘 저택의 흔적이 고스란히 남아있는 일본 정원이다. 넓은 부지에 연못과 작은 시냇물이 조성되어 있어 산책하기 좋으며, 사계절 모두 아름다운 도심 속 오아시스 같은 공간이다. 바로 옆에 방송국 TV 아사히가 있다.

📍 히비야선 롯폰기六本木역 1c 출구에서 도보 5분 / 오에도선 롯폰기 六本木역 3번 출구에서 도보 6분

🕐 24시간

🏠 東京都港区六本木6-10-1

TV아사히 | 방송국 | テレビ朝日

1957년 개국한 일본 굴지의 민영 방송국으로 우리에게 친숙한 "짱구는 못 말려"와 "도라에몽"을 방영한 곳이다. 1층에는 캐릭터 숍에서는 아사히 TV에서 방영한 애니메이션과 대표 방송의 굿즈를 구입할 수 있다.

📍 히비야선 롯폰기六本木역 1c 출구에서 도보 5분 / 오에도선 롯폰기 六本木역 3번 출구에서 도보 6분

🛍 10:00-19:00, 연중 무휴

🏠 東京都港区六本木6-9-1

OBICA | 이탈리안 |

オービカ モッツァレラバー 六本木ヒルズ店

이탈리아의 유명한 모짜렐라 치즈 전문 레스토랑의 도쿄 지점으로 이탈리아 캄파나 지방에서 공수한 물소 우유 100%를 사용한 신선한 모차렐라 치즈를 부담 없이 즐길 수 있다. 물소 젖으로 만든 최고의 모차렐라 치즈는 눈처럼 하얀 색과 부드럽고 섬세한 맛으로 유명하다.

📍 롯폰기힐즈 할리우드 뷰티 플라자 1층
🕐 11:00-23:00, 연중 휴무

라 부티크 더 조엘 로부숑

| 베이커리 | **LA BOUTIQUE de Joël Robuchon**

프랑스를 대표하는 미슐랭 3스타 셰프인 조엘 로부숑의 캐주얼 레스토랑과 함께 있는 베이커리 숍으로, 조엘 로부숑이 직접 셀렉트한 디저트를 맛볼 수 있다. 12종류의 밀가루 조합으로 만든 빵과 천연 효모를 이용한 바게트, 캄파뉴 등 60종류가 넘는 디저트를 선보이고 있다.

📍 롯폰기힐즈 힐사이드 2층
🕐 10:00-21:00, 연중무휴

부타구미 식당

| 돈가스 | **Butagumi Shokudo 豚組食堂**

가고시마현, 미에현의 프리미엄 품종의 돼지고기로 만든 돈가스를 맛볼 수 있다. 바삭하게 튀겨낸 두꺼운 돈가스는 110그램, 165그램 그리고 특대 사이즈 220그램의 3가지 사이즈 중에서 선택할 수 있다. 런치 메뉴로는 로스카츠 ロースかつランチ(1200엔부터), 안심카츠 フィレかつランチ(1400엔부터)가 있다.

📍 롯폰기힐즈 메트로 햇 지하 2층
🕐 11:00-23:00, 연중무휴

타이 스트리트 푸드 | 태국요리 |

タイストリートフードバイクルン・サイアム

태국 유명 호텔에서 실력을 닦은 셰프가 만들어내는 정통 태국 요리를 즐길 수 있는 인기 태국 레스토랑이다. 길거리 음식을 테마로 한 가게 안은 포장마차가 즐비한 태국 거리를 연상시킨다. 팟 타이, 카우 팟 꿍, 그린 카레 등 본고장 태국 요리를 만끽할 수 있다.

📍 롯폰기힐즈 노스타워 지하 1층
🕐 11:00-22:00, 연중 휴무

다시차즈케 엔

| 일식 | **だし茶漬け えん**

오차즈케 전문 체인 식당으로 건강한 일본식 패스트푸드 점이다. 단, 이곳의 오차즈케는 밥에 녹차물 대신 다시다 육수를 부어 먹는다. 도미, 명란젓, 새우, 연어와 연어 알 등의 다시차즈케는 790~1200엔. 주먹밥, 고로케, 멘치카츠 같은 사이드 메뉴도 있다.

📍 롯폰기힐즈 노스타워 지하 1층
🕐 08:00-22:00, 연중 휴무

긴자 카가리

| 라멘 | **銀座 篝**

혁신적인 라멘으로 화제를 모으며 미슐랭 가이드 빕구르망에 선정된 라멘 전문점이다. 일본산 닭뼈와 고기를 듬뿍 사용해 진하게 우려낸 닭 육수가 인기의 비결. 대표 메뉴는 진한 닭고기 육수의 토리파이탄 소바(鶏白湯 Soba, 1200엔)이며, 트러플 오일을 사용한 고급스러운 맛의 토리파이탄 토류프 소바(鶏白湯トリュフSoba, 1500엔)도 인기.

📍 롯폰기힐즈 메트로햇 지하 2층
🕐 11:00-23:00, 연중 무휴

롯폰기 케야키자카 | 거리 | 六本木 けやき坂通り

롯폰기힐즈에서 동서로 약 400미터에 걸쳐 이어진 가로수길로, 롯폰기힐즈의 메인 스트리트다. 최고급 아파트인 '롯폰기힐즈 레지던스'를 시작으로 루이비통, 버버리, 조르지오 아르마니, 에스카다, 티파니 등의 명품 브랜드숍과 분위기 있는 레스토랑, 카페들이 늘어서 있다. 길 중심에서는 도쿄 타워가 바로 보이며, 일루미네이션 명소로도 유명하다.

📍 히비야선 롯폰기六本木역 3번 출구에서 도보 7분 🏠 東京都港区六本木6-12

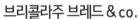

브리콜라주 브레드 & co.

| 베이커리 | **Bricolage bread & co.**

오사카의 베이커리 르 슈크레 쿠르LE SUCRE-COEUR, 미슐랭 프렌치 레스토랑 레페르베상스L'Effervescence, 그리고 노르웨이 커피 브랜드 FUGLEN까지 세 곳이 협업해 탄생한 캐주얼 카페다. 베이커리와 카페, 그리고 안쪽으로는 카페 다이닝이 이어져 있으며, 이곳에서는 미슐랭 레스토랑이 제안하는 데일리 베이커리 요리를 즐길 수 있다.

📍 히비야선, 오에도선 롯폰기六本木역에서 도보 5분
🕐 07:00-19:00, 월요일 휴무
🏠 東京都港区六本木6-15-1 けやき坂テラス 1F

롯폰기 츠타야

| 서점 | 六本木 蔦屋書店

Book & Café 공간이라는 콘셉트의 서점으로 스타벅스가 있어 커피를 마시며 책을 자유롭게 읽을 수 있는 공간으로 인기를 얻고 있는 서점이다. 다이칸야마에 티사이트 츠타야가 오픈하기 전까지는 이곳이 서점을 찾는 사람들에게는 최고의 명소였다. 주로, 아트와 디자인 관련된 서적이 많이 구비되어 있다.

📍 히비야선, 오에도선 롯폰기六本木역에서 도보 10분
🕐 07:00-23:00, 비정기 휴무
🏠 東京都港区六本木6-11-1

곤파치

| 다이닝 | Gonpachi 権八

일본스러움이 물씬 묻어나는 실내 분위기로 외국인에게도 인기가 많은 일식 다이닝이다. 꼬치구이 275~627엔, 소바와 덮밥류 880~1738엔 정도며, 주말 점심에는 단품을 제외한 런치 코스만 주문할 수 있다. 샐러드, 튀김, 꼬치, 소바, 디저트까지 모두 포함해 푸짐하게 나오는 런치코스는 2500엔부터.

📍 히비야선 롯폰기六本木역 2번 출구에서 도보 12분

🕐 11:30-03:30, 연중무휴

🏠 東京都港区西麻布1-13-11 1F·2F

사라시나 호리이

| 소바 | 更科堀井 麻布十番 本店

1789년부터 8대에 걸쳐 운영하고 있는 소바 전문점. 맷돌에 간 메밀가루로 직접 만든 쫄깃한 면발로 230년 동안 사랑 받아온 시라시나 소바更科そば(1000엔)가 대표메뉴다. 먹음직스러운 굴튀김이 함께 나오는 가키아게모리かき揚げもり(2090엔)도 맛있다.

📍 오에도선 아자부주반麻布十番역 7번 출구에서 도보 5분

🕐 11:30-20:30, 화요일, 비정기 휴무

🏠 東京都港区元麻布3-11-4

나니와야 소혼텐

| 타이야키 | 浪花家 総本店

1909년 창업한 곳으로 오픈 당시부터 지켜온 제조법으로 만든 타이야키(붕어빵)를 판매한다. 가게 안에는 타이야키 외에도 야키소바, 빙수를 먹을 수 있는 자그마한 카페 공간도 마련되어 있다. 겉은 바삭하고 고소하며 팥의 풍미가 일품인 타이야키는 1개 200엔.

📍 오에도선 아자부주반麻布十番역 7번 출구에서 도보 1분

🕐 11:00-19:00, 화요일, 세 번째 수요일 휴무

🏠 東京都港区麻布十番1-8-14

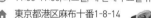

소울 푸드 하우스

| 레스토랑 | Soul Food House

정통 미국 남부의 요리를 즐길 수 있는 아메리칸 레스토랑으로 프라이드치킨, BBQ를 이용한 남부의 소울 푸드를 만날 수 있는데, 대표 메뉴는 와플과 프라이드치킨이 함께 나오는 치킨 & 와플(치킨&ワッフル, 1500엔)이다.

📍 오에도선 아자부주반麻布十番역 7번 출구에서 도보 3분

🕐 11:00-15:00, 17:00-22:00(일요일 11:00-15:00), 월·화요일 휴무

🏠 東京都港区麻布十番2-8-10 パティオ麻布十番ビル6F

피자 스트라다

| 피자 | PIZZA STRADA, ピッツァ ストラーダ

화덕 피자 레스토랑으로 가게 중앙의 화덕을 둘러싼 Bar 테이블에서는 피자 만드는 모습을 눈앞에서 즐길 수 있다. 콰트로 포르마지, 마르게리타 등 크림과 토마토 베이스의 다양한 피자가 있다(1880~3780엔).

📍 오에도선 아자부주반麻布十番역 1번 출구에서 도보 3분

🕐 17:00-23:00(토·일요일, 공휴일 12:00-22:30), 비정기 휴무

🏠 東京都港区麻布十番3-6-2 NS麻布十番ビル1F

노가미

| 베이커리 | 乃が美 麻布十番店

'일본의 맛있는 식빵 명품 10', '2016 올해의 빵 금상' 등 식빵 하나로 화려한 타이틀을 거머쥔 베이커리. 계란을 사용하지 않고 최고급 캐나다산 밀가루와 엄선한 생크림, 버터로 만든 식빵은 굳이 토스트를 하거나 잼을 바르지 않고 그냥 먹어도 부드럽고 은은한 단맛과 고소한 밀가루의 향을 느낄 수 있다.

📍 오에도선 아자부주반麻布十番역 5a 출구에서 도보 1분

🕐 10:00-19:00, 비정기 휴무

🏠 東京都港区麻布十番1-9-7 麻布KFビル1F

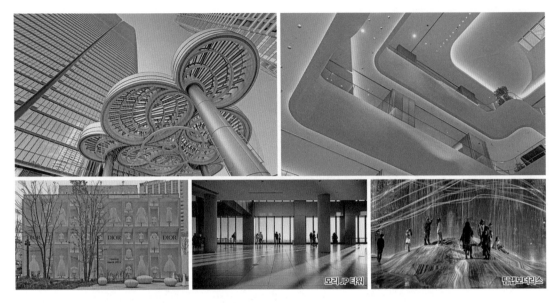

모리 JP 타워

팀랩보더리스

아자부다이 힐즈 | 복합 상업 시설 | Azabudai Hills 麻布台ヒルズ

최근 도쿄에서 가장 주목받는 핫 플레이스다. 도쿄에서 가장 인기 있는 핫한 숍과 레스토랑이 앞다퉈 입점, 이곳 한곳만 보아도 쇼핑과 맛집 탐방이 가능할 정도다. 이 밖에 교토의 유명 서점으로 카페, 갤러리, 서점이 한 공간에 있는 오가키 북 스토어, 럭셔리 호텔 Janu Tokyo, 각 가정의 웰빙 식탁을 책임지는 마켓, 아자부다이 힐즈 갤러리, 현재 가장 인기인 팀랩보더리스(3800엔부터, 예약 필수, www.teamlab.art/jp/e/borderless-azabudai) 전시회, 그 어느 곳에서 보다 도쿄타워를 가까이서 볼 수 있는 무료 전망대 모리 JP 타워 전망대 등 다양한 볼거리와 즐길 거리가 있다.

📍 히비야선 카미야초神谷町역 남쪽 출구에서 연결, 난보쿠선 롯폰기잇초메六本木一丁目역 2번 출구에서 도보 4분

🕐 **숍** 11:00-20:00, **레스토랑** 11:00-23:00, 비정기 휴무(매장 및 시설마다 다름)

🏠 東京都港区麻布台 1-3-1

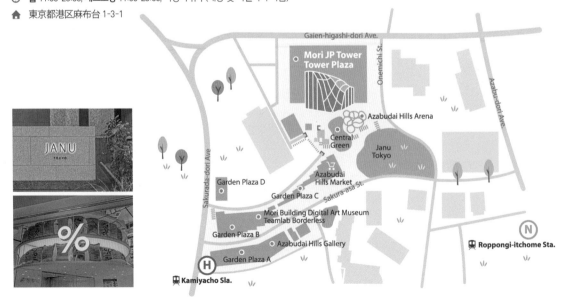

Tokyo Tower

도쿄 타워 | 전망대 | 東京タワー

도쿄의 상징이자 대표 관광 명소인 도쿄 타워는 전망대와 관광 시설을 갖춘 종합 전파탑이다. 타워에는 높이 150m의 Main Deck와 높이 250m의 Top Deck가 있으며 사전 예약제인 Top Deck Tour를 이용하면 기다리지 않고 Main Deck에서 Top Deck까지 모두 돌아볼 수 있다. Main Deck에서는 바닥이 바로 보이는 스카이 워크 윈도우를 통해 아찔한 스릴을 체험하고 Top Deck에서는 360도로 도쿄를 감상하고 거울에 반사된 풍경을 사진에 담아보자.

☎ 오에도선 아카바네바시赤羽橋역 아카바네바시 출구에서 도보 5분

◷ **Main Deck**(150m) 09:00-22:30, **Top Deck Tour**(250m) 09:00-22:15, 연중무휴

¥ **Main Deck**(150m) 성인 1200엔, 고등학생 1000엔, 초등 · 중학생 700엔, 4세 이상 500엔
Top Deck Tour(150m+250m) 성인 3000엔, 고등학생 2600엔, 초등 · 중학생 1800엔, 4세 이상 1200엔

⌂ 東京都港区芝公園4-28-8

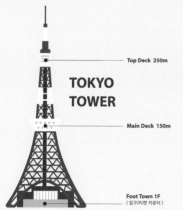

Top Deck 250m

TOKYO TOWER

Main Deck 150m

Foot Town 1F
(입구/티켓 카운터)

키쿠노이

六本木 & 麻布十番
롯폰기&아자부주반

도쿄메트로 치요다선

21_21 디자인 사이트

히노키초 공원

산토리 미술관

노기자카
乃木坂

도쿄 미드타운

딘 앤 델루카

카야노야

국립신미술관

이루카 도쿄

토라야

블루보틀

히라다 목장

나카가와정칠상점가

도쿄 도립 아오야마 공원

이마카츠

츠지한

츠루통탄

롯폰기
六本木

아베스시

하드 록 카페 도쿄

도쿄메트로 히비야선

롯폰기힐즈

곤파치

모리 정원

그랜드 하얏트 도쿄

TV 아사히

브리콜라주브레드&co.

롯폰기 케야키자카

라 부티크 더 조엘 로부숑

츠타야

부타구미 식당

OBICA

토에이 오에도선

아자부주반
麻布十番

타이 스트리트 푸드

사라시나 호리이

다시차즈케 엔

마스야

노가미

긴자카가리

나니와야 소혼텐

모리 미술관

도쿄 시티뷰

덤보

피자 스트라다

ODAIBA

お台場　오다이바

1990년대 중반에 쇼핑몰 덱스도쿄비치와 후지 텔레비전 등이 생기면서
주목 받기 시작한 지역으로, 이곳의 가장 큰 매력은 쇼핑과 식사, 엔터테인
먼트를 한곳에서 즐길 수 있다는 점이다. 아쿠아 시티, 덱스도쿄비치 등과
같은 복합상업시설이 모여 있고 레고랜드나 마담투소 같은 세계적인 테마
파크와 스몰 월드 미니어처 뮤지엄이 있어 다기능 오락 지역으로서의 면모
를 제대로 보여준다. 오다이바를 순회하는 무인 전차 유리카모메와 해변공
원에서 바라보는 멋진 도시 풍경과 야경 역시 빼놓을 수 없는 즐길거리다.

• 오다이바에서 꼭 해야 할 일 •

그림 같은 경치, 해변공원 산책
바다와 녹지에 둘러싸여 낮과 밤
모두 아름다운 해변공원 산책

레인보우 브리지와 자유의 여신상
오다이바 명물 레인보우 브리지
와 자유의 여신상을 사진에 담기

스몰월드 방문
아시아 최대 규모 미니어처 박물
관 스몰월드 즐기기

오다이바 명물! 실물 크기 건담
쇼핑몰 다이버시티 도쿄 플라자 앞
의 거대한 건담과 기념 촬영하기

실내에서 하루종일! 쇼핑몰 투어
아쿠아 시티, 덱스도쿄비치 등 실
내 쇼핑몰에서 하루 종일 놀기

도쿄 유일! 실내형 레고랜드
300만 개가 넘는 레고®블록으로
장식된 실내형 레고랜드 탐방

• 찾아가기 •

가까운 역 | 오다이바카이힌코엔, 다이바, 아오미 등 유리카모메의 각 정
차 역마다 관광명소가 인접해 있다.

이용 노선 | 유리카모메의 시작역인 신바시역까지 가기 위해서는 JR야
마노테선이나 지하철 도쿄메트로 긴자선, 토에이 아사쿠사선을 이용하면
된다. JR사이쿄선과 린카이선을 이용하면 신주쿠, 시부야에서 오다이바
의 도쿄테레포트역까지 환승 없이 바로 이동할 수 있다.

돌아보기 TIP

유리카모메 1일권 | 오다이바에서 온전히 시간을 보내거
나 오다이바 여러 지역을 방문할 예정이라면 모노레일 유
리카모메ゆりかもめ를 하루 종일 자유롭게 승하차할 수 있
는 1일권을 구매하는 것도 좋다. 유리카모메선 각 역의 자
동발매기에서 구매할 수 있으며 가격은 성인 820엔, 어린
이 410엔이다.

©The LEGO Group

©The LEGO Group

덱스도쿄비치

│복합 쇼핑몰│ **DECKS Tokyo Beach**

오다이바를 대표하는 엔터테인먼트 스폿인 덱스도쿄비치는 레인보우 브리지와 바다가 한눈에 보이는 탁 트인 테라스가 특징인 복합 쇼핑 시설이다. 아일랜드몰, 시사이드몰, 실내형 어뮤즈먼트 조이폴리스 등으로 구성되어 있다.

- 유리카모메 오다이바카이힌코엔ぉ台場海浜公園역 도보 2분
- 11:00-20:00, 숍 및 레스토랑, 어트랙션에 따라 상이, 비정기 휴무
- 東京都港区台場1-6-1

레고랜드 디스커버리 센터 도쿄

│어트랙션│ **レゴランド・ディスカバリー・センター東京**

300만 개가 넘는 레고·블록으로 장식된 실내형 레저 시설이다. 레고·블록으로 다양한 모형을 만드는 레고 교실과 레고·레저, 아틀레틱, 유아 대상의 플레이그라운드 등 창의성을 자극하는 체험형 어트랙션이 많이 있다. 슈팅 게임과 4D 영화관, 도쿄 거리를 재현한 레고·디오라마 등 가족 모두가 즐길 수 있는 어트랙션도 있다. 성인 단독 입장은 불가하며 초등학생 이하 어린이는 성인과 동반해야 입장할 수 있다. 입장 티켓은 3세 이상부터 필요하다.

- 덱스도쿄비치 아일랜드몰 3층   10:00-18:00(요일에 따라 변동), 비정기 휴무
- 온라인 사전 예매 티켓 2250엔부터(날짜에 따라 금액 변동), 현장 당일 티켓 구입 불가
- @ www.legolanddiscoverycenter.com/tokyo/

다이바 잇초메

│쇼핑몰│ **台場一丁目**

쇼와 30년대1955-1964의 도쿄 변두리 시장을 재현한 쇼핑몰이다. 옛 풍경을 그대로 재현해 놓은 거리에는 옛날 장난감 가게, 군것질 가게, 식당, 전통 기념품 가게 등이 있어 구경하는 재미가 쏠쏠하다.

- 덱스도쿄비치 시사이드몰 4층
- 11:00-20:00, 비정기 휴무

도쿄 조이폴리스

│어트랙션│ **東京ジョイポリス**

세가SEGA에서 운영하는 게임 테마파크 조이폴리스는 일본 최대 규모의 실내 놀이공원이다. 꾸준한 인기를 자랑하는 하프파이브도쿄ハーフパイプ トーキョー를 비롯해 20종의 다양한 어트랙션, 차와 식사를 즐길 수 있는 카페 레스토랑이 있다.

- 덱스도쿄비치 시사이드몰 3-5층
- 10:00-22:00, 비정기 휴무
- 성인 1200엔, 학생 900엔 패스포트(입장+어트랙션) 성인 5000엔, 학생 4000엔

마담투소 도쿄

│어트랙션│ **マダム・タッソー東京**

런던을 시작으로 세계 각국에서 인기를 끌고 있는 체험형 어트랙션으로, 할리우드 스타와 스포츠 선수 등 전 세계 셀럽의 등신대 피규어로 가득하다. 마담투소 도쿄에서는 해외 셀럽뿐만 아니라 일본의 인기 탤런트와 저명인사를 포함해 약 60개 이상의 피규어를 전시하고 있다.

- 덱스도쿄비치 아일랜드몰 3층
- 10:00-18:00(요일에 따라 변동)
- 온라인 사전 예매 티켓 성인(13세 이상) 2100엔부터, 어린이(3~12세) 1500엔부터
- @ www.madametussauds.com/tokyo/

오다이바 해변 공원

| 공원 | お台場海浜公園

바다와 녹지에 둘러싸인 아름다운 자연과 오다이바의 미래적 경관을 동시에 즐길 수 있는 공원이다. 낮에는 가족과 함께 모래사장이나 잔디밭에서 여유롭게 시간을 보내는 곳으로, 밤에는 연인들이 야경을 즐기며 산책하는 곳으로 사랑 받고 있다. 편의점에서 맥주나 음료수를 사서 잠시 한가로운 시간을 보내도 좋고, 아름다운 조명과 어우러져 환상적 야경이 펼쳐지는 해변에서 기념 촬영을 해도 좋다.

🏠 東京都港区台場

레인보우 브리지

| 명소 다리 | レインボーブリッジ

오다이바의 상징과 같은 다리로, 도쿄만을 가로질러 도쿄 도심과 오다이바를 연결한다. 밤이면 아름다운 형형색색의 조명이 밝혀져 오다이바가 연인들의 데이트 코스 1위로 손꼽히는 데 큰 몫을 하고 있다.

──── **자유의 여신상 동상** 自由の女神像

프랑스혁명 100주년을 기념해 미국에서 프랑스에 선물한 자유의 여신상을 빌려와 일본에서 1년간 전시했는데, 그 여신상이 프랑스로 돌아간 뒤 오다이바의 주민들이 똑같은 여신상을 세웠다.

후지TV | 방송국 | フジテレビ

후지TV의 본사로 도쿄 도청을 설계한 탄게 켄조의 작품이다. 레인보우 브리지와 도쿄 타워가 보이는 25층의 구체 모양 전망대와 후지 TV에서 방영한 애니메이션과 방송 굿즈를 구입할 수 있는 기념품 숍, 후지 TV 갤러리(유료), 인기 장수 애니메이션 사자에상의 가게 등 다양한 볼거리가 있다.

📍 유리카모메 다이바台場역에서 도보 3분
🕐 전망대 10:00-18:00, 월요일 휴무
¥ 전망대 고등학생 이상 550엔, 초등·중학생 300엔, 미취학 어린이 무료
🏠 東京都港区台場2-4-8

아쿠아 시티 오다이바 | 복합 쇼핑몰 | AQUA CITY ODAIBA

오다이바 해변 공원과 인접해 있어 자유의 여신상과 레인보우 브리지뿐만 아니라 멀리 도쿄 도심까지 조망 가능한 위치에 있는 대형 복합 쇼핑센터. 캐주얼 패션이 있는 패션 존, 다양한 레스토랑이 즐비한 구루메 존, 복합 영화관, 캐릭터 굿즈 숍 등을 갖추고 있다.

📍 유리카모메 다이바台場역에서 바로
🕐 11:00-20:00(레스토랑 11:00-23:00), 비정기 휴무
🏠 東京都港区台場1-7-1

다이버시티 도쿄 플라자

| 복합 쇼핑몰 | **ダイバーシティ東京プラザ**

'극장형 도시 공간'을 콘셉트로 하는 다이버시티 도쿄 플라자는 쇼핑, 레저, 휴식을 함께 즐길 수 있는 복합 상업 쇼핑몰이다. 외부 광장에는 실사 크기의 유니콘 건담이 우뚝 서 있어, 오다이바의 랜드마크로 자리매김하고 있다. 건담 변신 시간은 낮 11시, 13시, 15시, 17시로 4번이며, 밤에는 19시부터 21시 30분까지 30분 간격으로 이루어진다. 국내외 인기 캐주얼 브랜드, 해외 유명 브랜드, 개성 있는 브랜드가 모두 집결되어 있어 쇼핑에도 편리하다.

- 🎯 유리카모메 다이바台場역 도보 5분
- 🕐 11:00-20:00, **레스토랑** 11:00-21:00, **푸드 코트** 10:00-22:00(매장마다 다름), 비정기 휴무
- 🏠 東京都江東区青海1-1-10

스몰 월드 미니어처 뮤지엄

| 테마파크 | **small world miniature museum**

총면적 7000㎡로 아시아 최대 규모의 미니어처 박물관이다. 스페이스 센터, 세계의 마을, 미소녀 전사 세일러문, 크리스털 도쿄, 간사이 국제공항, 에반게리온 제3 신 도쿄시, 에반게리온 격납고, 일본의 야경이라는 8개의 테마에 맞춰 움직이는 미니어처들이 전시되어 있다. 실제 풍경과 애니메이션 속의 장면이 미니어처로 정교하게 재현된 것을 보면 절로 탄성이 나온다. 뮤지엄 곳곳에 숨어 있는 포토 스폿에서 멋진 사진도 남겨 보자.

- 🎯 유리카모메 아리아케 테니스노 모리有明テニスの森역에서 도보 3분
- 🕐 09:00-19:00(요일에 따라 변동), 비정기 휴무
- ¥ 성인 2700엔, 12~17세 1900엔, 4~11세 1500엔, 3세 이하 무료
- @ smallworlds.jp (인터넷 구입 시 할인)
- 🏠 東京都江東区有明1-3-33 有明物流センター

AROUND ODAIBA | TOYOSU
토요스 시장 豊洲市場

도쿄 올림픽을 계기로 원래 츠키지에 있던 도매 종합 시장과 시장 내 레스토랑을 토요스로 옮겨 보다 현대적이고 깔끔한 분위기로 재단장 2018년 새롭게 오픈했다. 수산물뿐 아니라 청과물 시장도 함께 있는 시장이지만, 일반 소비자는 물건을 구입할 수 없다. 토요스 시장의 큰 매력은 참치 경매를 볼 수 있다는 점. 츠키지에서처럼 바로 앞에서 생생하게 볼 수는 없지만 견학자 통로를 따라 커다란 유리창 너머로 구경할 수 있다. 참치 경매는 새벽 5시 반부터 한 시간 정도 진행되며, 선착순으로 입장 후 구경할 수 있다.

📍 유리카모메 시조마에市場前역에서 보행자 데크로 이동, 도보 5분
　　* 개찰구로 나온 후 보행자 데크를 따라 이동하면 바로 토요스 수산시장까지 갈 수 있다.

🕐 매장에 따라 다름, 수·일요일, 공휴일 휴무
　　* 토요스 내 식당은 예약은 받지 않으며, 현금 결제만 가능하다.

토요스 시장

↑ 하루미 방면

6 Block
3F
수산 중개 매장동

만요클럽

유리카모메 시조마에 역
市場前駅

관람객 코스

7 Block
3F
수산 도매장동

5 Block
청과동
1F

↓ 아리아케 방면

스시 다이 | 스시 | 寿司大

오픈 전부터 긴 줄을 각오해야 하는 인기 스시집. 대표 메뉴는 오마카세 세트おまかせセット, 5500엔. 참치 부위 중 가장 고가인 오토로大トロ를 포함한 스시 10개가 세트인 메뉴로, 바로 옆의 토요스 시장에서 구입한 그날그날 최상의 재료를 엄선한 제철 스시로 제공하며, 마지막 1개는 서비스로 원하는 것을 선택할 수 있다. 정말 이곳의 스시를 먹어보고 싶다면, 비교적 덜 붐비는 평일에 방문하는 것이 좋다.

📍 6구역 수산물 도매 판매동 3층(6街区 水産仲卸売場棟 3F)
🕐 06:00~14:00, 수·일요일, 공휴일 휴무

나카야 | 해산물 덮밥 | 仲家

신선한 제철 재료만을 사용한 푸짐한 해산물 덮밥으로 유명하다. 마구로, 성게, 연어 알 등을 올린 해산물 덮밥은 2500~4500엔이며, 이 밖에도 크림 크로켓 정식(クリームコロッケ定食, 950엔), 새우튀김 정식(イカフライ定食, 950엔), 회 정식(刺身定食, 1500엔) 등의 다양한 정식 메뉴도 있다.

📍 6구역 수산물 도매 판매동 3층(6街区 水産仲卸売場棟 3F)
🕐 05:30~13:30, 수·일요일, 공휴일 휴무

이키노야 | 해산물 | 粋のや

신선한 해산물을 이용한 해산물 덮밥, 회, 생선 조림, 생선구이 등의 메뉴가 있는 일식 레스토랑이다. 모든 메뉴는 2400~5600엔으로 조금 비싼 편이지만 그만큼 푸짐하고 퀄리티 높은 생선 정식과 해산물 덮밥을 즐길 수 있다.

📍 6구역 수산물 도매 판매동 3층(6街区 水産仲卸売場棟 3F)
🕐 08:30~14:30, 수·일요일, 공휴일 휴무

로쿠메이켄 | 양식 | 禄明軒

모든 메뉴는 밥, 국, 샐러드가 포함된 정식으로 750엔이라는 리즈너블한 가격으로 시장 관계자와 주변 회사원들에게 인기인 양식집이다. 토요스 시장에서 바로 공수한 신선한 재료로 만든 아지프라이(アジフライ, 전갱이 튀김), 호타테 바타(ホタテバター, 가리비 버터구이), 카키프라이(カキフライ, 굴튀김, 계절 한정) 등의 메뉴가 있다. 육식파를 위한 멘치카츠, 히레카츠, 돼지고기 생강 구이도 있어 선택의 폭이 넓다.

📍 6구역 수산물 도매 판매동 3층(6街区 水産仲卸売場棟 3F)
🕐 08:00~14:00, 수·일요일, 공휴일 휴무

다이와 스시 | 스시 | 大和寿司

스시 다이와 함께 토요스에서 양대 스시집으로 손꼽히는 곳이다. 메뉴는 오마카세(おまかせ, 5,500엔~) 하나로, 그날그날 바로 시장에서 엄선하여 구입한 신선한 재료로 만든 스시 세트이다. 당일 시장에서 판매하는 생선의 컨디션에 따라 오마카세의 구성과 가격이 조금씩 변동된다. 인터넷 및 전화예약을 받지 않기 때문에 대기 줄을 설 각오를 해야 한다.

- 📍 5구역 청과동 1층(5街区青果棟 1F)
- 🕐 06:00-13:00, 수·일요일, 공휴일 휴무

덴푸라 텐후사 | 튀김 | 天ぷら天房

츠키지 시장에 있을 때부터 튀김이 맛있기로 소문난 곳으로 대표 메뉴는 텐동이다(1500엔부터). 이 밖에도 참치 회와 튀김이 함께 나오는 마구로 정식(まぐろ定食, 1500엔)도 인기. 시장 안에 있어 신선한 재료를 바로 구입해 오기 때문에 최고의 신선도를 가진 재료로 튀겨낸 튀김의 맛이 일품이다.

- 📍 5구역 청과동 1층(5街区青果棟 1F)
- 🕐 07:00-13:30(재료 소진 시 영업종료), 수·일요일, 공휴일 휴무

만요 클럽 | 온천 | 万葉倶楽部

2024년 2월 1일 오픈한 새로운 온천시설이다. 토요스 수산시장 바로 옆에 위치하며 하코네와 유가와라에서 매일 공수해오는 천연 온천수를 도심 속에서 즐길 수 있다. 도쿄 만을 조망할 수 있는 노천온천과 360도 파노라마 뷰를 즐길 수 있는 전망 족욕 정원 등의 시설이 있다. 이 밖에도 전세탕, 암반욕, 레스토랑, 마사지 등이 있어 여유로운 시간을 보낼 수 있다(시설 이용 시 추가 요금 발생).

- 📍 유리카모메 시조마에市場前역에서 보행자 데크로 이동, 도보 4분   🕐 24시간, 연중 무휴
- ¥ **세트 요금(10:00~새벽 03:00)** 중학생 이상 3850엔, 초등학생 2000엔, 유아 1400엔, 2세 이하 무료
  심야 추가 요금(새벽 03:00~09:00) 중학생 이상 3000엔, 초등학생 1500엔, 유아 1500엔, 2세 이하 무료
  * 세트 요금에는 입욕료, 유카타, 타월이 포함되어 있다. 단 12세 이상은 온천세 150엔이 별도로 부과되며, 새벽 3시 이후에는 심야요금이 추가된다.
- @ tokyo-toyosu.manyo.co.jp   🏠 東京都江東区豊洲6-5-1

AROUND

TOKYO

하코네 箱根

에노시마 江ノ島

가마쿠라 鎌倉

요코하마 横浜

HAKONE

하코네　箱根

도쿄에서 하루에 다녀올 수 있는 인기 근교 여행지로 아름다운 자연과 푸
른 호수와 숲 등 그림 같은 풍경이 눈앞에 펼쳐지고, 날씨가 좋으면 후지 산
을 배경으로 멋진 사진까지 담을 수 있다. 자연경관 이외에도 미술관과 식
물원, 공원이 있어 가족 여행객에게도, 혼자인 여행객에게도 만족도가 높
다. 하코네 료칸에 숙박하면서 온천 휴양을 하고 싶다면 2~3일의 여유를
가지고 천천히 즐길 것을 추천한다.

· 찾아가기 ·

가까운 역 | 하코네 여행의 관문이 되는 오다큐선 하코네유모토箱根湯本 역에서 등산열차, 등산버스 등 다양한 교통수단을 이용해 관광지 또는 온천 숙소로 이동할 수 있다.

이용 노선 | 도쿄에서 하코네까지 이동하는 방법은 버스, JR신칸센, 오다큐선 등 여러 가지가 있다.

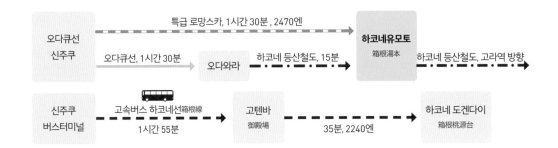

하코네 교통 TIP

로망스카ロマンスカー | 신주쿠와 하코네를 연결하는 전 좌석 지정석의 특급열차. 신주쿠에서 하코네유모토역까지 환승 없이 한 번에 이동할 수 있다. 프리패스 소지자는 할인 요금으로 티켓을 구입할 수 있다(편도 1200엔 추가). 약 85분 소요. 홈페이지 www.web-odakyu.com/e-romancecar (한국어 대응)에서 예약 및 구입할 수 있다.

오다큐선 하코네 프리패스 | 신주쿠-하코네유모토 구간의 왕복 특급은 물론, 하코네 안에서의 교통 이용까지 7가지 교통수단을 지정된 기간 동안 마음대로 이용할 수 있는 경제적이고 편리한 패스. 하코네를 대표하는 70개 박물관이나 관광 시설에서 할인을 받을 수 있고 편도 1200엔을 추가하면 로망스카도 이용 가능하다. 오다큐선의 모든 역과 JR신주쿠新宿역의 오다큐 여행 서비스 센터 등에서 구입할 수 있다.

오다큐 외국인 여행 센터小田急外国人旅行センター | 오다큐선의 교통 이용 및 여행지 정보를 한국어, 영어, 중국어로 제공하는 외국인 관광객 전용 종합 여행 안내 센터. 열차 티켓 구입은 물론 로망스카 예약도 가능하다.

📍 오다큐선 신주쿠新宿역 1층에 위치 ☎ +81-3-3343-6600 🕐 08:00-18:00, 연중무휴

이 표시가 부착되어 있는 교통수단은 모두 이용 할 수 있습니다.

하코네 프리패스로 이용 가능한 교통

1 | 하코네 등산 열차箱根登山電車 **2** | 하코네 등산 버스箱根登山バス(지정구간) **3** | 하코네 등산 케이블카箱根登山ケーブルカー **4** | 하코네 로프웨이箱根ロープウェイ **5** | 하코네 관광 유람선 해적선箱根海賊船 **6** | 오다큐 하코네 고속버스小田急箱根高速バス(지정구간) **7** | 도카이버스東海バス(지정구간)

오다큐선 하코네 프리패스 요금표

출발역	2일간		3일간	
	성인	어린이	성인	어린이
신주쿠	6100엔	1100엔	6500엔	1350엔
오다와라	5000엔	1000엔	5400엔	1250엔

하코네 골든 코스 | 하코네를 여행하는 추천 코스로 등산 열차, 로프웨이, 해적선 등 하코네만의 독특한 교통편을 이용해 주요 관광지를 모두 돌아볼 수 있다. 아침 일찍부터 서두르면 하루에도 모두 돌아볼 수 있지만, 공원이나 미술관 등을 여유롭게 감상하거나 고텐바의 프리미엄 아웃렛까지 가려면 이틀 정도의 시간은 필요하다.

하코네 등산철도箱根登山電車
하코네 유모토 ↔ 고라(편도 40분)

우거진 숲을 따라 좁고 가파른 경사면을 오르는 열차로, 특히 6월 중순~7월 중순까지는 선로를 따라 수국이 가득 피어 장관이다.

하코네 등산케이블카箱根登山ケーブルカー
고라 ↔ 소운잔(편도 10분)

열차에 연결된 케이블을 감아 차량을 끌어올리는 방식으로 운행되는 2량 열차로 경사진 산악 면에 맞춰 내부가 계단식으로 되어 있다.

하코네 로프웨이箱根ロープウェイ
소운잔 ↔ 토겐다이(편도 30분)

지옥계곡이라 불렸던 곳으로 군데군데 연기가 피어오르는 독특한 계곡의 풍경을 내려다볼 수 있고, 날씨가 좋으면 아시노코와 후지산 풍경을 조망할 수 있다.

하코네 관광유람선 箱根海賊船
토겐다이 ↔ 하코네마치 ↔ 모토하코네항(편도 25~40분)

해적선 모양의 유람선으로 선상에서 아시노코 호수와 후지산의 멋진 경치를 즐길 수 있다.

하코네 등산버스箱根登山バス
모토하코네항 ↔ 하코네 유모토

하코네 유모토 역을 거점으로 하코네 구석구석까지 운행하는 노선버스로 센고쿠하라, 고텐바 아웃렛 등에 갈 때도 이용하면 편리하다.

하코네유모토 | 역 | 箱根湯本

도쿄 근교 대표 관광지 하코네의 현관과 같은 역으로 특급 로망스카, 등산철도, 등산버스, 주변 료칸을 운행하는 100엔 버스 등 주요 교통 수단이 이 역을 거점으로 하고 있다. 역 주변으로 레스토랑과 숍이 모여 있어 특히 주말과 휴가철에는 많은 사람들로 활기차다.

📍 하코네 등산 케이블카 코엔시모公園下역에서 도보 1분

🕐 09:00-17:00, 연중무휴

캐리 서비스 Carry Service キャリーサービス | 하코네유모토箱根湯本역의 'Hakone Baggage Service'에서 신청할 수 있는 서비스로 역에서 숙소까지, 숙소에서 역까지 짐을 운반해 준다. 요금은 900엔(여행 가방 사이즈는 세 변의 합계가 120센티미터 이내 10kg까지, 그 이상이면 사이즈에 따라 1100엔, 1600엔이며 하코네 프리패스 소지자는 100엔 할인 받을 수 있다. 접수는 역에서는 12시 30분까지, 숙소에서는 오전 10시까지 가능하다.

100엔 버스宿泊客用有料送迎マイクロバス
하코네유모토 관광협회가 운영하는 료칸 및 호텔 숙박객 전용 유료 송영버스. 하코네유모토역 맞은편 하코네 마치 종합관광안내소箱根町総合観光案内所 앞 정류장에서 오렌지색 버스를 타면 유모토 온천의 숙소까지 바로 이동할 수 있다. 운행 루트에 따라 A코스 타키도리滝通り, B코스 소운도리早雲通り, C코스 토노사와塔之沢의 3개 코스로 나뉘어 있고 요금은 모두 100엔으로 동일하다.

—— **운행 시간(하코네유모토역 출발)**
A코스 09:10, 09:25, 10:15, 13:45, 14:45, 15:15, 16:15
B코스 08:51 09:25, 09:45, 10:10, 10:45, 13:45, 14:45, 15:15, 16:15
C코스 09:08, 11:15, 16:45

시세츠메구리 버스施設めぐりバス
온천 테마파크 유넷산이 위치한 코와키엔부터 대부분의 미술관과 박물관 등을 한 번에 돌아볼 수 있는 코스를 경유한다. 오다큐선 하코네 프리패스 소지자는 무료로 이용할 수 있다.

—— **주요 역 정차 코스**
코와키엔-초코쿠노모리-고라 공원-하코네 미술관-폴라 미술관-가라스노모리-어린왕자 박물관-센고쿠 안내소 앞-습생 화원 앞-고텐바 프리미엄 아웃렛-고텐바 역
* 모든 버스가 고텐바 역까지 운행하는 것은 아니므로 탑승 전에 반드시 확인해야 한다.

고라공원 | 공원 | 強羅公園

일본 최초의 프랑스식 공원으로, 3만 제곱미
터의 넓은 공원에 약 350종류의 고산식물이
전시되어 있다. 계절에 따라 피어나는 각종 꽃
이 아름다우며 공원 내에 있는 일본의 문화재
하쿠운도차엔白雲洞茶苑에서 즐기는 녹차도
일품이다.

- 📍 하코네 등산 케이블카 코엔시모公園下역
  에서 도보 1분
- 🕐 09:00-17:00, 연중무휴
- ¥ 성인 550엔, 초등학생 이하 무료　🏠 神奈川県足柄下郡箱根町強羅1300

하코네 초코쿠노모리 미술관
| 미술관 | **The Hakone Open-air Museum**
箱根の彫刻の森美術館

일본 최초의 야외 조각 전시관으로, 무어와 로
댕 등 해외 거장들 및 일본작가들의 작품이
120점 정도 전시되어 있는 야외 전시장과 피
카소관을 비롯해 6개의 실내 전시장이 있다.
카페와 뮤지엄숍도 둘러볼 만하다.

- 📍 하코네 등산 열차 초코쿠노모리彫刻の森
  역에서 도보 2분
- 🕐 09:00-17:00, 연중무휴　¥ 성인 1600엔, 고등 · 대학생 1600엔, 초등 · 중학생 1100엔
- @ www.hakone-oam.or.jp　🏠 神奈川県足柄下郡箱根町二ノ平1121

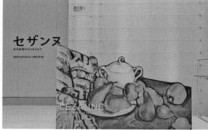

폴라미술관 | 미술관 | ポーラ美術館

폴라 미술 재단이 2002년에 개관한 미술관으로, 그룹의 오너였던 스즈키츠네지鈴木常司가 40여 년에 걸쳐 수집한 9,500여 점의 작품이 소장되어 있
다. 19세기 프랑스의 인상파 작품을 중심으로 일본의 서양화, 일본화, 동양 도자기, 화장 도구 등이 전시되고 있다.

- 📍 하코네 등산 열차 고라強羅역에서 버스로 폴라 미술관으로 이동　🕐 09:00-17:00, 연중무휴(전시물 교체 기간 임시 휴관)
- ¥ 성인 1800엔, 65세 이상 1600엔, 고등 · 대학생 1300엔, 초등 · 중학생 700엔(초등 · 중학생에 한해 토요일 무료)
- @ www.polamuseum.or.jp　🏠 神奈川県足柄下郡箱根町仙石原小塚山1285

하코네 유넷산

| 온천 테마파크 | Hakone Kowakien Yunessun

하코네를 대표하는 온천 테마파크로, 도쿄 돔의 약 3배 규모다. 온천 테마파크 유넷산과 일본의 정취가 느껴지는 정원식 온천 모리노유로 이루어져 있다. 와인, 커피, 사케, 녹차 등 다양한 재료로 이루어진 이색 온천이 있는 유넷산은 수영복을 입고 들어가게 되어 있으니 미리 준비하도록 하자(유료 대여 가능). 양쪽 모두를 이용할 수 있는 패스포트를 구입해 하루를 보내도 좋다.

- 📍 하코네 등산 버스 코와키엔小涌園역에서 하차
- 🕐 유넷산 09:00-18:00 모리노유 11:00-19:30, 연중무휴
- ¥ 패스포트(유넷산, 모리노유 통합 자유 이용권) 성인 3500엔, 어린이 1800엔
  유넷산 성인 2500엔, 어린이 1400엔 / 모리노유 성인 1500엔, 어린이 1000엔
- 🏠 神奈川県足柄下郡箱根町二ノ平1297

타무라 긴카츠테이

| 돈가스 | 田むら 銀かつ亭

두부에 돼지고기를 잘게 다져 넣고 튀긴 하코네의 명물 음식 '두부카츠'를 나베에 끓여낸 '두부카츠 전골豆腐かつ煮'이 유명한 돈가스 전문 레스토랑이다. 샐러드와 밥, 디저트와 커피까지 모두 포함된 두부카츠 전골 한상 차림豆腐かつ煮御膳(2750엔). 단품 주문도 가능하다.

- 📍 하코네 등산 열차 고라強羅역 도보 2분
- 🕐 11:00-14:30, 17:30-19:30
  (화요일 11:00-14:30), 수요일 휴무
- 🏠 神奈川県足柄下郡箱根町強羅1300-739

나라야 | 카페 | Naraya Café

미야노시타의 300년이 넘는 역사를 가진 나라야료칸奈良屋旅館을 개조한 카페로, 카페 앞에 무료 족욕탕이 있어 인기다. 커피와 과일 주스 등의 음료와 디저트, 피자나 빵 같은 가벼운 식사와 맥주 등을 판매하고 있다. 2층 한편에는 전시가 열리는 공간이 있다.

- 📍 하코네 등산 열차 미야노시타宮ノ下역에서 도보 2분
- 🕐 10:30-17:00, 수요일, 네 번째 목요일 휴무(1월 중순~하순 휴무)
- 🏠 神奈川県足柄下郡箱根町宮ノ下 404-13

오와쿠다니 | 분화구 | 大涌谷

약 3000년 전 하코네 화산 대폭발로 생긴 분화구로, 아직도 유황 연기가 피어오르고 있으며 유황 냄새 때문에 '대지옥' 또는 '지옥 계곡'으로 불린다. 이 곳의 명물인 새까만 온천 달걀은 흐린 날이면 잿빛으로 변하는데 달걀을 1개 먹을 때마다 수명이 7년 연장된다는 이야기가 있다.

📍 하코네 로프웨이 오와쿠다니大涌谷역에서 하차　🕐 09:00-16:00　🏠 神奈川県足柄下郡箱根町仙石原1251

하코네 고마가타케 로프웨이
| 로프웨이 | 箱根 駒ヶ岳ロープウェイ

하코네엔에서 하코네 고마가타케 산 정상까지 운행하는로프웨이로 편도 7분 정도 소요된다. 산 정상에는 전망대가 있어 하코네의 전경과 웅장한 후지 산, 멀리 쇼난 해안까지 파노라마 뷰로 감상할 수 있다.

📍 하코네유모토箱根湯本역에서 이즈하코네 버스로 하코네엔箱根園 하차(약 1시간 5분 소요)
🕐 09:00-16:30(상행), 09:00-16:50(하행)
¥ 왕복 성인 1800엔, 초등학생 900엔

아시노코
| 호수 | 芦ノ湖

하코네 화산 대폭발로 생긴 호수로, 후지산을 배경으로 그림 같은 호수와 그곳을 운행하는 유람선으로 유명한 곳이다. 유람선은 빅토리아호, 로열호, 바사호 그리고 외륜선 프론티아호의 4종류가 있으며 도겐다이에서 하코네마치 또는 모토하코네까지는 30~40분 정도 소요된다.

📍 하코네 로프웨이 도겐다이桃源台역에서 하차
🏠 神奈川県足柄下郡箱根町元箱根

모토하코네항

| 항구마을 | 元箱根港

하코네 관광선의 기항지. 주변으로 빽빽한 숲에 둘러싸여 있는 하코네 신사와 하코네마치까지 이어지는 산책하기 좋은 삼나무 길이 있다.

📍 하코네 등산 버스 모토하코네항元箱根港 정류장 하차

🏠 神奈川県足柄下郡箱根町元箱根45-3

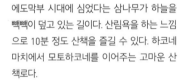

큐카이도 스기나미키

| 산책 길 | 旧街道杉並木

에도막부 시대에 심었다는 삼나무가 하늘을 빽빽이 덮고 있는 길이다. 산림욕을 하는 느낌으로 10분 정도 산책을 즐길 수 있다. 하코네마치에서 모토하코네를 이어주는 고마운 산책로다.

📍 하코네마치코箱根町港 선착장에서 도보 13분

🏠 神奈川県足柄下郡箱根町箱根

하코네 신사

| 신사 | 箱根神社

아시노코 호수의 산책로를 따라 걷다가 삼나무 가로수길로 향하는 약 90개의 돌계단을 오르면 나타나는 하코네 신사는 신사보다 호수에 세운 수중도리이(나무로 만든 문)가 더 유명하다. 모토하코네항에서 산책 겸 들러보면 좋은 곳이다.

📍 모토하코네코元箱根港 유람선 선착장에서 도보 10분

🏠 神奈川県足柄下郡箱根町元箱根80-1

센고쿠하라

| 명소 | 仙石原

옛날에는 호수 바닥이었던 곳으로 지금은 습원으로 남아 있다. 해발 700미터의 고원으로 봄과 여름에는 고산식물이 가득하고 가을이면 넓게 펼쳐진 참억새가 아름다움을 더한다. 자연 속을 걷는 즐거움을 만끽할 수 있는 곳이다.

📍 하코네유모토箱根湯本역에서 하코네 등산버스로 센고쿠코겐仙石高原 하차

🏠 神奈川県足柄下郡箱根町

하코네 가라스노모리 미술관

| 미술관 | 箱根ガラスの森 美術館

중세 유럽 15~17세기의 베네치아 유리공예 작품을 전시해놓은 '베네치안 글라스 미술관'과 19세기 후반 이후 베네치아 유리공예 작품을 구경할 수 있는 '베네치안 글라스 모던 미술관'이 있다. 정원 나무에 장식해놓은 유리공예품이 햇빛에 반짝이는 모습이 인상적인 곳이다.

📍 하코네유모토箱根湯本역에서 하코네 등산버스로 25분, 효세키 · 하코네가라스노모리마에俵石 · 箱根ガラスの森前 하차

🕐 10:00-17:30, 1월 두 번째 화요일~1월 11일 휴관

¥ 성인 1800엔, 고등 · 대학생 1300엔, 초등 · 중학생 600엔

@ hakone-garasunomori.jp

🏠 神奈川県足柄下郡箱根町仙石原940-48

© GOTEMBA PREMIUM OUTLETS®

고텐바 프리미엄 아웃렛 | 아웃렛 |

御殿場プレミアム・アウトレット

구찌, 프라다, 발리, 코치, 셀린, 토즈, 나이키, 프랑프랑, 마가렛 호웰 등 약 210개의 유명 브랜드가 입점해 있는 도쿄 근교 최대의 아웃렛 매장이다. 웬만한 명품 브랜드는 물론, 중저가 브랜드까지 다양한 상품을 갖추고 있다. 브랜드에 따라 다르지만 할인율도 좋은 편이며 세일 기간이 되면 할인가에 세일가를 더해 훨씬 저렴해진다.

📍 고텐바御殿場역 오토메 출구로 나온 후 아웃렛 프리 셔틀버스 이용

🕐 10:00-20:00(12-2월 10:00-19:00), 2월 세 번째 목요일 연 1회 휴무

🏠 静岡県御殿場市深沢1312

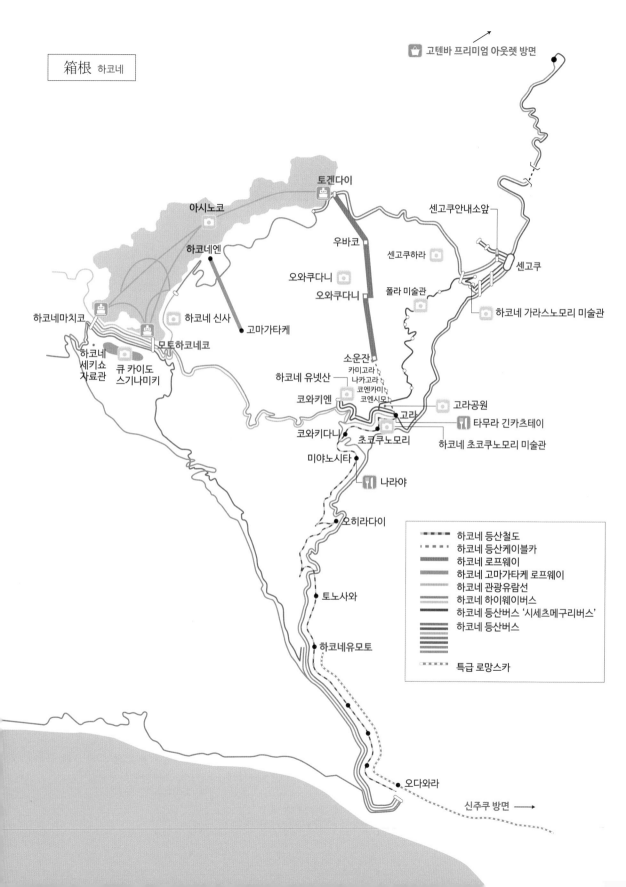

ENOSHIMA&KAMAKURA

에노시마 江の島 & 가마쿠라 鎌倉

에노시마 江の島

약 5만 년 전에 일어난 지각변동으로 현재의 섬이 되었다는 에노시마는 후지사와藤沢에서 가마쿠라로 가는 길에 있으며 다리로 연결되어 있어 걸어서도 갈 수 있다. 섬 정상에는 에노시마 전망대가 있는 정원과 에노시마 신사가 있어 아름다운 경관에 파묻혀 시간을 보낼 수 있다. 해수욕과 서핑 등을 즐기려는 젊은 사람들이 많이 찾는 관광지이기도 하다.

가마쿠라 鎌倉

약 800년 전 가마쿠라 막부의 수도였던 가마쿠라는 역사적 유물과 사찰이 많이 남아 있어 1년 내내 관광객이 끊이지 않는다. 사찰의 작은 정원은 사시사철 갖가지 꽃으로 옷을 갈아입으며 계절에 관계없이 지속적인 아름다움을 자랑한다. 도쿄에서 전철로 약 1시간 정도면 닿을 정도로 가까우므로 북적이는 도쿄 시내를 벗어나 아름다운 전통의 풍경을 느껴보자.

• 찾아가기 •

가마쿠라 여행은 먼저 보고 싶은 곳을 결정한 다음, 여행 계획을 고려해서 시간과 비용 모두 경제적인 방법을 선택하는 것이 좋다. 가마쿠라까지 가는 방법으로는 신주쿠에서 출발하여 후지사와로 들어가는 오다큐선 혹은 도쿄에서 출발하며 오오후나를 거쳐 가마쿠라로 가는 JR선을 이용할 수 있다. 가마쿠라와 에노시마를 모두 여행한다면, 신주쿠에서 출발하는 편을 추천하며, 에노시마, 가마쿠라 프리 패스를 이용하면 보다 저렴하고 편리하게 여행할 수 있다.

• 노선별 소요 시간 및 요금 •

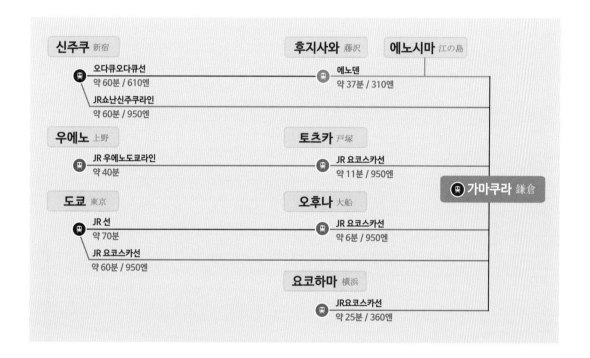

신주쿠 新宿
오다큐오다큐선
약 60분 / 610엔
JR쇼난신주쿠라인
약 60분 / 950엔

우에노 上野
JR 우에노도쿄라인
약 40분

도쿄 東京
JR 선
약 70분
JR 요코스카선
약 60분 / 950엔

후지사와 藤沢
에노덴
약 37분 / 310엔

에노시마 江の島

토츠카 戸塚
JR 요코스카선
약 11분 / 950엔

오후나 大船
JR 요코스카선
약 6분 / 950엔

요코하마 横浜
JR요코스카선
약 25분 / 360엔

가마쿠라 鎌倉

• 유용한 패스 •

에노시마, 가마쿠라 프리 패스江の島・鎌倉フリーパス | 신주쿠에서부터 가마쿠라까지의 오다큐선 왕복 티켓은 물론 오다큐 에노시마선 후지사와~가타세 에노시마 구간의 전철과 에노덴江の電까지 자유롭게 이용할 수 있는 프리 패스다. 이 프리 패스로 에노시마 전망대, 가마쿠라 궁 등 구간 내 시설 이용 시 할인 혜택도 받을 수 있다.

요금 | 성인 1640엔, 어린이 430엔

이용 범위 | 신주쿠~후지사와 구간 오다큐선 왕복 티켓(로망스카 제외) + 오다큐 에노시마선 후지사와~가타세에노시마 구간 1일 승차권 + 에노덴 1일 승차권

유효 기간 | 개시일 하루

구입처 | 오다큐역 발매기 혹은 매표소, 오다큐 여행 센터, 인터넷(pc. emot-tickets.jp)

Tip | 신주쿠에서 출발하여 에노덴으로 에노시마 구석구석을 계획을 세웠다면 추천한다. 단, 가마쿠라까지 관광을 할 경우, 신주쿠~후지와라 구간 왕복 티켓이 포함된 패스이므로 가마쿠라에서 다시 후지사와로 돌아와야 하는 번거로움이 있다.

에노덴 1일 승차권 노리오리쿤江ノ電1日乗車券のりおりくん | 가마쿠라~후지사와 구간을 운행하는 노면 전차 에노덴江ノ電을 하루 동안 자유롭게 이용할 수 있는 승차권.

요금 | 성인 800엔, 어린이 400엔

이용 범위 | 에노덴 전 역   **유효 기간** | 개시일 하루

구입처 | 에노덴 모든 역의 발매기 혹은 매표소, 인터넷(pc.emot-tickets.jp)

Tip | 에노덴을 이용하여 에노시마와 가마쿠라를 관광할 예정이면 추천. 4번 이상 에노덴을 이용해야 이득이다.

가마쿠라 프리 칸쿄테가타鎌倉フリー環境手形 | 가마쿠라 내 5개의 노선 버스(케이힌 급행 버스京浜急行バス, 에노시마 전철 버스江ノ島電鉄バス)와 가마쿠라역鎌倉에서 하세長谷역 구간의 에노덴을 1일동안 자유롭게 이용할 수 있는 프리 패스. 대불大仏, 겐초지建長寺와 엔가쿠지円覚寺 등 가마쿠라 중심의 여행 시 유용하다. 단, 1월 1일~3일은 사용 불가.

요금 | 성인 900엔, 어린이 450엔   **유효 기간** | 개시일 하루

이용 범위 | 에노덴 가마쿠라역~하세역, 케이힌 급행버스京浜急行バス, 에노시마 전철버스江ノ島電鉄バス(일부 노선 제외)

구입처 | 에노덴 가마쿠라역, 하세역, 케이힌급행 버스 가마쿠라역 앞 안내소 혹은 영업소

교통 TIP

에노시마 전철버스江ノ島電鉄バス, **케이힌 급행버스**京浜急行バス

에노덴이나 JR선 등이 연결되지 않는 지역까지 가마쿠라의 모든 지역을 구석구석 연결하는 버스로 후지사와, 에노시마, 다이부츠, 가마쿠라, 겐초지, 엔가쿠지를 연결하며 다이부츠에서 가마쿠라를 이동할 때처럼 역에서 꽤 걸어야 하는 곳에 갈 때는 큰 도움이 된다. 버스를 이용할 때는 타면서 숫자가 프린트된 티켓을 뽑고 내릴 때 버스 앞의 전광판에 기록된 요금을 확인해서 지불하면 된다. 혹은 IC CARD를 승하차 시 모두 단말기에 터치하면 된다.

江ノ電 에노덴

후지사와역에서 출발해 가마쿠라역까지 약 30분을 달리는 노면 열차로, 이 열차를 타보는 것 자체가 관광 코스일 정도로 유명하다. 이미 운행 100주년이 지난 이 열차는 오래된 마을의 주택 사이를 아슬아슬하게 지나고, 탁 트인 바다를 옆에 두고 달리는 것에 묘미가 있다. 애니메이션 <슬램덩크>에 해안가를 달리는 에노덴이 자주 등장하면서 더욱 유명해졌는데, 가마쿠라고교앞鎌倉高校前역에서 내리면 바닷가를 배경으로 에노덴이 달리고 있는 건널목, 오프닝에서 강백호와 채소연이 건널목을 사이에 두고 서로 손을 흔들던 장면에서 나왔던 풍경이 펼쳐진다. 워낙 유명한 곳이어서 사진을 찍는 사람도 심심치 않게 눈에 띈다. 에노덴에 진심이면 에노덴 1일 승차권(800엔)을 이용하는 것이 좋다.

에노시마 江の島

에노시마 신사 | 신사 | 江島神社

3개의 오래된 신사 헤츠미야 신사辺津宮神社, 나카츠미야 신사中津宮神社, 오쿠츠미야 신사奥津宮神社를 통틀어 에노시마 신사라고 부른다. 각 신사에는 수호신인 세 여신이 모셔져 있는데, 예전에는 어부들이 안전한 항해를 기원하기 위해 이곳을 찾았다고 한다. 섬 입구에 있는 가장 큰 헤츠미야 신사는 이곳의 연못에서 돈을 씻으면 재운이 따른다고 해서 돈 씻는 사람을 꽤 많이 볼 수 있다. 오쿠츠

미야는 거북이 그림으로 유명한데, 어디서 보더라도 자신을 바라보고 있는 느낌이라고 하여 '팔방을 노려보고 있는 거북이'라는 뜻의 '핫포니라미노 카메八方睨みの亀'라고 불린다.

📍 에노덴 에노시마江ノ島역에서 도보 20분　🕐 08:30-17:00, 연중무휴　🏠 神奈川県藤沢市江の島2-3-8

에노시마 시 캔들

류렌노카네

오쿠츠미야 신사

나카츠미야 신사

에스컬레이터 3구간
나카츠미야 신사~에노시마 정상

에스컬레이터 2구간
헤츠미야 신사~나카츠미야 신사

헤츠미야 신사

즈이신몬

에스컬레이터 1구간
슈노토리이~헤츠미야 신사

슈토토리이

에노시마 사무엘 코킹 정원

| 식물원 | 江の島サムエル・コッキング苑

메이지 시대 영국인 무역상 사무엘 코킹이 소유하던 밭에 개원한 식물원으로 야자수 나무, 사계절 피는 각양각색의 꽃들로 남국의 정취가 물씬 풍기는 곳이다. 원내에는 전망대 에노시마 시 캔들을 비롯하여, 레스토랑, 카페, 기념품 숍 등이 있다.

📍 에노덴 에노시마江ノ島역에서 도보 25분
🕐 09:00-20:00, 비정기 휴무
¥ 17시 이후부터 성인 500엔, 어린이(초등학생 이하) 250엔
🏠 神奈川県藤沢市江の島2-3-28 8

에노시마 시 캔들

| 전망대 | 江の島シーキャンドル

섬 가운데에 위치한 식물원, 사무엘 코킹 정원サムエル・コッキング苑 안에 자리하는 독특한 원추형의 전망대이다. 해발 119.6미터 높이의 전망대에서는 후지산, 이즈반도가 한눈에 들어온다. 일몰이 아름답기로 유명해 주말에는 일몰을 즐기는 젊은이들의 데이트 장소로 유명하다.

📍 사무엘 콧킹엔 안
🕐 09:00-20:00, 비정기 휴무
¥ 성인 500엔, 어린이(초등학생 이하) 250엔

류렌노카네

| 관광 명소 | 龍恋の鐘

용과 선녀의 사랑의 전설이 담긴 종으로, 커플이 와서 이 종을 치면 사랑이 이루어진다는 이야기가 전해져 내려온다. 그래서 많은 커플들이 종 아래에 사랑의 메시지를 적은 자물쇠를 채운 후 함께 사랑을 맹세하고 열쇠를 바다에 던진 후 류렌노카네(용연의 종)를 치고 돌아간다고 한다.

📍 에노덴 에노시마江ノ島역에서 도보 25분
🏠 神奈川県藤沢市江の島2-5

시라스 톤야 토빗쵸

| 해산물 덮밥 | しらす問屋 とびっちょ

'시라스しらす'는 멸치의 치어를 말하는 것으로 시라스 톤야 토빗쵸에서는 에노시마에서 잡은 신선한 시라스를 이용한 덮밥을 맛볼 수 있다. 가장 비주얼이 좋고 인기가 많은 메뉴는 토빗쵸동(とびっちょ丼, 2380엔). 에노시마 로컬 맥주와 시라스 진액으로 만든 시라스 맥주를 함께 맛볼 수 있다. 도보 5분 거리에 본점도 있다.

📍 에노덴 에노시마역江ノ島역에서 도보 20분
🕐 11:00-21:00, 비정기 휴무
🏠 神奈川県藤沢市江の島2-1-9(江の島弁財天仲見世通り店)

가마쿠라 鎌倉

하세데라

│사찰│**長谷寺**

일본 최대의 목조 관음상 하세관음(높이 약 11미터, 11개 얼굴을 가진 11면 관음보살)이 보존되어 있는 것으로 유명한 사찰로 츠루가오카하치만구, 다이부츠와 함께 가마쿠라의 대표적 명소이다. 사찰 내에는 2개의 연못과 사시사철 아름다운 꽃이 피어 있는 정원이 있다. 사찰 건물은 14채로 박물관 안의 보물관에는 국가 문화재 2점과 현과 시의 지정문화재 5점이 보관되어 있으며, 관음 언덕에 오르면 가마쿠라 시내와 바다가 한눈에 들어오는 최고의 전망이 펼쳐진다.

📍 에노덴 하세長谷역에서 도보 5분
🕐 08:00-16:30(4~6월 08:00-17:00), 연중무휴
¥ 성인 400엔, 어린이(초등학생) 200엔
🏠 神奈川県鎌倉市長谷3-11-2

다이부츠

│불상│**大仏**

코토쿠인高德院 안에 있는 높이 11.3미터, 무게 121톤의 거대한 청동불상으로 1252년에 만들어졌다. 가마쿠라 지역의 유일한 국보이며, 나라奈良의 불상과 함께 일본의 2대 대불大仏로 알려져 있다. 불상 안으로 들어가면 불상의 어깨 부분까지 올라갈 수 있으며, 불상 내부의 개방 시간은 오전 8시부터 오후 4시 30분까지이다.

📍 에노덴 하세長谷역에서 도보 10분
🕐 08:00-17:00(4~9월 08:00-17:30), 연중무휴
¥ 300엔, 초등학생 150엔(다이부츠 내부 입장 시 50엔 추가)
🏠 神奈川県鎌倉市長谷4-2-28

요리도코로

│일식│**カフェ ヨリドコロ 稲村ケ崎本店**

오래된 민가를 사용한 운치 있는 카페로 에노덴이 지나가는 기찻길 옆에 자리해 노면전차가 바로 눈앞으로 지나가는 장면을 볼 수 있다. 오픈부터 9시까지는 생선구이와 밥, 미소시루, 반찬이 함께 나오는 정식을 1000엔에 먹을 수 있으며, 11시부터는 디저트와 음료 등의 카페 메뉴를 주문할 수 있다.

📍 에노덴 이나무라가사키稲村ヶ崎역에서 도보 2분
🕐 07:00-18::00, 화요일 휴무
🏠 神奈川県鎌倉市稲村ガ崎1-12-16

츠루가오카하치만구 | 명소 | 鶴岡八幡宮

가마쿠라를 대표하는 곳으로 1191년 미나모토 가문이 지은 신사다. 입구에 세워진 붉은색 도리이를 지나면 겐페이이케源平池라고 불리는 2개의 연 못이 나오는데, 이 연못에 있는 다리인 타이코바시太鼓橋는 쇼군만이 건널 수 있었으며 지금도 출입이 금지되어 있다. 연못을 지나면 정면으로 본궁 으로 이어지는 돌층계가 보이며, 돌층계 왼쪽의 높이 30미터, 둘레 7미터의 커다란 은행나무는 1219년 가마쿠라막부의 3대 쇼군 미나모토노 사네 토모源実朝를 암살한 암살자가 나무 그늘에 잠복해 있었다고 하여 유명하다. 이곳은 봄의 벚꽃, 겨울의 모란도 볼 만하지만 이 은행나무가 노랗게 물 드는 가을이 가장 아름답다.

📍 에노덴 또는 JR가마쿠라鎌倉역에서 도보 10분 　🕐 05:00-21:00(10~3월 06:00-21:00), 연중무휴
¥ 경내 무료 　🏠 神奈川県鎌倉市雪ノ下2-1-31

조묘지 | 사찰 | 浄妙寺

가마쿠라고잔鎌倉五山의 제5위인 사원으로, 1188년에 지어졌다. 경내에 가마쿠라 지명의 유래라고 알려진 사원이 있는데, 후지와라 성의 선조 인 후지와라노 카마타리藤原鎌足가 가마쿠라를 방문했을 때 꿈의 계시 에 따라 카마야리(鎌槍, 카마창)를 묻고 그곳에 사당을 지었다고 한다. 지금의 가마쿠라鎌倉라는 지명은 후지와라노 카마타리가 묻은 카마야 리鎌槍에서 유래했다고 전해진다.

📍 JR가마쿠라鎌倉역 동쪽 출구에서 게이힌큐코 버스로 조묘지浄明寺 에서 하차, 도보 2분
🕐 09:00-16:30, 연중무휴 　¥ 성인 100엔, 어린이(초등학생) 50엔
🏠 神奈川県鎌倉市浄明寺3-8-31

호코쿠지 | 사찰 | 報国寺

아름다운 대나무 정원으로 유명한 절로, 본당 서쪽에 자리 잡은 정원에 는 1000여 그루의 대나무가 멋진 장관을 이루고 있다. 정원 안쪽으로는 차를 마실 수 있는 다실이 있어 고요한 대나무 숲을 바라보며 말차를 즐 기고, 지친 다리를 잠시 쉬어갈 수 있다. 다실에서 차를 즐기려면 대나무 정원 입장권을 구입할 때 말차 이용권お抹茶券을 함께 사야 한다.

📍 JR가마쿠라鎌倉역 동쪽 출구에서 게이힌큐코 버스를 타고 조묘지 浄明寺에서 하차, 도보 3분
🕐 09:00-16:00, 12월 29일~1월 3일 휴무
¥ 성인 400엔, 초·중학생 200엔(대나무 정원 다석茶席은 600엔, 차와 간단한 과자 제공)
🏠 神奈川県鎌倉市浄明寺2-7-4

겐초지 | 사찰 | 建長寺

겐초지에 들어서면 입구에서 대웅전까지 소우몬総門, 산몬三門, 부츠덴佛殿이 일직선으로 늘어서 있는 가람(승려가 살면서 불도를 닦는 곳)을 10개의 사원이 둘러싸고 있다. 특히 산문 오른쪽에 걸려 있는 범종 본쇼오梵鐘는 엔가쿠지, 조후쿠지의 종과 함께 가마쿠라의 3대 명종으로 국보로 지정되었으며 가마쿠라고잔鎌倉五山 중 최고의 절로 손꼽힌다. 봄이면 만개한 벚꽃으로 더욱 아름답다.

- 📍 JR요코스카선 키타가마쿠라北鎌倉역에서 도보 15분
- 🕐 08:30-16:30, 연중무휴
- ¥ 성인 500엔, 어린이(초·중학생) 200엔
- 🏠 神奈川県鎌倉市山ノ内8

메이게츠인 | 사찰 | 明月院

1159년 지어진 절로 경내를 가득 채운 수국(아지사이あじさい)으로 유명한 곳이다. 6월 수국 시즌과 가을 단풍 시즌에는 본당 뒤의 일본 정원을 개방하는데, 가마쿠라에서도 아름답기로 손꼽히는 사찰로 이 시즌에는 많은 사람들이 방문한다. 일본 정원에 들어가려면 입장료 외에 500엔의 추가 요금이 있다.

- 📍 JR요코스카선 키타가마쿠라北鎌倉역에서 도보 10분
- 🕐 09:00-16:00(6월 수국 시즌에는 연장), 연중무휴
- ¥ 성인 500엔, 어린이(초·중학생) 300엔, 본당 뒤 정원 500엔
- 🏠 神奈川県鎌倉市山ノ内189

조치지 | 사찰 | 浄智寺

녹음이 우거진 경내는 국가 사적으로 지정되어 있으며 본존 목조 삼세불좌상도 가나가와 현의 중요문화재로 지정되어 있다. 아름답고 한적한 경내 분위기로 쇼와 초기 문인, 예술가들이 이곳을 즐겨 찾았다고 한다.

- 📍 JR요코스카선 키타가마쿠라北鎌倉역에서 도보 8분
- 🕐 09:00-16:30, 연중무휴
- ¥ 성인 200엔, 어린이(초·중학생) 100엔
- 🏠 神奈川県鎌倉市山ノ内1402

엔가쿠지 | 사찰 | 円覚寺

1282년에 세워진 후, 거듭되는 화재로 많은 부분이 소실되었다가 재건되었다. 20만㎡의 넓은 경내에 일직선으로 가람이 늘어서 있으며 15개 사원이 세워져 있다. 산문에 들어서서 오른쪽 계단을 오르면 나타나는 키겐인帰源院은 삶의 괴로움에 대해 고민했던 나츠메 소세키가 신에게 답을 구하며 머물렀던 곳이다.

- 📍 JR요코스카선 키타가마쿠라北鎌倉역에서 도보 1분
- 🕐 08:30-16:00, 연중무휴
- ¥ 성인 500엔, 어린이(초·중학생) 200엔
- 🏠 神奈川県鎌倉市山ノ内409

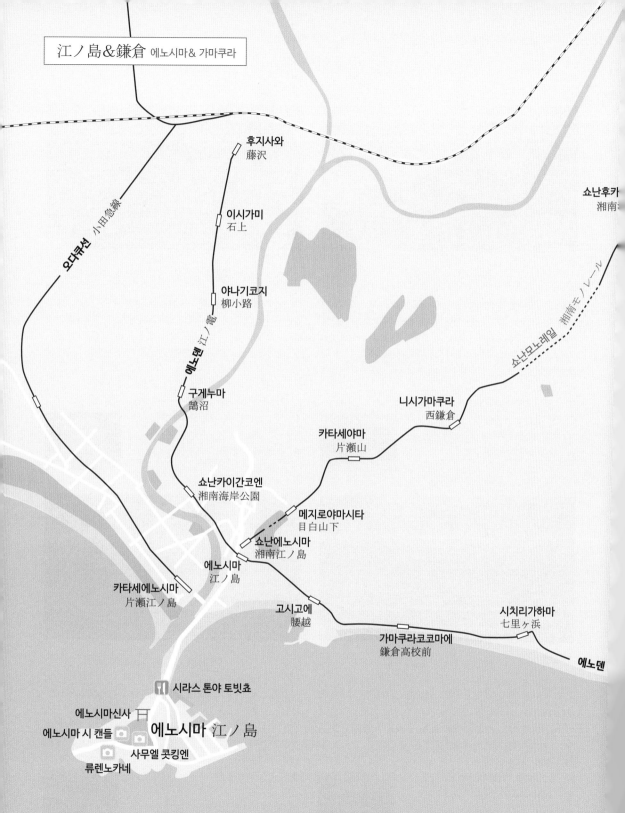

江ノ島&鎌倉 에노시마& 가마쿠라

후지사와
藤沢

이시가미
石上

오다큐선 小田急線

야나기코지
柳小路

에노덴 江ノ電

구게누마
鵠沼

쇼난카이간코엔
湘南海岸公園

카타세에노시마
片瀬江ノ島

에노시마
江ノ島

쇼난에노시마
湘南江ノ島

메지로야마시타
目白山下

카타세야마
片瀬山

니시가마쿠라
西鎌倉

쇼난모노레일 湘南モノレール

쇼난후카
湘南

고시고에
腰越

가마쿠라코코마에
鎌倉高校前

시치리가하마
七里ヶ浜

에노덴

시라스 톤야 토빗쵸

에노시마신사

에노시마 시 캔들

에노시마 江ノ島

사무엘 콧킹엔

류렌노카네

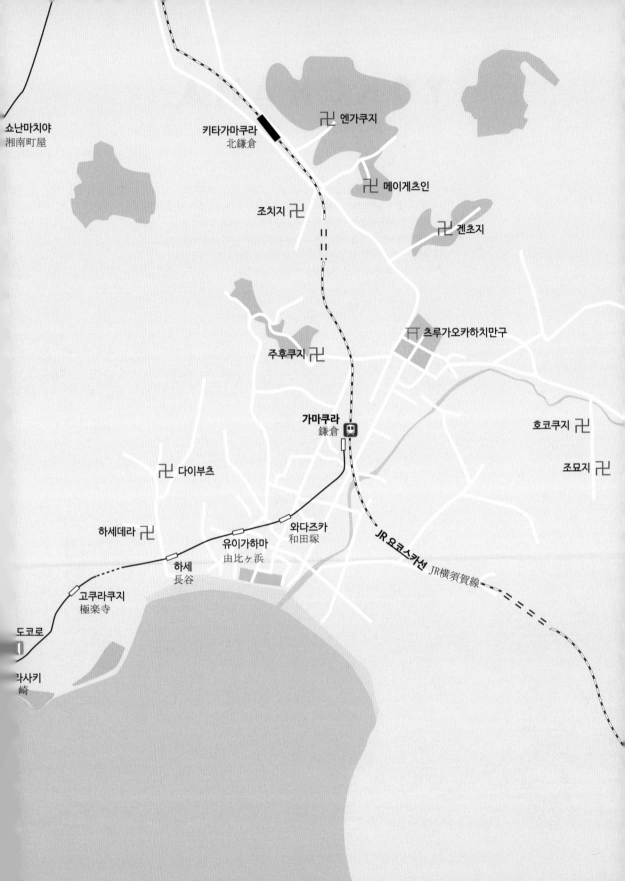

쇼난마치야
湘南町屋

키타가마쿠라
北鎌倉

엔가쿠지 卍

조치지 卍

메이게츠인 卍

겐초지 卍

주후쿠지 卍

츠루가오카하치만구

다이부츠 卍

호코쿠지 卍

조묘지 卍

가마쿠라
鎌倉

하세데라 卍

와다즈카
和田塚

유이가하마
由比ヶ浜

JR 요코스카선 JR横須賀線

하세
長谷

고쿠라쿠지
極楽寺

도코로

라사키
崎

YOKOHAMA

요코하마 橫浜

도쿄에서 전철로 30분 정도만 달리면 만날 수 있는 요코하마는 상쾌한 바닷바람과 조용한 해양 공원, 거대한 쇼핑몰 그리고 아시아 최대 규모의 차이나타운까지 전혀 어울리지 않을 것 같은 명소가 서로 조화를 이루어 요코하마만의 독특한 느낌을 만들어낸다. 일본이 개항할 때 이곳을 통해 들어온 서양 문물과 외국인들 덕분에 지금까지 곳곳에 이국적 정취가 남아있어 연인들이 좋아하는 아름답고 로맨틱한 항구도시이다.

• 찾아가기 •

요코하마를 찾아가는 방법은 시부야에서 도큐토요코선을 이용하는 방법과 시나가와에서 게이힌선을, 그리고 도쿄역이나 시나가와에서 JR선을 이용하는 방법, 이렇게 3가지가 있는데, 이 중 가장 편리하고 저렴한 방법은 도큐토요코선을 이용하는 것이다.

* 도큐토요코선東急東横線 **이용**
시부야에서 요코하마까지 한 번에 갈 뿐 아니라 환승 없이 미나토미라이를 지나 모토마치, 추카가이역까지 바로 연결된다. 이제는 미나토미라이선뿐 아니라 후쿠토신선副都心線까지 공동 운행하게 되어 이케부쿠로, 신주쿠산초메, 메이지진구마에(하라주쿠)에서도 환승 없이 이용할 수 있게 되어 더욱 편리해졌다. 열차는 보통, 급행, 특급의 3종류가 있으며, 요금이 모두 동일하므로 이동 시간을 절약하려면 급행이나 특급을 이용하도록 하자.

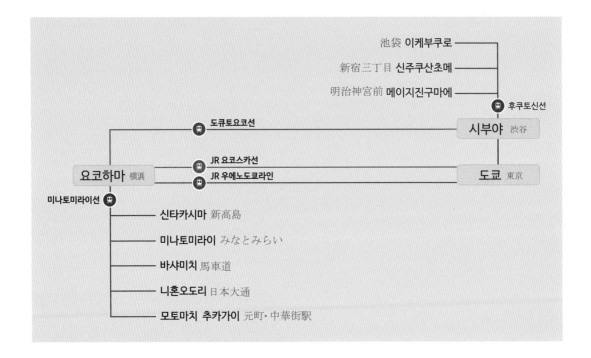

• 요코하마 시내 교통 •

버스 BUS

요코하마 관광 시, 버스를 이용하면 많이 걷지 않고 편하게 다닐 수 있다. 먼저, 미나토미라이, 아카렌가 창고, 추카가이, 모토마치, 야마시타 공원 등 요코하마 주요 관광 명소를 연결해주는 레트로풍의 빨간색 버스 아카이쿠츠あかいくつ. 그리고 요코하마역에서 출발하여, 요코하마 주요 관광 명소에 정차하는 베이사이드 블루ベイサイドブルー를 이용하면 된다. 10시부터 18시 사이 2~30분 간격으로 운행하며, 미나토 프리 패스 티켓(みなとぶらりチケット, 500엔), 미나토 프리 패스 티켓 와이드(みなとぶらりチケットワイド, 550엔), 시영 버스 1일 승차권(市營バス1日乘車券, 600엔) 등의 승차권으로 탑승할 수 있으며, 티켓이 없는 경우 1회 탑승 요금은 성인 220엔, 소인 110엔이다.

@ yokohama-bus.jp/akaikutsu

요코하마 에어 캐빈 YOKOHAMA AIR CABIN

일본 최초 도심형 케이블카로 JR사쿠라기초 역에서 요코하마 월드 포터스 바로 앞의 운하파크運河パーク역까지 630미터 거리를 5분이면 갈 수 있다. 운하파크 역에서 내리면 요코하마 코스모월드, 월드포터즈, 아카렌가 창고 등의 관광지까지 5~10분 내에 갈 수 있어 편리하다. 특히 해가 진 뒤에는 아름다운 요코하마의 야경을 하늘에서 즐길 수 있다는 점이 매력적이다.

- 📍 JR사쿠라기초桜木町역 동쪽 출구에서 도보 1분, 미나토미라이선 바샤미치馬車道역 4번 출구에서 도보 7분
- 🕐 10:00-21:00(날짜별로 상이, 홈페이지 확인 요망), 비정기 휴무
- ¥ 편도 성인(중학생 이상) 1000엔, 3세~초등학생 500엔, 왕복 성인(중학생 이상) 1800엔, 3세~초등학생 900엔
- @ yokohama-bus.jp/akaikutsu

수륙양용버스 SKY DUCK

육지와 바다를 오가며 미나토미라이 부근의 주요 명소를 둘러보는 수륙양용 관광버스. 니혼마루 메모리얼 파크에서 시작, 아카렌카 창고, 코스모월드 등 10분 정도 도로 위를 달린 후 바다에 들어가서 40분간 크루즈를 즐길 수 있다. 인터넷으로 예약 가능하며, 좌석이 비어 있을 경우 당일 티켓 구입도 가능하다. 주말과 공휴일에는 일몰 시간에 맞춰 운행하는 트와일라이트 코스도 있다.

- 📍 미나토미라이선 미나토미라이みなとみらい역 북1번 출구에서 도보 5분, 니혼마루 메모리얼 파크
- 🕐 10:30, 12:00, 14:00, 15:00(날짜별로 상이, 홈페이지 확인 요망), 수요일 운휴
- ¥ 성인(중학생 이상) 3600엔, 4세~초등학생 1800엔
- @ www.skybus.jp

미나토미라이21

미나토미라이21 | 명소 | みなとみらい21

미나토미라이21은 요코하마 시가 21세기의 국제 문화 도시로 발돋움하기 위해 개발한 요코하마 최고의 인기 지역이다. 요트의 돛을 연상시키는 '퍼시피코 요코하마'와 일본 최대급 복합몰인 '퀸즈스퀘어' 그리고 '요코하마 랜드마크타워' 등 초고층 빌딩이 자리하고 있어 쇼핑과 식사를 즐기기에 좋으며 요코하마항이 눈앞에 펼쳐지는 공원과 로맨틱한 야경도 아름답다.

📍 미나토미라이선 미나토미라이みなとみらい역 하차

랜드마크타워 | 전망대 | ランドマークタワー

지상 70층, 높이 296미터의 요코하마를 대표하는 상징적인 건물로 쇼핑을 즐길 수 있는 랜드마크 플라자, 호텔, 요코하마 미술관 및 각종 레스토랑이 들어서 있다. 특히 69층에 위치한 전망 플로어인 '스카이 가든'은 360도 파노라마 뷰를 자랑하는 곳으로 날씨가 좋은 날에는 요코하마 시내뿐 아니라 멀리 도쿄와 후지산까지 감상할 수 있다.

📍 미나토미라이선 미나토미라이みなとみらい역 5번 출구에서 도보 3분
🕐 **스카이 가든 전망대** 10:00-21:00, **랜드마크 플라자와 퀸즈타워A 숍** 11:00~20:00, **레스토랑** 11:00~22:00, **미라이 요코초** 11:00-23:00
¥ 스카이 가든 성인 1000엔, 고등학생 및 65세 이상 800엔, 초·중학생 500엔, 유아(4세 이상) 200엔
🏠 神奈川県横浜市西区みなとみらい2-2-1

니혼마루 메모리얼 파크 | 박물관 | 日本丸メモリアルパーク

1931년부터 1984년까지 '태평양의 백조'로 불리며 활약했던 범선 니혼마루日本丸가 정박해 있는 곳이다. 전성기 시절의 니혼마루 모습이 그대로 보전되어 있으며 내부 견학도 가능하다. 범선 옆에 위치한 요코하마항구 박물관은 요코하마항 약 150년의 역사를 소개하는 곳으로 요코하마항의 객선과 화물선 모형이 전시되어 있다.

📍 미나토미라이선 미나토미라이みなとみらい역 북1번 출구에서 도보 5분
🕐 10:00-17:00, 월요일, 12월 29일~1월 3일 휴무, 그 밖의 정비로 인한 비정기 휴무
¥ 성인 800엔, 초·중·고등학생 300엔, 65세 이상 600엔(항구박물관 공통권)
🏠 神奈川横浜市西区みなとみらい2-1-1

린코 파크 | 공원 | 臨港パーク

미나토미라이21 지역에서 가장 넓은 잔디밭을 가진 공원으로, 바다와 마주하고 있어 눈앞에 펼쳐진 바다를 보며 시간을 보낼 수 있는 곳이다. 드넓은 잔디밭에는 배드민턴이나 체조 등 가볍게 운동하는 사람과 애완동물을 데리고 산책 나온 사람을 볼 수 있고, 바닷가 산책로에는 연인들의 발걸음이 끊이지 않는다. 벚꽃이 피는 산책로와 유람선 등 낭만적인 공원이다.

- 📍 미나토미라이선 미나토미라이みなとみらい역 2번 출구에서 도보 10분
- 🏠 神奈川県横浜市西区みなとみらい1-1-1

요코하마 코스모월드 | 테마파크 | よこはまコスモワールド

높이 112.5미터, 480명이 탈 수 있는 세계 최대 규모의 관람차 '코스모블럭 21'이 유명하다. 15분간 운행되는 관람차에서는 요코하마의 아름다운 베이 브리지를 감상할 수 있다. 마치 바다로 바로 떨어지는 것 같은 세계 최초의 수중 돌입형 제트코스터인 '바닛슈'와 급류 타기도 인기 있는 어트랙션이다.

- 📍 미나토미라이선 바샤미치馬車道역 6번 출구에서 도보 12분
- 🕐 11:00-20:00, 목요일 및 비정기 휴무
- ¥ 무료, 어트랙션은 놀이 기구에 따라 다름(200~900엔)
- 🏠 神奈川県横浜市中区新港2-8-1

컵라면 박물관
| 박물관 | カップヌードルミュージアム

인스턴트 라멘 전시와 체험 공방이 있는 컵라면 박물관이다. 유료 프로그램 중 치킨 라면을 직접 만들어볼 수 있는 치킨라멘 팩토리와 좋아하는 소스와 토핑을 넣어 나만의 오리지널 컵라면을 만드는 마이컵 누들 팩토리는 인기가 많아 방문 전에 예약이 필요하다.

- 📍 미나토미라이선 미나토미라이みなとみら이역, 바샤미치馬車道역에서 도보 8분
- 🕐 10:00~18:00, 화요일, 연말연시 휴관
- ¥ 성인 500엔, 고등학생 이하 무료, 치킨라멘 팩토리 중학생 이상 1000엔, 초등학생 600엔, 마이컵 누들 팩토리 1개 500엔
- 🏠 神奈川県横浜市中区新港2-3-4

아카렌가 창고
| 쇼핑몰 | 赤レンガ倉庫

개항 시기에 짐 보관소였던 창고의 내부를 개조한 곳으로, 1호 관은 다목적 스페이스로 사용되며 2호 관은 브런치 레스토랑과 다채로운 점포들이 입점해 있다. 고풍스러운 분위기와 독특하고 아기자기한 소품점이 많아 볼거리가 충분하다. 창고 주변에 공원이 있어 날씨가 좋은 날은 피크닉을 즐기는 사람들로 붐빈다.

- 📍 미나토미라이선 바샤미치馬車道역 6번 출구에서 도보 6분
- 🕐 1호관 10:00-19:00, 2호관 11:00-20:00 (매장에 따라 다름)
- 🏠 神奈川県横浜市中区新港1-1

마린 & 워크 요코하마
| 쇼핑몰 | MARINE & WALK YOKOHAMA

아카렌가 창고에서 길 하나를 건넌 자리에 위치한 복합 쇼핑 공간으로 요코하마의 푸른 바다를 배경으로 개성 있는 숍과 쉬어갈 수 있는 공간이 가득하다. COS, YANUK같은 셀렉트 숍과 수입 브랜드 등 다양한 브랜드가 모여 있다. 또한 바다 전망의 레스토랑과 카페가 있어 식사와 휴식을 즐기기에 좋다.

- 📍 미나토미라이선 바샤미치馬車道역 또는 니혼오도리日本大通り역에서 도보 9분
- 🕐 11:00-20:00(레스토랑 및 카페 11:00-22:00), 비정기 휴무
- 🏠 神奈川県横浜市中区新港1-3-1

야마시타 공원 & 추카가이

야마시타 공원
│공원│ 山下公園

1930년에 개원한 일본 최초의 임해 도시공원으로 베이 브리지와 요코하마 항구를 오가는 선박의 전경을 볼 수 있는 로맨틱한 곳이다. 동서로 약 1킬로미터나 되는 넓은 공원에는 빨간 구두를 신은 소녀상과 미국 샌디에이고 시에서 기증받은 여신상, 걸스카우트 동상 그리고 인도수탑 등 여러 가지 기념비들이 있다.

📍 미나토미라이선 모토마치·추카가이元町·中華街역 4번 출구에서 도보 3분

히카와마루호
│명소│ 日本郵船氷川丸

'태평양의 여왕'으로 불리던 대형 여객선으로 1930년부터 30여 년간 일본과 미국을 연결하는 태평양 항로의 정기선이었으나 지금은 야마시타 공원에 정박해 있다. 찰리 채플린을 비롯한 유명인들이 탑승했던 것으로 알려져 있다. 배에 직접 올라 객실과 선실 등 배의 내부를 볼 수도 있다. 야외 갑판에서는 시원한 바람을 맞으며 경치를 즐길 수 있다.

📍 미나토미라이선 모토마치·추카가이元町·中華街역 4번 출구에서 도보 3분
🕐 10:00-17:00, 월요일 휴관
¥ 성인 300엔, 초중고생 100엔
🏠 神奈川県横浜市中区山下町山下公園地先

오오산바시 국제여객선 터미널
│터미널│ 大さん橋国際客船ターミナル

요코하마 항의 관문인 세련된 디자인의 국제여객선 터미널로 일본을 대표하는 국제여객선 터미널답게 세계 호화 여객선 퀸 엘리자베스호 등이 정박되어 있는 모습을 자주 볼 수 있으며, 24시간 개방하는 옥상 광장 등 다양한 시설을 갖추고 있어 관광객들도 많이 찾고 있다.

📍 미나토미라이선 니혼오도리日本大通り역 3번 출구에서 도보 7분
🕐 09:00-21:30(2층 여객 터미널 시설 & 다목적 로비)
🏠 神奈川県横浜市中区海岸通1-1-4

추카가이 | 명소 거리 | 中華街

동양 최대의 차이나타운으로 중국 여러 지방의 요리점들과 식재료를 파는 상점들과 전통 의상이나 잡지 등을 파는 가게가 500여 곳 이상 늘어서 있다. 붉은색과 금색으로 채색된 독특한 거리 분위기는 이국적 정취를 자아내며, 특히 〈삼국지〉에 등장하는 관우를 '상업의 신'으로 모시는 사찰 칸테이뵤関帝廟가 있는데 다채로운 색상으로 채색된 건물은 추카가이의 상징으로 자리 잡고 있다.

📍 미나토미라이선 모토마치·추카가이元町·中華街역 2번 출구에서 도보 1분　🕐 매장에 따라 다름

호텐카쿠 | 중화요리 | 鵬天閣新館

보통의 얇은 피의 샤오룽바오小籠包가 아닌 두꺼운 피로 만든 구운 샤오룽바오焼き小籠包로 유명한 곳이다. 워낙 인기 어서 항상 긴 줄이 늘어서 있지만 기다리는 동안 유리창 너머로 샤오룽바오를 만드는 장면을 볼 수 있어 지루하지 않다. 해산물과 돼지고기 세트가 가장 인기(4개 세트 750엔, 6개 세트 1100엔).

📍 미나토미라이선 모토마치·추카가이元町·中華街역에서 야마시타 공원 출구에서 도보 4분

🕐 11:00-22:00, 연중무휴

🏠 神奈川県横浜市中区山下町192-15 中華街大通り

로우신 | 판다망 | 老維新

1930년 오픈한 중국 기념품 숍으로 귀여운 판다 얼굴을 한 만두인 판다망パンダまん을 출시하면서부터 뜨거운 호응을 얻었고, 그 인기는 여전히 식지 않고 있다. 판다망은 1개 380엔. 고기, 야채, 커스터드 등 다양한 맛이 있다.

📍 미나토미라이선 모토마치·추카가이元町·中華街역 2번 출구에서 도보 5분

🕐 10:30-20:45, 연중무휴

🏠 神奈川県横浜市中区山下町145

만친로 | 중화요리 | 萬珍樓

1892년부터 요코하마 추카가이를 지키고 있는 레스토랑으로 상어 지느러미, 베이징덕 등의 고급 요리를 즐길 수 있다. 평일 14시, 주말 16시까지 주문 가능한 런치 코스는 3500엔과 5000엔으로 캐주얼한 가격에 제공된다. 본점 옆의 매대에는 커다란 사이즈의 부타망(豚まん, 돼지고기만두)을 사기 위해 항상 긴 줄이 늘어서 있다.

📍 미나토미라이선 모토마치·추카가이元町·中華街역 2번 출구에서 도보 5분

🕐 11:00-15:00, 17:00-21:00(토·일요일, 공휴일 11:00-21:00), 월요일 휴무

🏠 神奈川県横浜市中区山下町153

〔 모토마치 〕

모토마치 | 명소 거리 | 元町

개항 후 외국인들의 거주지였던 곳으로 독특한 분위기를 이어오고 있다. 지금도 많은 외국인이 거주하고 있으며 건물이나 레스토랑, 상점 들은 유럽의 작은 도시를 옮겨놓은 듯한 느낌이 드는 곳이다. 야마테역에서 가이진보치와 미나토노미에루오카 공원 쪽으로 향하는 길의 모토마치 상점가는 개항 당시부터 외국인을 상대하던 쇼핑 거리로 깔끔하고 예쁜 상점이 많아 요코하마 최대의 패션 거리이기도 하다.

📍 미나토미라이선 모토마치·추카가이元町·中華街역에서 하차

미나토노미에루오카 공원 | 공원 | 港の見える丘公園

항구가 보이는 언덕에 있는 공원으로, 공원 전망대에서는 요코하마항과 베이 브리지를 조망할 수 있으며, 특히 밤이면 블루 라이트를 켠 베이 브리지의 야경이 환상적이다. 영국관 등 예쁜 서양식 건물들이 공원과 조화를 이루고 있으며, 다양한 종의 장미가 아름답게 꽃을 피워 요코하마에서도 장미의 명소로 손꼽히는 로즈 가든이 유명하다.

📍 미나토미라이선 모토마치·추카가이元町·中華街역 5번 출구에서 도보 5분

🏠 神奈川県横浜市中区山手町114

영국관 | 명소 건물 | イギリス館

1937년 영국 총영사 저택으로 지어진 건물로 1990년 요코하마시 문화재로 지정되었다. 내부의 자료 전시실 등은 견학이 가능하다. 주위에 로즈가든이 있어 장미가 피는 시즌이면 더욱 아름답다.

📍 미나토미라이선 모토마치·추카가이元町·中華街역 5번 출구에서 도보 7분

🕐 09:30-17:00, 네 번째 수요일, 연말연시12월 29일~1월 3일 휴무

¥ 무료

🏠 神奈川県横浜市中区山手町115-3

야마테번관 111번관 | 명소 건물 | 山手111番館

1926년 미국인 환전상 라핀이 살았던 건물이다. 붉은 기와 지붕과 하얀 벽이 아름답게 조화를 이루는 서양식 건물로, 1999년 요코하마시 문화재로 지정되었다. 5월과 10월에는 건물 주위로 아름다운 장미가 피고, 지하 테라스에는 티룸 '로즈 가든 에노키테이'가 있다.

📍 미나토미라이선 모토마치·추카가이元町·中華街역 6번 출구에서 도보 6분

🕐 09:30~17:00, 두 번째 수요일, 12월 29일~1월 3일 휴무

🏠 神奈川県横浜市中区山手町111

외국인 묘지 | 묘지 | 外人墓地

미나토노미에루오카 공원 맞은편에 자리하고 있는 외국인 묘지로, 요코
하마 개항과 발전에 공헌한 인물을 비롯해 40여 개국의 외국인 약 4500
명이 잠들어 있다. 묘지 유지 관리 기금을 마련하기 위해 3월 말부터 12
월까지는 매주 토, 일요일과 공휴일에 일반인에게도 개방한다.

- 📍 미나토미라이선 모토마치·추카가이元町·中華街역 5번 출구에서 도
  보 8분
- 🕐 **묘지** 토·일요일, 공휴일 12:00-16:00 (1~2월 및 우천 시 비공개)
  자료관 10:00-17:00, 월·화요일 휴관
- ¥ **묘지** 200~300엔 정도(모금액 개념), **자료관** 무료
- 🏠 神奈川県横浜市中区山手町96番地

야마테 자료관 | 명소 건물 | 山手資料館

1909년에 세워진 건물로 요코하마 시내에 남아 있는 유일한 서양식 목
조건물이다. 개항 당시부터 관동대지진까지의 이 지역에 관한 자료를
전시하고 있어 당시의 가구과 식기, 일본에서 최초로 점등된 가스등과
사자머리 수도 공용 마개 등도 전시되어 있다.

- 📍 미나토미라이선 모토마치·추카가이元町·中華街역 5번 출구에서 도
  보 6분
- 🕐 11:00~16:00, 월요일, 12월 30일~1월 1일 휴관
- ¥ 무료
- 🏠 神奈川県横浜市中区山手町247(山手十番館庭内)

야마테 234번관 | 명소 건물 | 山手234番館

1927년 외국인용 아파트로 지어진 건물로 전형적인 서양식 주택 구조이
다. 당시의 생활 모습을 그대로 재현한 내부가 둘러볼 만하다. 이국적 모습
의 내부는 현재 각종 전시회가 열리는 갤러리로 사용되고 있다.

- 📍 미나토미라이선 모토마치·추카가이元町·中華街역 5번 출구에서 도
  보 7분
- 🕐 09:30~17:00, 네 번째 수요일 휴무
- ¥ 무료
- 🏠 神奈川県横浜市中区山手町234-1

에노키테이 본점 | 카페 | えの木てい本店

구 외국인 거류지에 있는 에키노테이 본점은 1927년에 건축된 영국식
서양 건물에 자리하고 있다. 목조건물 내에는 커다란 창과 벽난로, 150
년이 넘은 오래된 앤티크 가구가 그대로 남아 있어 레트로하면서도 우
아한 분위기를 느낄 수 있다. 1층에는 수제 케이크와 커피를 판매하는
카페, 2층에는 테이크 아웃 케이크를 판매하는 숍이다.

- 📍 미나토미라이선 모토마치·추카가이元町·中華街역 6번 출구에서 도
  보 6분
- 🕐 12:00-18:00(토·일요일, 공휴일 11:30-18:00), 비정기 휴무
- 🏠 神奈川県横浜市中区山手町89-6

에리스만 저택 | 명소 건물 | エリスマン邸

1926년 근대 건축의 아버지라고 불리는 체코의 건축가 안토닌 레이먼드가 설계한 곳으로, 스위스 무역 상인 에리스만이 살던 저택이다. 20세기 초 서양식 저택의 특징이 잘 살아 있는 곳으로 현재 2층엔 작은 전시관이 있고, 1층에는 카페가 있다. 심플, 내셔널, 디렉트, 이코노미컬, 어니스트의 5가지 원칙으로 지어진 건물이라고 한다.

📍 미나토미라이선 모토마치·추카가이元町·中華街역 5번 출구에서 도보 7분

🕐 09:30~17:00, 두 번째 수요일, 12월 29일~1월 3일 휴무

¥ 무료

🏠 神奈川県横浜市中区山手町1-77-4

베릭홀 | 명소 건물 | ベーリックホール

버트램 로버트 베릭의 사저로 1930년에 지어진 스페인 양식의 건물이다. 하지만 관동대지진 때 건물이 붕괴되었으며 그 후 다시 재건된 것이 지금의 베릭홀이다. 전후 세인트 조셉 국제 학교에 기증되어 기숙사로 사용되다가 2002년부터 일반인에게 무료로 개방되기 시작했다. 식당, 주방, 침실, 거실, 서재 등이 당시 모습대로 재현되어 있어 천천히 돌아보면 볼 만한 것이 꽤 많다.

📍 미나토미라이선 모토마치·추카가이元町·中華街역 5번 출구에서 도보 7분

🕐 09:30~17:00, 두 번째 수요일, 12월 29일~1월 3일 휴무

¥ 무료

🏠 神奈川県横浜市中区山手町72

이탈리아산 정원 | 공원 | イタリア山庭園

1880년부터 6년간 이탈리아 영사관이 있던 자리에 만든 정원으로, 이탈리아산イタリア山이라고 불린다. 정원에는 요코하마 변두리에서 옮겨온 건물 블러프 18번 관과 도쿄 시부야에서 옮겨온 외교관의 집이 있다. 블러프 18번 관은 1923년 지어진 프랑스풍 2층 저택으로 하얀 벽에 푸른 창과 창틀이 인상적이다. 외교관의 집은 1910년 지어졌으며, 아담한 모습이 정원과 함께 어우러져 그림 같은 풍경을 연출한다.

📍 JR네기시선 이시카와초石川町역에서 도보 5분

🕐 09:30~17:00, 외교관의 집은 네 번째 수요일, 블러프 18번 관은 두 번째 수요일 휴무(12월 29일~1월 3일은 공통 휴무)

¥ 무료　🏠 神奈川県横浜市中区山手町16

린코 파크

푸카리산바시

미나토미라이 みなとみらい

요코하마 미술관

퀸즈 스퀘어

컵라면 박물관

랜드마크타워

요코하마 코스모월드

마린 & 워크 요코하마

니혼마루 메모리얼파크

요코하마 월드 포터스

키샤미치

운하파크 運河パーク

아카렌가 창고

오오산바시 국제여객선 터미널

요코하마 에어 캐빈

사쿠라기초 桜木町

바샤미치 馬車道

혼마치도리 本町通り

미나토미라이선

야마시타 린코센 프로무나도 山下臨港線プロムナード

니혼오도리 日本大通り

바샤미치

야마시타 공원

히카와마루

칸나이 関内

칸나이오오도리 関内大通り

미나토미라이선

JR 네기시선

칸나이 関内

니혼오도리 日本大通り

츄카가이

마린 타워

만친로 로우신

호텐카쿠

요코하마 인형의집

모토마치 추카가이 元町 中華街

칸테이보

이세자키쵸자마치 伊勢佐木長者町駅

모토마치

미나토노미에루오카공

영국

외국인 묘지

야마테자료관

야마테 234번관

이시카와초 石川町

1

베릭홀

외교관의 집

블러프 18번관

이탈리아산 정원

JR 네기시선

에리스만저택

에노키테이 본점

미리 알아두면 좋은 도쿄 여행 기본 정보

한눈에 보는 도쿄 기본 정보

지리	일본 남동부 도쿄만에 인접
시차	한국과의 시차는 없다.
비행시간	서울 직항편 기준 2시간 10분~2시간 30분
날씨	사계절이 있는 도쿄는 온대에 속하기 때문에 1년 내내 비교적 온난한 기후를 보인다. 6월 하순부터 7월 중순까지는 장마철이라 비가 자주 내리고 습도가 높다. 7~8월에는 최고 35℃ 이상의 찜통더위가 계속된다. 여름부터 9월, 10월에 걸쳐 태풍이 오는 경우가 많으니 주의. 겨울에는 눈이 적고 건조하며 맑은 날씨인 날이 많다.
비자	90일 이내 단기 체류는 비자가 필요 없다.
통화	통화 단위는 엔(¥) (100엔 = 약 880원, 2024년 5월 기준)
물가	생수 125엔, 도쿄 시내 지하철 1구간 150~180엔, 택시비 기본요금 500엔
환전	우리나라의 시중 은행, 공항 내 환전은행, 인터넷 및 모바일에서 미리 환전을 하는 것을 추천한다. 현지에서 환전할 경우 나리타 공항이나 하네다 공항 내의 도착 로비에 있는 은행과 시내 대형 은행 창구와 환전 전문점, 우체국과 유초은행을 이용하는 방법이 있다.
전압	100V / 50~60Hz, 돼지코라고 불리는 어댑터를 준비해야 한다.
현금 및 신용카드	도쿄 여행의 하루 예상 경비는 5~6천 엔 정도. 대형 쇼핑몰이나 백화점 내에서는 신용카드 사용이 가능하나 시내의 소규모 가게나 근교 소도시에서는 신용카드 결제가 안 되는 곳이 많으므로 현금을 함께 준비하는 것이 좋다.
인터넷	현지에서 무선 인터넷을 이용하기 위해서는 와이파이 단말기(포켓 와이파이)를 대여하거나 유심칩을 구매하는 것이 편리하다. 최근에는 도쿄 시내의 카페나 음식점, 지하철역, 쇼핑몰, 공항 등 무료 와이파이를 제공하고 있는 곳이 늘어나고 있다.

휴일과 주요 축제 및 이벤트

공휴일

국경일이 일요일과 겹칠 때는 다음 월요일이 공휴일이 된다. 12월 29일에서 1월 3일 사이에는 관공청 및 기업이 업무를 하지 않는다. 4월 마지막 주말부터 5월 첫째 주까지 공휴일이 모여 있는 약 일주일 간은 골든 위크로 불리는 일본 최대의 황금 연휴로 성수기이기 때문에 일부 상점은 휴무거나 숙소의 요금이 인상·예약마감되는 경우가 많다.

날짜	공휴일 명
1월 1일	정월 초하루
1월 둘째 월요일	성인의 날
2월 11일	건국기념일
2월 23일	천황탄생일
3월 20일(혹은 21일)	춘분
4월 29일	쇼와의 날
5월 3일	헌법기념일
5월 4일	녹색의 날
5월 5일	어린이 날
7월 셋째 월요일	바다의 날
8월 11일	산의 날
9월 셋째 월요일	경로의 날
9월 23일(혹은 24일)	추분
10월 둘째 월요일	체육의 날
11월 3일	문화의 날
11월 23일	근로감사의 날

도쿄 여행 실용 정보

도쿄 연중 기온과 강수량

월	1월	2월	3월	4월	5월	6월	7월	8월	9월	10월	11월	12월
평균 기온(℃)	5.2	5.7	8.7	13.9	18.2	21.4	25.0	26.4	22.8	17.5	12.1	7.6
최고 기온(℃)	9.6	10.4	13.6	19.0	22.9	25.5	29.2	30.8	26.9	21.5	16.3	11.9
최저 기온(℃)	0.9	1.7	4.4	9.4	14.0	18.0	21.8	23.0	19.7	14.2	8.3	3.5
강수량(mm)	52.3	56.1	117.5	124.5	137.8	167.7	153.5	168.2	209.9	197.8	92.5	51.0

TIP 일본 기상청 | www.jma.go.jp 일본 기상 협회 | tenki.jp

주요 시설 영업시간

은행 | 평일 09:00-15:00, 주말 및 공휴일 휴무
우체국 | 평일 09:00-17:00, 주말 및 공휴일 휴무
백화점 | 평일, 주말 및 공휴일 10:00-19:30
박물관/미술관 | 평일 10:00-17:00 (대부분 월요일 휴무)

현지 연락처

• **주 일본 대한민국 총영사관**
🏠 東京都港区南麻布1-2-5
☎ +81-3-3452-7611~9 / 휴일 긴급연락처 +81-90-1693-5773
🕐 월~금요일 09:00-18:00 • **구급차, 화재 119 / 경찰 110**

비짓 제팬 웹 Visit Japan Web

비짓 제팬 웹Visit Japan Web은 입국 수속 온라인 서비스로 입국 신고서와 세관 신고서를 웹으로 미리 등록하는 전자 신고 제도이다. 나리타, 하네다, 간사이, 추부, 후쿠오카, 신치토세, 그리고 나하 등 7개의 공항에서 이용할 수 있다.

비짓 제팬 웹은 웹사이트(www.vjw.digital.go.jp/main/#/vjwplo001)에서 계정을 만든 후 등록하며, 등록 전 여권, 이메일 주소, 항공권, 그리고 숙소의 주소를 미리 준비해 두면 원활하게 진행할 수 있다.

비짓 제팬 웹의 등록순서

1. 개정 생성(회원가입) → 2. 이용자 정보 등록 → 3. 입국 일정 등록 → 4. 입국 심사 준비 → 5. 세관신고 준비

이 모든 과정을 거치면 파란색의 입국 신고서 QR과 노란색의 세관신고서 QR이 생성된다.

QR은 입국 시 사이트에 접속해서 사용해도 되지만 인터넷이 원활하지 않을 경우를 대비해 핸드폰에 캡처해 두는 것을 추천한다. 비짓 제팬 웹은 한 명 당 하나의 계정을 만들어서 등록해야 하지만, 신장 100센티미터 미만의 어린이처럼 혼자 입국 수속이 어려운 경우 동반자로 등록할 수 있다. 일본 도착 6시간 전까지는 등록을 완료해야 한다.

Tip. * 부모님의 신고서를 자녀가 대리로 등록할 수 있지만, 등록 후 생성된 QR은 캡처하여 반드시 부모님의 핸드폰에 저장해 둔다.

　　　 * 비짓 제팬 웹 이용이 어려울 경우, 기존처럼 종이로 된 입국 신고서, 세관신고서를 수기로 작성해도 된다.

알아두면 좋은 간단 TIP

1 │ 현지에서 엔화 인출을 해야 한다면 세븐일레븐 편의점 ATM을 이용해 보자. 비자나 마스터 카드와 같이 해외 대응 신용카드는 물론, 해외 결제 체크카드로도 엔화를 인출할 수 있다.

2 │ 레스토랑 이용 시 자리가 비어 있어도 문 앞에서 직원의 안내를 기다려야 한다.

3 │ 소규모 가게에서는 카드 결제를 받지 않는 곳이 종종 있으므로 늘 현금을 지니고 있어야 한다.

4 │ 일본의 택시는 자동으로 뒷좌석 도어가 열리고 닫히므로 문을 열어줄 때까지 기다리고 하차 후에도 닫지 않는다.

로밍 I SIM 카드 I e-SIM I 포켓 Wi-Fi

	로밍	SIM 카드	e-SIM	포켓 Wi-Fi(에그)
장점	기존 한국 번호 그대로 사용 SIM 카드나 라우터 기기 불필요	로밍 대비 저렴한 가격 및 다양한 데이터 선택 가능	기존 번호 그대로 사용 가능 SIM 카드 파손 및 분실 걱정 없음	여러 명(3~5인)이 저렴하게 사용 가능
단점	타 상품 대비 비교적 비싼 요금	한국 번호 사용 불가 SIM 카드 분실 및 파손 우려	지원하는 기종이 한정적이며 오류 가능성 있음	여러 명 동시 접속 시 속도 저하 및 휴대와 충전의 번거로움 성수기에 여행 시 예약 필수
유용성	국내와 지속적으로 연락을 해야 하는 상황이 많은 경우	한국 번호로 전화, 문자를 이용할 필요가 없거나 데이터 사용량이 많은 경우	한국 번호로 연락이 필요한 경우 및 가성비와 편리함을 추구하는 경우	여러 명이 대용량 데이터를 로밍 및 유심보다 저렴하게 사용할 경우

트래블 월렛 I 트래블 로그

해외에서 현금 없이 충전식으로 이용할 수 있는 체크카드로 환전수수료, 해외 결제수수료가 없거나 다른 카드에 비해 저렴해서 최근 이용이 늘어나고 있다.

이용 방법은 비슷한 형태로 앱 다운로드 → 본인 인증 및 계좌 등록 → 환전 및 충전 →실물 카드 발급 → 해외 사용 순이다.

	환전	해외 결제	ATM 출금	회원간 송금	원화로 재환전	유의사항
트래블 월렛	O (수수료 없음)	O (수수료 없음)	O (수수료 없음)	O	O (수수료 없음)	
트래블 로그	O (수수료 없음)	O (수수료 없음)	O (수수료 없음)	X	O (수수료 있음)	반드시 하나은행 계좌가 있어야 한다

유용한 앱

구글 지도 Google map
220개 국가와 지역을 아우르는 정확한 지도 앱. 최적의 경로 검색 및 즐겨찾기 장소 표시, 오프라인 지도 다운로드 가능하다.

네이버 파파고 Papago
10개 국어 통역, 번역 앱으로 이미지를 촬영해 번역도 가능하다.

Norikae Annai Japan Transit
일본 국내의 철도, 비행기를 이용한 경로를 검색하는 앱

우버Uber
전 세계적으로 가장 많이 사용되는 택시 앱으로 우리나라에서 쓰던 번호 그대로 이용 가능하다.

디디DiDi
영어 지원이 되며 일본 전화번호를 따로 입력하지 않아도 되어서, 여행객이 사용하기에 가장 편리하다. .

카카오 T Kakao T
우리에게 가장 친숙한 택시 앱으로 홈 화면에서 오른쪽 상단 여행 탭, 해외 차량 호출에서 이용.

도쿄 여행의 준비

항공편 이용

도쿄에는 하네다 공항羽田空港과 나리타 공항 成田空港의 2개 국제선 공항이 있다. 서울에서 도쿄로 가는 경우 대부분 김포공항에서 출발하면 하네다 공항, 인천공항에서 출발하면 나리타 공항에 내리게 된다.

하네다 공항 안내

하네다 공항은 국제선이 운항되는 국제선 터미널과 국내선이 운항되는 제1·2터미널의 3개 건물로 이루어져 있다. 국제선 터미널 2층에는 입국장, 3층에는 출국장이 있으며 3층 출발 로비에 모노레일과 게이큐선 개찰구가 있다. 1층에는 국내선까지 이동하는 무료 셔틀버스 승강장과 리무진 버스, 택시 탑승장이 있다.

하네다 공항에서 시내로 이동 방법

가격	속도	교통편	이용 방법	요금
고	빠름	택시 タクシー	- 정액 택시는 신주쿠까지는 8300엔, 시부야는 7800엔 - 신주쿠까지 약 30~45분 소요	신주쿠까지 편도 8300엔
		공항 리무진 버스 リムジンバス	- 신주쿠, 시부야, 도쿄역, 도쿄 디즈니 리조트 등 도쿄 시내 대부분 지역과 일부 호텔까지 직통으로 운행해 편리함 - 심야 운행도 하고 있어 늦은 시간에도 이동할 수 있음	신주쿠까지 편도 1400엔 오다이바까지 편도 800엔 도쿄 디즈니까지 편도 1300엔
저	보통	도쿄 모노레일 東京モノレール	- JR하마마츠초역까지 한번에 이동 - 공항 쾌속부터 구간쾌속, 모든 역에 정차하는 보통 열차가 있음(가장 빠른 공항 쾌속 이용 시 공항-하마마츠초역까지 약 13분 소요) - 도쿄 시내 전경과 바다 풍경을 감상하면서 갈 수 있음 - 캐리어 놓는 공간이 따로 있어 편리함	하마마츠까지 편도 500엔
		게이큐선 京急線	- 공항과 연결되어 있는 일반 전철로 시나가와역까지 연결되어 있음 - 도쿄메트로, 토에이 지하철역으로 환승할 때 편리함 - 시나가와에서 JR 야마노테선으로 환승 시 신주쿠까지 약 35분, 시부야까지 약 28분 정도 소요 - 아사쿠사, 오시아게, 요코하마까지 한번에 이동 가능	시나가와까지 편도 330엔

나리타 공항 안내

3개의 터미널이 있는데, 제2터미널과 제3터미널은 전용 통로로 연결되어 있으며(도보로 15분 소요), 제1터미널로는 무료 셔틀버스를 타고 이동해야 한다. 제1터미널은 대한항공과 아시아나항공, 전일본공수ANA, 에어부산, 진에어, 제2터미널은 일본항공과 이스타항공, 제3터미널은 제주항공을 이용할 수 있으며 1터미널과 2터미널은 지하에 도쿄 시내로 연결되는 전철역이 있다.

나리타 공항에서 시내로 이동 방법

가격	속도	교통편	이용 방법	요금
고	빠름	게이세이 특급 스카이라이너 スカイライナー	- 우에노까지 가장 빨리 이동하는 열차. 닛포리 36분, 우에노 41분 - 홈페이지 사전 결제 할인티켓 구매 가능	할인 티켓 편도 2300엔, 왕복 4480엔
고	보통	JR특급 나리타 익스프레스成田エクスプレス;N'EX	- 도쿄역, 시나가와, 시부야, 신주쿠까지 한번에 이동 가능 - 짐 넣는 칸이 따로 있고 좌석마다 콘센트 있음 - 지하철로 환승 시 이동거리가 다소 먼 편	왕복 5000엔
고	보통	공항 리무진 버스 リムジンバス	- 신주쿠, 시부야, 도쿄역 등 도쿄 시내 대부분 지역과 일부 호텔까지 직통으로 운행해 편리함 - 신주쿠까지 소요 시간 약 1시간 25분~1시간 55분	신주쿠 까지 편도 3600엔
저	빠름	택시タクシー	- 도쿄 시내까지 2만 5000엔 전후 - 정액 택시는 도쿄 주요 지역 2만 3000엔, 신주쿠 2만 5000엔	지역별 상이
저	빠름	게이세이 액세스 특급 アクセス特急	- 게이세이 특급 스카이라이너의 완행 버전. 닛포리, 게이세이우에노, 오시아게, 아사쿠사, 니혼바시, 신바시 등 정차 - 닛포리 행이 아닌 하네다 공항 행을 탑승하면 오시아게, 아사쿠사, 히가시긴자 까지 한 번에 이동할 수 있으나 배차 간격이 길다.	우에노까지 편도 1050엔 히가시긴자까지 편도 1410엔
저	보통	에어포트 버스 도쿄-나리타 Airport Bus TYO-NRT	- 나리타공항에서 도쿄역, 긴자를 운행하는 비 예약제 버스 - 도쿄역 기준 5시부터 19시 30분까지 10~20분 간격으로 운행한다. - 소요 시간 약 1시간 20분 ~ 1시간 40분	편도 1300엔

도쿄 시내 교통

도쿄 시내에서는 JR선, 지하철, 사철, 버스, 전차, 택시 등 다양한 교통수단을 이용할 수 있다. 특히 JR선과 지하철은 시스템이 잘 되어 있고 시내 전역을 연결하고 있어 여행자들에게 활용도가 높은 중요한 대중교통이다.

JR선 이용

Japan Railway에서 운영하는 전철로, 도쿄 시내는 물론 근교까지 연결하고 있다. 주요 노선으로는 도쿄 시내 주요 명소를 지나는 서울의 2호선과 비슷한 야마노테선과 소부선, 추오선 등이 있다. 스이카 · 파스모를 이용하거나 JR선 각 역 개찰구 근처에 있는 자동 매표기와 미도리노마도구치みどりの窓口, 유인 매표소에서 티켓을 구매해 탑승할 수 있다. 자동 매표기는 영어 메뉴도 함께 제공한다. 요금은 구간마다 다르며 기본요금 150엔부터.

지하철(메트로) 이용

도쿄메트로에서 운영하는 9개 노선과 토에이에서 운영하는 4개 노선의 총 13개 노선이 운행된다. 도쿄메트로와 토에이는 서로 다른 회사이기 때문에 환승이 되지 않아 요금을 따로 내고 티켓을 다시 구매해야 한다. 스이카 · 파스모는 자동적으로 요금이 정산되어 지하철 환승에서도 편리하다. 요금은 구간마다 차이가 있으며 기본요금은 180엔부터다.

시내버스 이용

도쿄의 시내버스는 여러 회사에서 운영하며 각 버스 회사마다 요금이 다르고 환승 할인이 적용되지 않는다. 도쿄 23구 안을 달리는 대부분의 버스는 종점까지 동일 요금으로 탈 수 있으며, 내릴 때 운전석 옆의 요금함에 정해진 요금을 넣거나 스이카 · 파스모와 같은 교통카드를 단말기에 갖다댄다. 버스 요금은 1000엔권 지폐를 이용하거나 소정의 요금 이상의 금액을 요금함에 넣으면 자동으로 정산되어 거스름돈이 나온다.

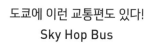

도쿄에 이런 교통편도 있다!
Sky Hop Bus

도쿄타워~도쿄역 구간의 그린 코스, 도쿄역~스카이트리~아사쿠사~우에노 구간의 레드 코스, 도쿄역~도쿄타워~오다이바~츠키지와 긴자 구간의 블루 코스가 있다. 당일권(1일권)을 구입하면 모든 구간의 버스를 자유롭게 이용할 수 있다. 원하는 스폿에서 자유롭게 승하차를 할 수 있기 때문에 관광버스이지만 시내버스 감각으로 이용할 수 있다. 단, 입석은 허용이 안 되기 때문에 만석이면 승차를 할 수 없다.

금액 | 당일권 4500엔, 2일권 6500엔
구매처 | 홈페이지(skyhopbus.com/ja/purchases/new)
유효기간 | 티켓 구입일로부터 3개월 이내에 개시

Welcom Suica

단기 1회 성 충전식 교통가드로 일본 내 JR선, 지하철, 사철, 버스, 전차, 택시, 스이카 마크가 있는 편의점 등 다양한 교통수단과 쇼핑 시 이용할 수 있다. 교통수단을 이용할 때마다 일일이 종이 티켓을 구입하는 번거로움이 없기 때문에 도쿄 여행의 필수 템이다. 단, 한 번 충전한 돈은 환불이 안 되기 때문에 여행 날짜에 맞게 금액을 조절하면서 충전해야 한다.

금액 | 1000엔에서 1만 엔(보증금 없음, 단 카드 구입은 현금만 가능)
　　　　 * 어린이용은 창구에서 구입할 경우 여권 필요, 전용 발매기에서 구입할 경우 생년월일 입력 필수.

구매처 | 나리타 공항, 하네다 공항 3터미널(도쿄 모노레일) 역 티켓 창구 혹은 전용 발매기

충전 | 각 역의 티켓 자판기와 정산기, 세븐일레븐 세븐은행 ATM에서 최대 2만 엔까지 엔화로 충전(단, 충전은 현금만 가능)

사용 | JR 역과 지하철역의 개찰구 단말기, 버스와 전차의 요금함 옆 단말기에 터치, 스이카 마크가 붙어 있는 편의점에서 결제 가능

환불 | 충전된 금액은 환불 불가

유효기간 | 카드 구입일부터 28일

Tip | 기존에 구입한 스이카나 파스모가 있다면 충전해서 사용 가능하다. 애플 핸드폰 이용자는 스이카 앱을 다운로드한 후 애플 페이로 충전 사용 가능하다.

Welcom Suica
전용발매기

스이카앱, 아이폰
한정 애플 페이로
충전 사용 가능

유용한 패스 및 승차권

도쿄 여행에서 패스나 1일 승차권을 이용하는 경우는 많지 않다. 다만 오다이바의 유리카모멘선과 같이 요금이 비싼 노선에서 여러 번 승하차를 해야 하는 경우에는 패스나 1일 승차권을 이용하는 것이 도움이 될 수 있다.

• **도쿄 프리 승차권**東京フリーきっぷ | 유효기간 내 1일에 한해 도쿄메트로 전 노선, 토에이 지하철 전 노선, 토덴노면전차, 토에이 버스(심야 버스, 좌석 정원제 버스 등은 제외), 닛포리·도네리 라이너의 전 구간 및 JR선의 미야코 구내 구간의 승차가 자유로운 승차권. 각 역의 자동 발매기에서 구매 가능. 성인 1600엔, 어린이 800엔.

• **도쿄 서브웨이 티켓**Tokyo Subway Ticket | 외국인 여행자에 한해 판매하는 티켓으로, 도쿄메트로 및 토에이 지하철을 자유롭게 승하차할 수 있다. 메트로권은 24시간권, 48시간권, 72시간권 중에서 선택 가능하다. 나리타 공항 제1·2 터미널, 하네다 공항 국제선 터미널, 우에노, 긴자, 신주쿠, 도쿄역 등에서 구매 가능. **24시간** 성인 800엔, 어린이 400엔/ **48시간** 성인 1200엔, 어린이 600엔/ **72시간** 성인 1500엔, 어린이 750엔

• **JR동일본 도쿄 시내 패스 도쿠나이 패스**都区内パス | 도쿄 23구 내 보통 열차(쾌속 포함)의 자유석을 자유롭게 이용할 수 있는 1일 패스. 도쿄 시내 패스도쿠나이 패스는 패스의 범위(도쿄 23구) 내에 있는 JR동일본역 내의 지정석 발매기, JR 매표소에서 사용일의 1개월 전부터 구입할 수 있다. 성인 760엔, 어린이 380엔

Chalet
TRAVEL & LIFE

샬레트래블의 선사하는 럭셔리 호텔 예약 특전

전 세계 2% 럭셔리 여행 멤버십 VIRTUOSO의 인증 여행사,

세계 최대 호텔 체인 메리어트 그룹이 선택한 최고의 여행사만 가입할 수 있는

'스타즈 & 루미너스' 회원사 등 주요 럭셔리 호텔들의 최상위 파트너인

'샬레트래블'을 통해 예약하실 경우, 모든 고객님께 아래 혜택을 드립니다.

[예약 기본 혜택]

1. 매일 2인 조식
2. 호텔 식음료 크레디트 100 USD 상당 제공
3. 룸 업그레이드 우선 권한
4. 얼리 체크인 & 레이트 체크아웃 우선 권한
5. 본보이 포인트 적립 (메리어트 호텔에만 해당)

* 호텔별 추가 혜택 및 1박 무료 등의 특별 프로모션 별도 공지
* 주요 호텔 : 불가리, 리츠칼튼, 아만, 호시노야, 만다린오리엔탈, 샹그릴라, 페닌슐라, 포시즌스 등

Chalet
TRAVEL & LIFE

TRAVEL BOOK

Iceland
아이슬란드

Paris
파리

Finland
핀란드

Switzerland
스위스

Italia
이탈리아

Tokyo
도쿄

Fukuoka
후쿠오카

Hokkaido
홋카이도

Danang
다낭

Canada
캐나다

TRAVEL MOOK

Cancun
칸쿤

Sicilia
시칠리아

Macau
마카오

Bangkok
방콕

Osaka
오사카

샬레트래블북

TOKYO
도쿄

개정 5판 발행 2024년 6월 3일

글 | 강승희, 손경아
사진 | 정소현
펴낸곳 | ㈜샬레트래블앤라이프
펴낸이 | 강승희, 강승일
출판등록 | 제 313-2009-66
주소 | 서울시 마포구 서교동 어울마당로 5길 26. 1~5F
전화 | 02-323-1280
판매 & 내용 문의 | 02-323-1280
travelbook@chalettravel.kr
디자인 | MALLYBOOK
지도 일러스트 | 김선애

ISBN 979-11-88652-34-1(13910)
값 19,800원

CHALET Travel Book은 ㈜샬레트래블앤라이프의 출판브랜드입니다.

www.chalettravel.kr

AROUND TOKYO
도쿄 주변 지역

TRAVEL INFO TOKYO
도쿄 여행 정보

이 책을 보는 방법

본문 정보

📍 찾아가기　　　　　　　¥ 요금 (입장료, 숙박요금)

🕐 오픈 시간　　　　　　　🏠 주소

☎ 전화번호　　　　　　　@ 홈페이지

지도

📷 관광명소, 체험　　　　　🚇 도쿄메트로역

🍴 레스토랑, 카페, 바　　　　🚉 토에이선역

☕ 커피 전문점　　　　　　📮 우체국

🛍 숍, 쇼핑몰, 백화점, 슈퍼마켓　🚌 버스터미널

🏨 호텔, 료칸, 게스트하우스　ⓘ 인포메이션 센터, 관광 안내소

🚆 JR역 또는 전철역　　　　🚢 수상버스, 유람선 선착장

TOKYO
HIGHLIGHTS

©TOKYO SKYTREE

CONTENTS

샬레트래블북 도쿄의 정보는 2024년 5월까지 수집한 정보와 자료로 만들었습니다. 단, 책에 소개되어 있는 관광지와 숍, 레스토랑의 오픈 시간 및 요금, 교통편과 관련된 내용은 현지 사정에 따라 변경될 수 있습니다. 샬레트래블북은 6개월 또는 1년 마다 가장 최신 정보가 업데이트 된 개정판을 발행합니다.

GETTING STARTED
TOKYO

TOKYO AREA
도쿄 지역별 정보

TOKYO

도쿄

CHALET Travel Book